科学出版社“十三五”普通高等教育本科规划教材

电子技术基础实验

主　编　祝诗平　黄　华
副主编　周胜灵　徐苓娜
参　编　丁珠玉　谢菊芳　张济龙
　　　　唐　超　周　渠

科学出版社
北　京

内 容 简 介

本书是为电子技术系列课程的实验环节编写的实验教材。全书共3章，第1章是电路设计软件 Altium Designer 18.0 基础，第2章是模拟电子技术实验，第3章是数字电子技术实验。全书共42个实验，包括10个基础实验、23个实测与仿真综合实验和9个设计实验。本书坚持“实测与仿真”相结合、“电路仿真与设计”相结合的原则，注重对学生实验操作技能的培养。

本书可作为高等院校电类专业的“模拟电子技术”“数字电子技术”课程的实验教材，也可作为非电类专业的“电子技术”课程的实验教材，还可供从事电子技术的工程人员参考。

图书在版编目（CIP）数据

电子技术基础实验 / 祝诗平，黄华主编. —北京：科学出版社，2018.6
科学出版社“十三五”普通高等教育本科规划教材
ISBN 978-7-03-057829-7

Ⅰ. ①电… Ⅱ. ①祝… ②黄… Ⅲ. ①电子技术-实验-高等学校-教材 Ⅳ. ①TN-33

中国版本图书馆 CIP 数据核字（2018）第 129193 号

责任编辑：余 江 张丽花 / 责任校对：郭瑞芝
责任印制：张 伟 / 封面设计：迷底书装

科学出版社 出版
北京东黄城根北街16号
邮政编码：100717
http://www.sciencep.com

北京九州迅驰传媒文化有限公司印刷
科学出版社发行 各地新华书店经销
*
2018年6月第 一 版 开本：787×1092 1/16
2025年2月第六次印刷 印张：14 1/4
字数：338 000

定价：59.00元

（如有印装质量问题，我社负责调换）

前 言

电类专业的“模拟电子技术”“数字电子技术”，非电类专业的“电子技术”均是理论与实践结合十分密切的专业基础课程，它们的实验课程是使学生进一步巩固理论知识，提高实践技能、创新能力的重要环节，在各专业课程体系中占有非常重要的地位。

本书结合作者多年教学改革与实践经验，将电子技术系列课程的实验环节整合到一本实验教程中，具有以下特色。

(1)坚持“内容精练、重在操作”的编写原则。对每个实验的实验原理部分进行精练，只给出与本实验相关的理论分析结果，便于将理论分析结果与实测和仿真结果进行对比分析，也便于学生自学。

(2)坚持“实测与仿真”实验相结合的原则。多数实验设置了仿真实验环节，学生可以先仿真再实测，然后进行比较，加深对相关知识的掌握。

(3)加强创新能力培养环节。增加了电路设计软件 Altium Designer 18.0 的介绍，在“模电”“数电”部分，设置了部分设计性实验，要求先用 Multisim 进行电路仿真，再用 Altium Designer 18.0 进行电路设计，培养学生进行复杂电子电路设计的能力。“模电”实验箱增加了“单片机(STC15F2K08S2)最小系统”，可以进行创新性实验。

本书共3章。第1章是电路设计软件 Altium Designer 18.0 基础，介绍 Altium Designer 18.0 的界面、使用方法、电路设计实例。第 2 章是模拟电子技术实验，包括 7 个基础实验、10 个实测与仿真综合实验和 4 个设计实验。第 3 章是数字电子技术实验，包括 3 个基础实验、13 个实测与仿真综合实验和 5 个设计实验。全书共 42 个实验，包括 10 个基础实验、23 个实测与仿真综合实验和 9 个设计实验。

本书由西南大学祝诗平、黄华担任主编。其中第 1 章由黄华、周胜灵编写，第 2 章由祝诗平、黄华、周胜灵、徐苓娜、唐超编写，第 3 章由黄华、徐苓娜、谢菊芳、丁珠玉、张济龙、周渠等编写。全书由祝诗平、黄华负责统稿。

本书在编写过程中，参考和引用了已有教材、相关设备厂家技术资料和其他文献资料，在此向所有参考文献的作者表示衷心的感谢。

本书编写时，力求做到体系结构完整，内容丰富、新颖、实用，叙述方法由浅入深，仿真实验、实物实验、电路设计相结合。本书可作为高等院校电气工程及其自动化、自动化、电子信息工程、电子科学与技术、测控技术与仪表、计算机科学与技术等电类本科专业的“模拟电子技术”“数字电子技术”课程的实验教材，也可作为机械类、材料类、轻纺类等其他非电类相关本科专业的“电子技术”课程的实验教材，还可供从事电子技术的工程人员参考。

由于编者水平所限，加之时间仓促，不妥之处在所难免，恳请各位读者批评指正。

编 者

2018 年 2 月于重庆

前言

目　录

第 1 章　电路设计软件 Altium Designer 18.0 基础

1.1　Altium Designer 18.0 软件简介

Altium 公司(前身为 Protel 国际有限公司)由 Nick Martin 于 1985 年创建于澳大利亚塔斯马尼亚州霍巴特，致力于开发基于 PC 的软件，为印刷电路板提供辅助设计。1999 年发布了 Protel 99 和第二个版本 Protel 99 SE，这些版本提供了更高的设计流程自动化程度，进一步集成了各种设计工具，并引进了“设计浏览器”平台。设计浏览器(DXP)平台允许对电子设计工具、文档管理、器件库等进行无缝集成，它是 Altium 建立涵盖所有电子设计技术的完全集成化设计系统理念的起点。2002 年，Altium 公司重新设计了设计浏览器平台，并发布第一个在新 DXP 平台上使用的产品(Protel DXP)。Protel DXP 是 EDA 行业内第一个可以在单个应用程序中完成整个电路板设计处理的工具。

Altium Designer 18.0 是 Altium 公司 2018 年新推出的一体化的电子产品开发系统，主要运行在 Windows 操作系统。这套软件是原理图设计、电路仿真、PCB 绘制编辑、拓扑逻辑自动布线、信号完整性分析和设计输出等技术的完美融合，为设计者提供了全新的设计解决方案，使设计者可以轻松进行设计。熟练使用这款软件必将使电路设计的质量和效率大大提高。本节简要介绍 Altium Designer 18.0 的基本使用方法，需要深入学习的读者请参考其他 Altium Designer 的专著，或 Altium Designer 的 Help 文档。

1.1.1　Altium Designer 18.0 设计环境

1. Altium Designer 18.0 主界面

Altium Designer 18.0 主页面如图 1.1.1 所示，用户可以使用该页面进行项目文件的操

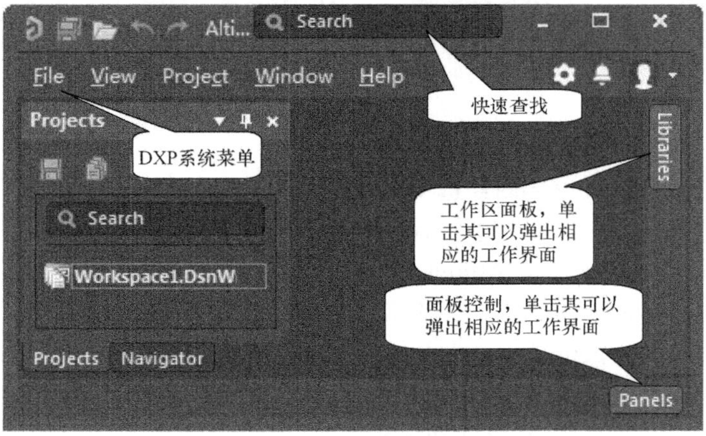

图 1.1.1　Altium Designer 18.0 主页面

作，如创建新项目、打开文件和配置等。

2. 设置 Altium Designer 系统参数

单击主界面右上角的图标，系统将弹出如图 1.1.2 所示的系统参数设置对话框。

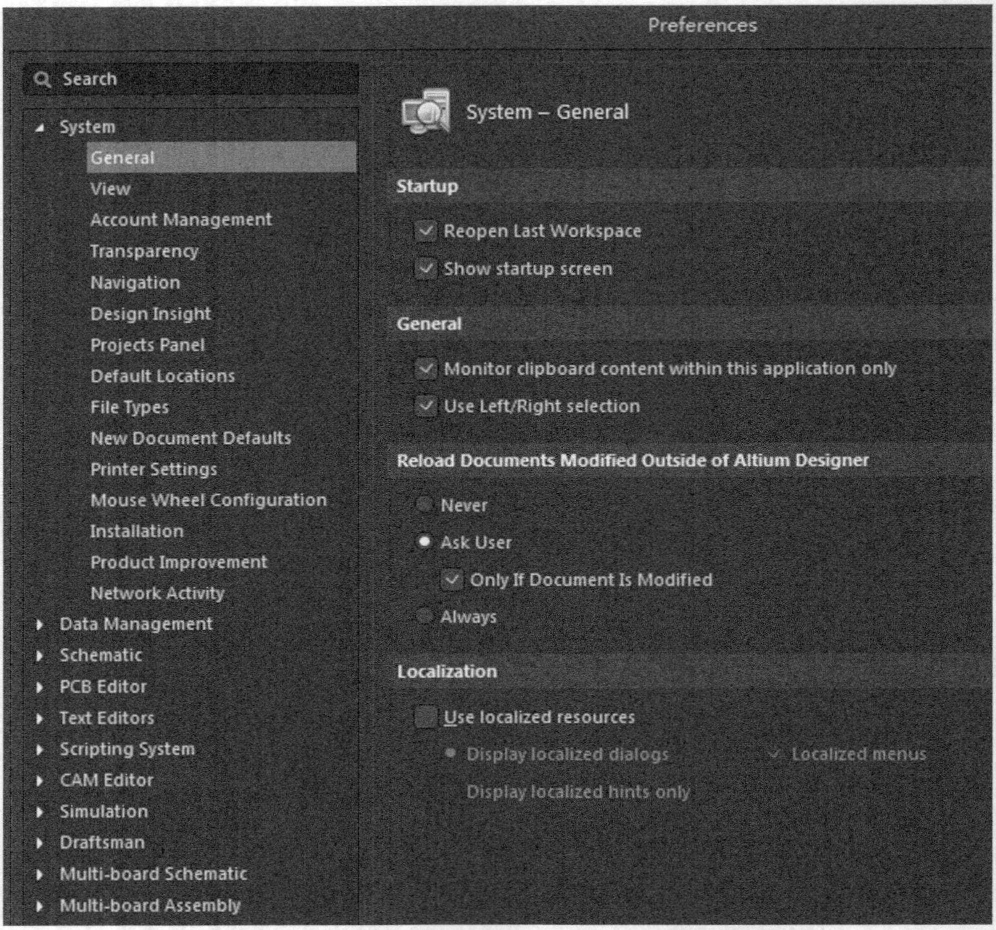

图 1.1.2　系统参数设置对话框

1) System-General 页面

图 1.1.2 所示的 System-General 选项卡用来设置 Altium Designer 的一般系统参数。

(1) Startup 设置框设置每次启动 Altium Designer 后的动作，如果选中 Reopen Last Workspace 复选框，则下次启动 Altium Designer 时打开上次编辑操作的最后一个项目。如果选中 Show startup screen 复选框，则在启动时显示 Altium Designer 启动界面。

(2) 选中 Monitor clipboard content within this application only 复选框后，仅可以在本应用程序中查看剪贴板。

(3) Reload Documents Modified Outside of Altium Designer 有三个选项，选中 Never 单选

按钮，文件在外部修改不被加载；选中 Ask User 单选按钮，文件在外部修改询问用户是否加载；选中 Always 单选按钮，总是加载外部修改的文件。

(4) Localization 可以设置是否使用本地化的资源。更改该选项后需要重启软件才能生效。

2) System-View 页面

图 1.1.3 所示的 System-View 选项卡用来设置 Altium Designer 的桌面显示参数。

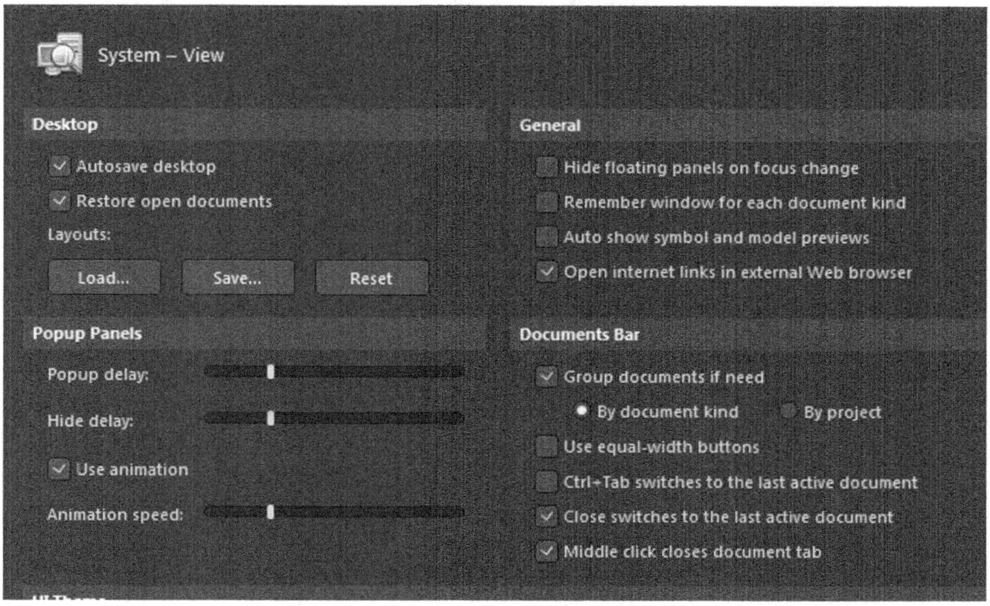

图 1.1.3　系统桌面显示参数设置

(1) Desktop 设置框可设置 Altium Designer 运行的桌面显示情况。当选中 Autosave desktop 复选框后，系统将会在退出 Altium Designer 时自动保存桌面的显示情况，包括面板的位置和可见性、工具条的显示情况等。当选中 Restore open documents 复选框后，系统将会根据前一次的工作状态打开文档。

(2) Popup Panels 设置框用来设置面板的显示方式。Popup delay 用来设置面板弹出的延时，时间越短则弹出速度越快；Hide delay 用来设置面板隐藏的延时，时间越短则隐藏速度越快；选中 Use animation 复选框后则启用活动面板，当用户启动需要操作的面板时，可以设定面板是否直接弹出或者延时。

限于篇幅，系统参数设置的其他相关功能不再一一赘述。

3. Altium Designer 18.0 文件管理

(1) 新建项目文件。执行 File/New 命令，从 New 子菜单中选择 Project 选项。图 1.1.4 所示为创建的 PCB 设计项目，该项目文件默认的文件名为 PCB_Project_1，创建了项目后，更改项目名称，然后单击 OK 按钮。创建的项目如图 1.1.5 所示。

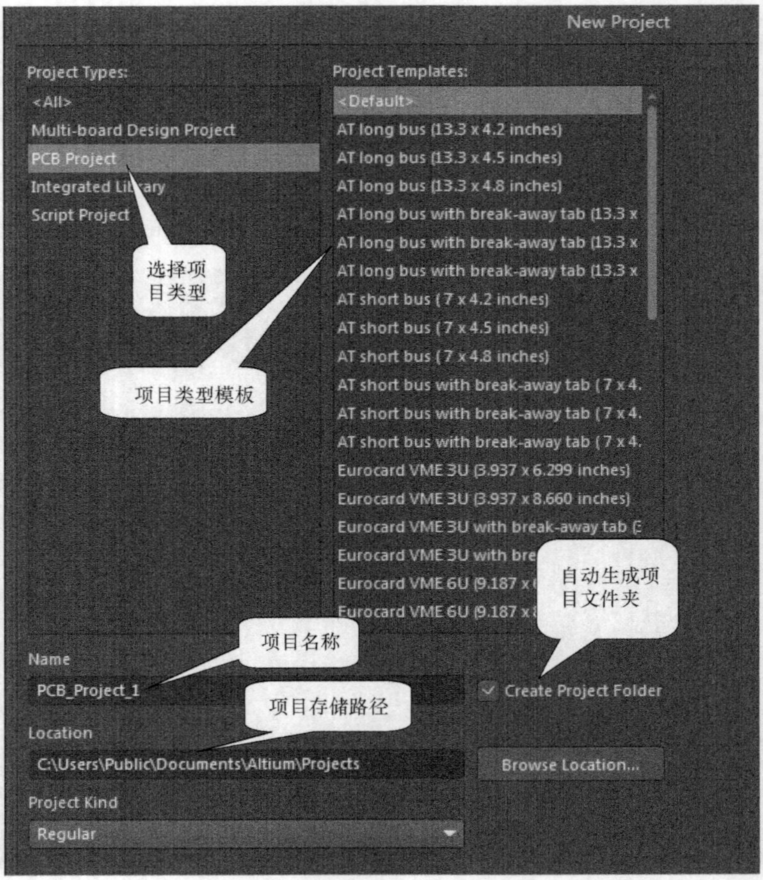

图 1.1.4　建立一个 PCB 项目文件

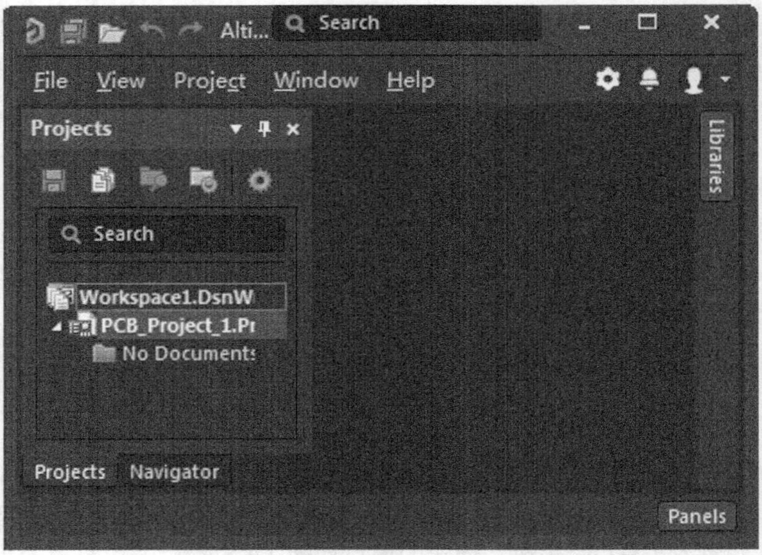

图 1.1.5　直接创建的工程文件

(2)打开已存在的设计项目。执行 File/Open 命令，打开已存在的设计项目库或其他文件。

(3)关闭当前已经打开的设计文件或项目文件。执行快捷菜单中的 Close Project 命令关闭项目。

(4)用户可以直接从 File 菜单中打开最近使用过的文件。Altium Designer 分别提供了 Recent Documents、Recent Projects 和 Recent Workspaces 子菜单，可以很方便地打开使用过的文件或项目文档。

1.1.2 Altium Designer 18.0 项目设置和编译

建立新的 Altium Designer 项目后，可以对其选项进行设置，包括错误检查规则、连接矩阵、比较设置、输出路径和网络表选项，用户也可以指定任何项目规则。设置了项目后，在编辑该项目时，Altium Designer 将使用这些设置。执行 Project/Project Options 命令，系统将弹出如图 1.1.6 所示的 Options for Project 对话框。

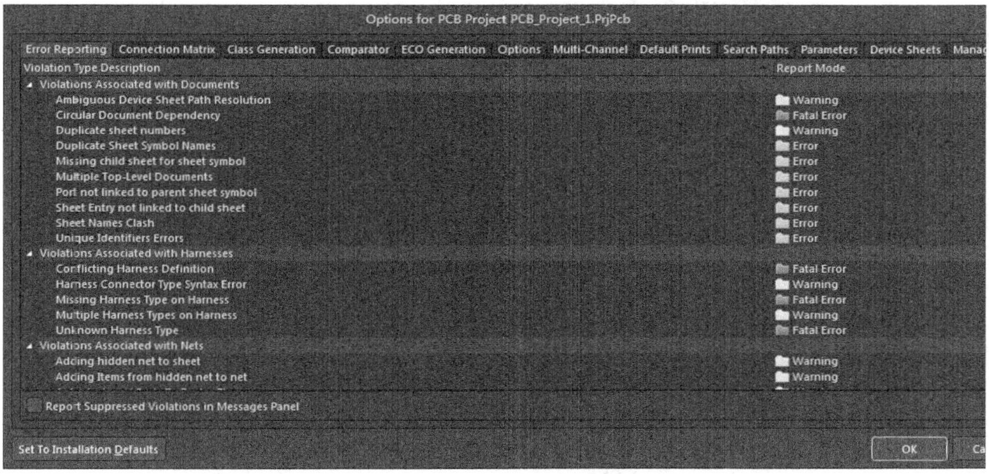

图 1.1.6 Options for Project 对话框

在进行 PCB 设计之前，需要对设计的原理图进行电气参数检查。在 Altium Designer 中，原理图含有关于电路的连接信息。可以使用连接检查器来验证原理图设计的正确性。进行电气参数检查时，可以在 Error Reporting 和 Connection Matrix 选项卡中设置所检查的对象，如果有错误发生，则会显示在 Messages 面板上。

1. 设置错误报告

Options for Project 对话框中的 Error Reporting(错误报告)选项卡用于设置设计草图检查，如图 1.1.6 所示。Report Mode(报告模式)表明违反规则的严格程度。如果要修改 Report Mode，单击需要修改的与违反规则对应的 Report Mode，并从下拉列表中选择严格程度。

2. 设置连接矩阵

Options for Project 对话框中的 Connection Matrix(连接矩阵)选项卡(图 1.1.7)显示的是错误类型的严格性，将在设计运行电气连接检查时产生错误报告，如引脚间的连接、元件和图样输入等是否存在错误。这个矩阵给出了在原理图中不同类型的连接点以及这些连接点是否被允许的一个图表描述。

例如，在矩阵的右边找到 Output Pin，从这一行找到 Open Collector Pin 列。在它们的相交处有一个方块(软件中是橙色方块)，表示在原理图中从一个 Output Pin 连接到一个 Open Collector Pin，在项目被编辑时将启动一个错误提示。

可以用不同的错误程度来设置每一个错误类型，例如，对某些非致命的错误不予报告，修改连接错误的操作方式如下。

(1)单击 Options for Project 对话框的 Connection Matrix 选项卡，如图 1.1.7 所示。

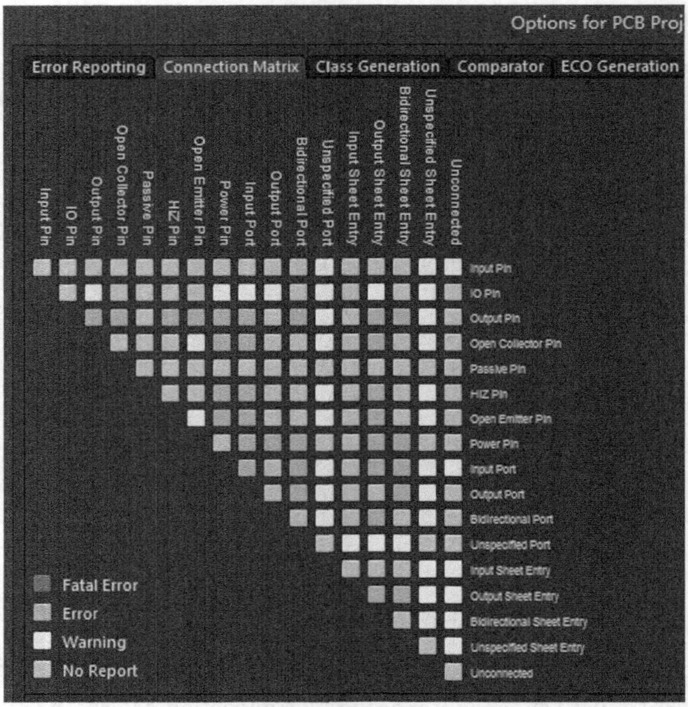

图 1.1.7 Connection Matrix 选项卡

(2)单击两种类型连接相交处的方块，如 Input Port 和 Output Sheet Entry。

(3)在方块变为图例中 Error 表示的颜色时停止单击。例如，一个橙色方块表示一个错误，表示这样的连接错误会被发现。

Options for Project 对话框中还包括其他的选项卡，如 Class Generation(类生成)选项卡、Comparator(比较器)选项卡、ECO(工程变化顺序)Generation 选项卡、Options(选项)选项卡等，限于篇幅，本书不再一一介绍。

3. 编译项目

编译一个项目就是在一个调试环境中，检查设计的文档草图和电气规则错误。对于电气规则和错误检查等可以在项目选项中设置。编译项目的操作步骤如下。

(1)打开需要编译的项目，然后执行 Project/Compile PCB Project 命令。

(2)当项目被编译时，任何已启动的错误均将显示在设计窗口下部的 Messages 面板中。

如果电路绘制正确，Messages 面板中不会有错误报告。如果报告给出错误，则需要检查电路，并确认所有的导线连接的正确性。

1.1.3 Altium Designer 18.0 原理图设计基础

1. 原理图设计的一般步骤

原理图设计是整个电路设计的基础，它决定了后面工作的进展。一般地说，设计一个原理图的工作包括：设置原理图图纸大小，规划原理图的总体布局，在图纸上放置元件，进行走线，对各元件以及走线进行调整，保存并打印输出。

2. 创建新的原理图文件

当建立了新的项目文档后，执行 File/New/Schematic 命令，系统将创建一个如图 1.1.8 所示的原理图文件，其默认的文件名为 Sheet1.SchDoc。若创建多个原理图文件，则默认的文件名按序号依次排列。

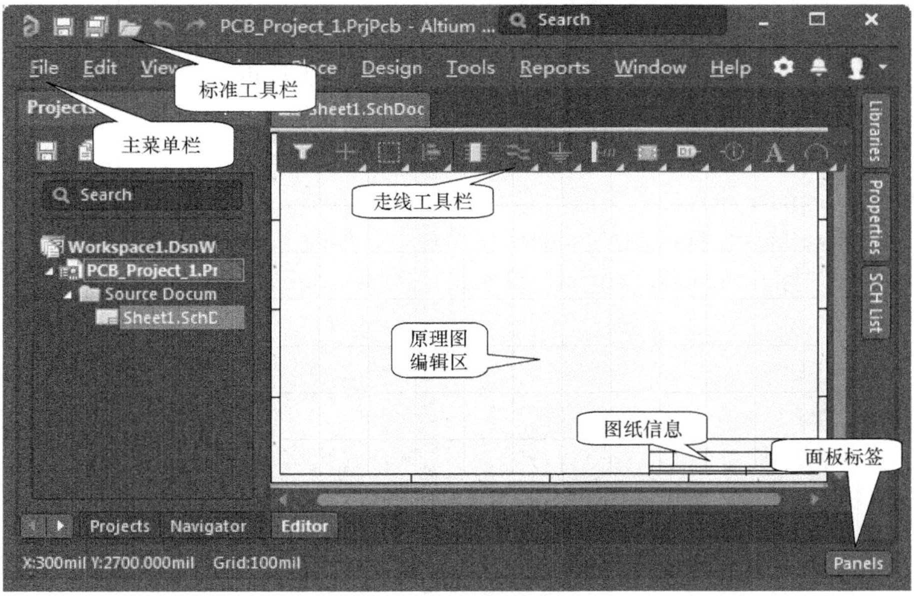

图 1.1.8 新建的原理图文件

然后可以通过执行 File/Save As(或者 Save)命令，将新原理图文件重命名(扩展名为

*.SchDoc)。此时系统弹出如图 1.1.9 所示的对话框，在该对话框中可以指定这个原理图保存的位置和文件名，如 myfirst.schDoc，并单击“保存”按钮。

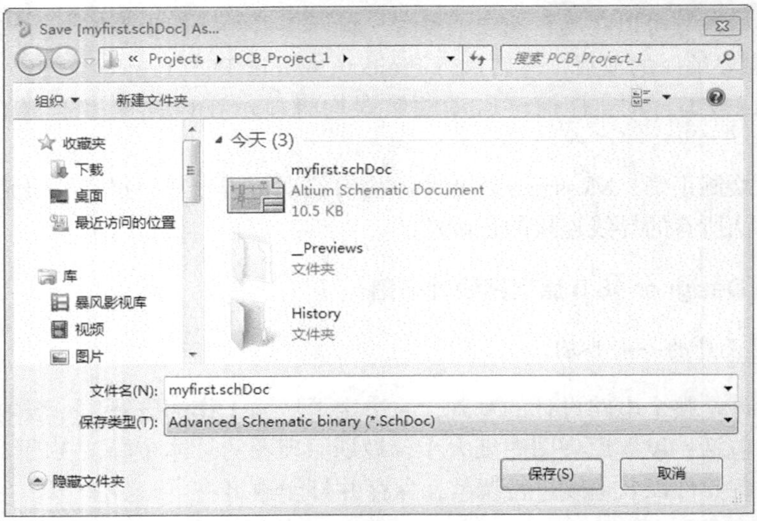

图 1.1.9　保存原理图文件

当建立了新的空白图纸后，会发现工作区发生了变化，主工具栏增加了一组新的按钮，新的工具栏出现，并且菜单栏增加了新的菜单项。现在就可以进行原理图编辑了。

如果已经绘制了一张原理图，并且保存为一个文件，那么可以将该文件直接添加到项目中。用户只需要执行 Project/Add Existing to Project 命令，即可以选择已有的原理图文件，并且可直接添加到项目中。另外，用户还可以直接从 Project 菜单或右键菜单中执行 Project/Add New to Project 命令，向项目添加新的文件，如原理图文件、PCB 文件等。

3. 原理图设计工具栏

Altium Designer 原理图的主窗口界面如图 1.1.8 所示。打开或关闭原理图标准工具栏可执行 View/Toolbars/Schematic Standard 菜单命令，如图 1.1.10 所示。Altium Designer 的工具栏有原理图标 Schematic Standard(准工具栏)、Wiring(走线工具栏)和 Utilities(实用工具栏)等。

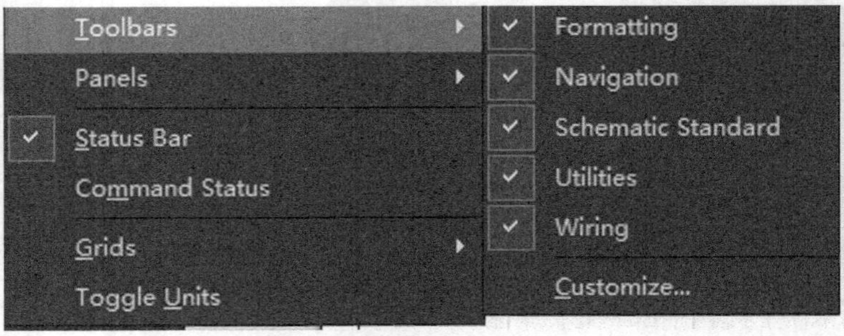

图 1.1.10　装载工具栏菜单

单击实用工具栏上的下三角按钮，会弹出相应的子菜单，绘图子菜单(Drawing Tools)如图 1.1.11 所示，元件位置排列子菜单(Alignment Tools)如图 1.1.12 所示。充分利用这些工具会极大地方便原理图的绘制。

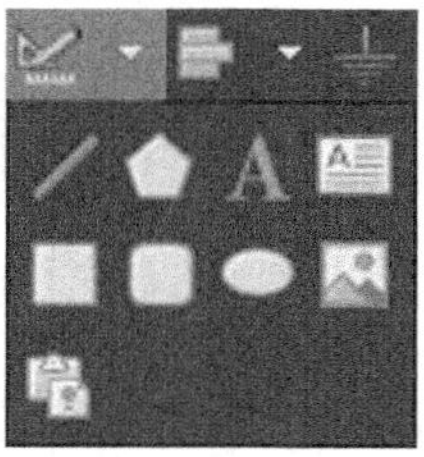

图 1.1.11　绘图子菜单

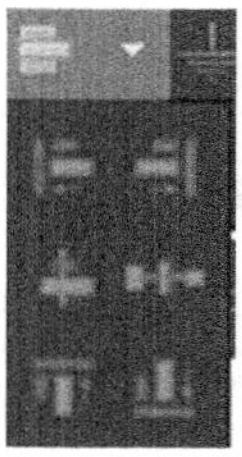

图 1.1.12　元件位置排列子菜单

4. 图纸的放大与缩小

在 Altium Designer 中使绘图区放大或缩小有两种方法。

1)使用键盘实现图纸的放大与缩小

(1)放大。按 PageUp 键，可以放大绘图区域。

(2)缩小。按 PageDown 键，可以缩小绘图区域。

(3)居中。按 Home 键，可以从原来光标下的图纸位置，移位到工作区中心位置显示。

(4)更新。按 End 键，对绘图区的图形进行更新，恢复正确的显示状态。

2)使用菜单放大或缩小图纸显示

在 Altium Designer 中选择 View 菜单来控制图形区域的放大与缩小。View 菜单如图 1.1.13 所示。下面介绍菜单中主要命令的功能。

(1)Fit Document。显示整个文件，可以用来查看整张原理图。

(2)Fit All Objects。使绘图区中的图形填满工作区。

(3)Area。放大显示用户设定的区域。这种方式是通过确定用户选定区域中对角线上两个角的位置，来确定需要进行放大的区域。

(4)Around Point。放大显示用户设定的区域。这种方式是通过确定用户选定区域的中心位置和选定区域的一个角位置，来确定需要进行放大的区域。

(5)Selected Objects。可以显示放大或缩小所选择的对象。

(6)Zoom In 或 Zoom Out。放大/缩小显示区域。

(7)Full Screen。全屏显示工作区域。

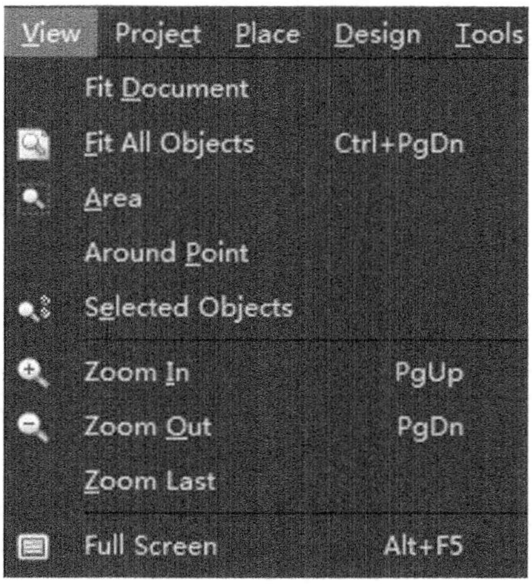

图 1.1.13　View 菜单

1.1.4　Altium Designer 18.0 原理图的环境参数设置

通过执行 Tools/Preferences 命令，系统将弹出如图 1.1.14 所示的参数设置对话框。通过该对话框可以分别设置原理图环境、图形编辑环境以及默认基本单元等，这些可以分别通过 Schematic 中的 General 选项卡、Graphical Editing 选项卡和 Grids 选项卡等实现。

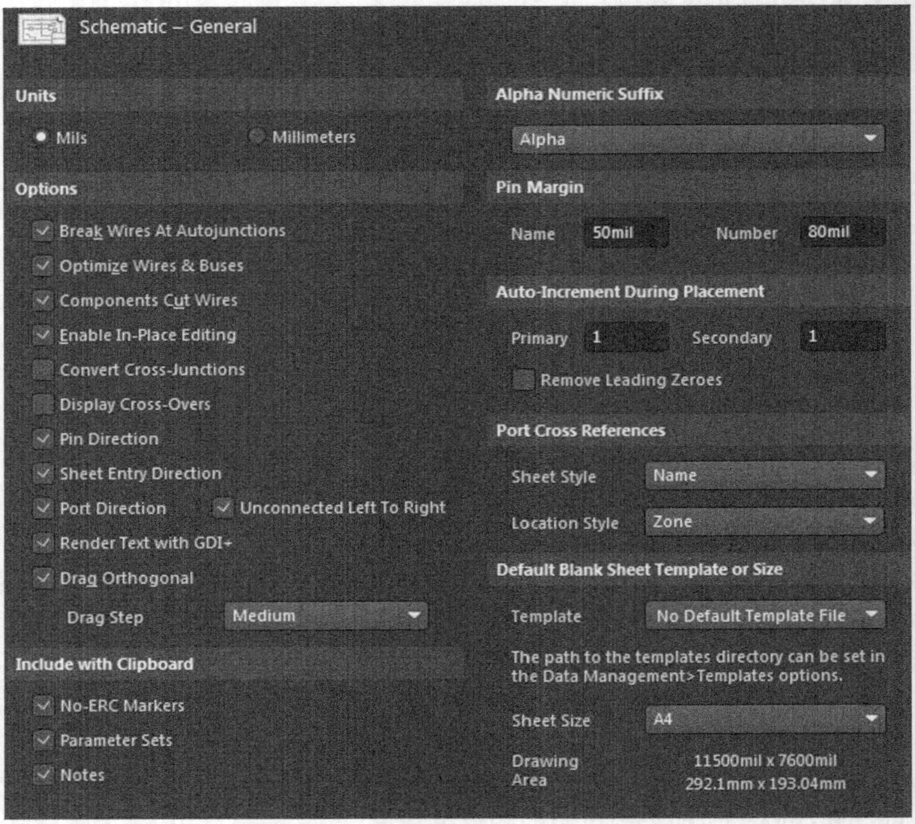

图 1.1.14　参数设置对话框

1. 设置原理图环境

原理图环境设置通过 Schematic 中的 General 选项卡来实现，如图 1.1.14 所示，该选项卡可以设置的参数如下。

1) Units

有两个选项，Mils 为英制，Millimeters 为公制。

2) Options

该复选框的意义分别如下。

(1) Break Wires At Autojunctions。在两个节点处将导线分割。

(2) Optimize Wires & Buses。选中该复选框后，可以防止多余的导线、多段线或总线相互重叠，即相互重叠的导线和总线等会被自动去除。

(3) Components Cut Wires。如果选中了 Optimize Wires & Buses 复选框，则 Components Cut Wires 选项也可以操作。选中 Components Cut Wires 复选框后，可以拖动一个元件到原

理图导线上，导线被切割成两段，并且各段导线能自动连接到该元件的敏感引脚上。

(4) Enable In-Place Editing。选中该复选框后，用户可以对嵌套对象进行编辑，即可以对插入的链接对象实现编辑。

(5) Convert Cross-Junctions。选中该复选框后，当用户在 T 字连接处增加一段导线形成 4 个方向的连接时，会自动产生两个相邻的三向连接点，如图 1.1.15 所示。如果未选中该复选框，则会形成两条交叉的导线，并且没有电气连接，如果此时选中 Display Cross-Overs 复选框，则会显示两个节点，如图 1.1.15 所示。

(6) Display Cross-Overs。选中该复选框，则在无连接的十字相交处显示一个拐过的曲线桥，如图 1.1.16 所示。

(a) 选中复选框　　(b) 未选中复选框

图 1.1.15　Convert Cross-Junctions 选项

(a) 选中复选框　　(b) 未选中复选框

图 1.1.16　Display Cross-Overs 选项

(7) Pin Direction。选中该复选框后，在原理图中会显示元件引脚的方向，引脚的方向用一个三角符号表示。

(8) Sheet Entry Direction。选中该复选框后，则层次原理图中入口的方向会显示出来，否则只显示入口的基本形状，即双向显示。

(9) Port Direction。选中该复选框，则端口属性对话框中样式(Style)的设置被 I/O 类型选项所覆盖。

(10) Unconnected Left To Right。该选项只有在选中了 Port Direction 复选框后才有效。当选中该复选框后，原理图中未连接的端口将显示为由左到右的方向。

(11) Render Text with GDI+。不是所有的字符都能打印出来，选中这个复选框，显示字符的打印效果。

(12) Drag Orthogonal。选中该复选框后，则只能以正交方式拖动或插入元件，或者绘制图形对象，如果不选中该复选框，则以环境所设置的分辨率拖动对象。

3) Alpha Numeric Suffix

设置多元件流水号的后缀，有些元件内部是由多个元件组成的，如 74LS04 就是由 6 个非门组成的，则通过该编辑框就可以设置元件的后缀。

(1) Alpha。选中该选项，则后缀以字母显示。

(2) Numeric。选中该选项，则后缀以数字显示。

4) Pin Margin

设置引脚选项，通过该操作项可以设置元件的引脚号和名称到边界(元件的主图形)的距离。

(1) Name。在该编辑框输入值，可以设置引脚名称到元件边界的距离。

(2) Number。在该编辑框输入值，可以设置引脚号到元件边界的距离。

5) Auto-Increment During Placement

该操作框用来设置放置元件时，元件号或元件引脚号的自动增量大小。

(1) Primary。设置该项的值后，则在放置元件时，元件号会按设置的值自动增加。

(2) Secondary。该选项在编辑元件库时有效。设置该项的值后，则在编辑元件库时，放置的引脚号会按照设定的值自动增加。

6) Default Blank Sheet Template or Size

该操作框用来设置默认的空白原理图的图纸大小。用户可以在其下拉列表中选择。在下一次新建原理图文件时，就会选择默认图纸大小。

2. 设置图形编辑环境

图形编辑环境设置可以通过 Graphical Editing(图形编辑)选项卡来实现，该选项卡如图 1.1.17 所示。

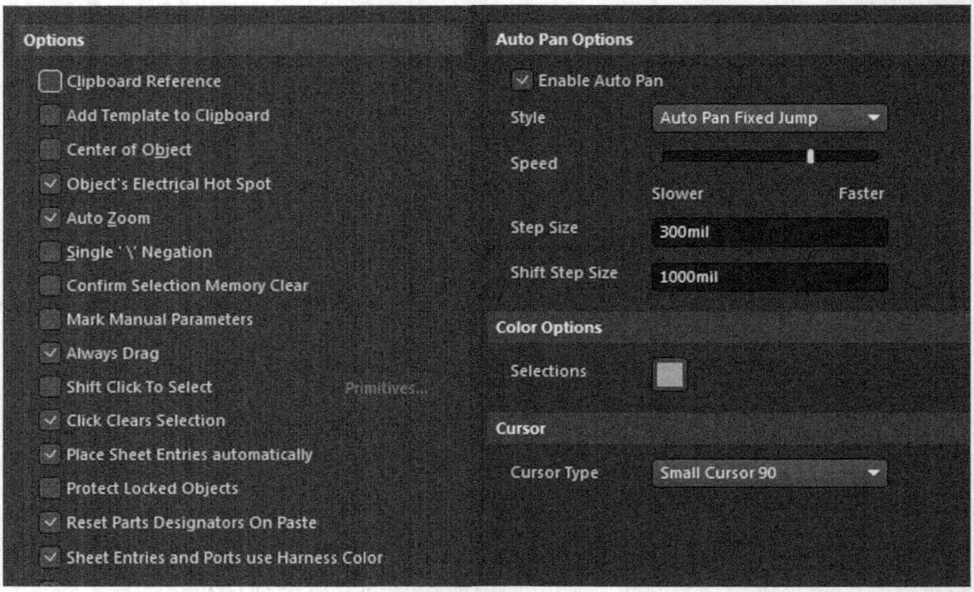

图 1.1.17　图形编辑选项卡

1) Options

选项操作框，可用来设置图形编辑环境的一些基本参数，分别介绍如下。

(1) Clipboard Reference(剪贴板参考)。选中该复选框后，则当用户执行 Edit/Copy 或 Cut 命令时，将会被要求选择一个参考点。这对于复制一个将要粘贴回原来位置的原理图部分时很重要。该参考点将是粘贴时被保留部分的点，建议用户也选中该复选框。

(2) Add Template to Clipboard(添加模板到剪贴板)。选中该复选框后，则当用户执行 Edit/Copy 或 Cut 命令时，系统将会把模板文件添加到剪贴板上。不选可以只复制电路图。

(3) Center of Object。选中该复选框后，可以使对象通过参考点或对象的中心进行移动或拖动。

(4) Object's Electrical Hot Spot。选中该复选框后，可以使对象通过与对象最近的电气节点进行移动或拖动。

(5) Auto Zoom。选中该复选框，则当插入元件时，原理图可以自动实现缩放。

(6) Single'\'Negation。选中该复选框，则可以以“\”表示某字符为非或负。

(7) Confirm Selection Memory Clear。选中该复选框后，选择集存储空间可以用于保存一组对象的选择状态。为了防止一个选择集存储空间被覆盖，应该选择该选项。

(8) Mark Manual Parameters。当用一个点来显示参数时，这个点表示自动定位已经被关闭，并且这些参数被移动或旋转。选择该选项则显示这种点。

(9) Always Drag。选中该复选框，使用鼠标拖动选择的对象时，选择对象之间的电气连接也会保持连接状态。

(10) Shift Click To Select。选中该复选框，则必须使用 Shift 键，同时使用鼠标才能选中对象。

(11) Click Clears Selection。选中该复选框，则单击原理图的任何位置就可以取消设计对象的选中状态。

2) Color Options

该操作框用来设置所选择的对象和栅格的颜色。Selections 颜色设置项用来设置所选中对象的颜色，默认颜色为绿色。

3) Auto Pan Options

该操作框中各操作项用来自动移动参数，即绘制原理图时，常常要平移图形，通过该操作框可设置移动的形式和速度。

4) Cursor

该操作框用来设置光标的类型。单击 Cursor 操作框中的 Cursor Type(光标类型)操作选项框右边的下拉按钮，在下拉列表中可以选择光标类型，系统提供了 Large Cursor 90(90°大光标)、Small Cursor 90(90°小光标)、Small Cursor 45(45°小光标)和 Tiny Cursor 45(45°微小光标)4 种光标类型。

3. 设置网格的形状

通过执行 Tools/Preferences 命令，选择 Grids 选项卡，单击 Grid Options 操作框的 Visible Grid(可见网格)选项的下拉按钮，就可以选择所需的网格类型(Line 和 Dot 类型)。如果想改变网格颜色，可以单击 Grid Color(网格颜色)颜色块进行颜色设置。还可以选择 Snap Grid(网格)和 Electrical Grid(电气网格)的大小，并且可以分别选择其可见性。

1.2 Altium Designer 18.0 电路设计实例

设计任务：利用 Altium Designer 18.0 画出图 1.2.1 所示电路的原理图与 PCB 板图。

1. 新建项目

步骤 1：启动软件 Altium Designer 18.0，执行 File/New/Project/PCB Project 命令。

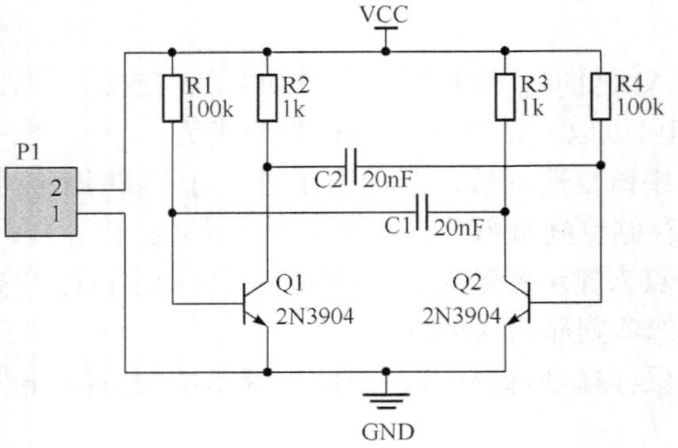

图 1.2.1 多谐振荡电路

在弹出的对话框中，选择文件保存路径，将文件名改为 myfirst.PrjPcb。

步骤 2：执行 File/New/Schematic 命令。在上述建立的工程项目中新建电路原理图文件。

步骤 3：执行 File/Save 命令。在弹出的对话框中选择文件保存路径，输入原理图文件名“myfirst.SchDoc”。

注意：如果原理图没有包括在项目里面，执行 Project/Add Existing to Project 命令，将刚才建立的原理图加载到 myfirst.PrjPcb 项目中。

步骤 4：执行 Tools/Preferences 命令，通过 Schematic 中的 General 选项卡，在打开的对话框中把图纸大小设置为 A4，其他使用系统默认设置。

2. 放置元件

步骤 1：单击右下方面板控制区的 Panels/Libraries 选项，在 Libraries 对话框中，选择 Miscellaneous Devices.IntLib 选项，在弹出的窗口中，输入“*3904”，“*”是通配符，如图 1.2.2 所示，然后单击 Place 2N3904 按钮。这时三极管 2N3904 就会出现在原理图中。

注意：Schematic 中所有的元件对象都具有自身的特定属性，在设计绘制原理图时常常需要设置元件的属性。在真正将元件放置在图纸上之前，元件符号可随鼠标移动，如果按下 Tab 键就可以打开如图 1.2.3 所示的 Component Properties(元件属性)对话框，可在此对话框中编辑元件的属性。

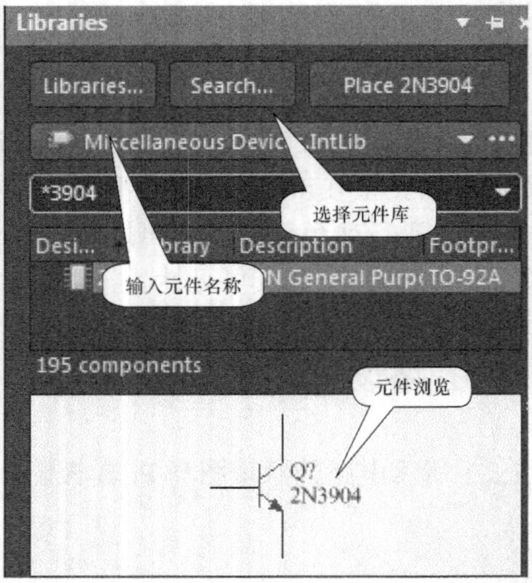

图 1.2.2 放置三极管

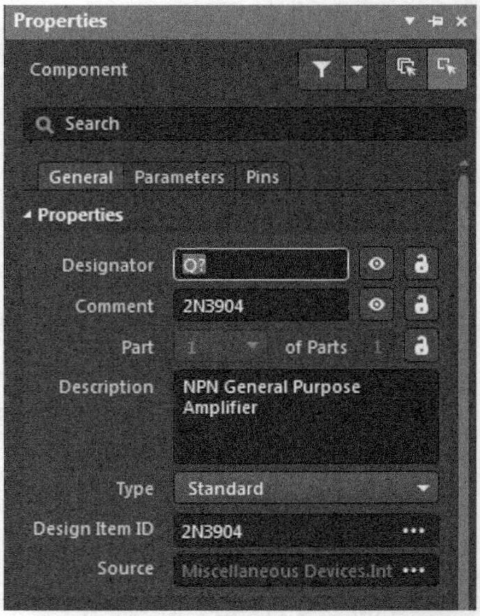

图 1.2.3 元件属性对话框

如果已经将元件放置在图纸上，要更改元件的属性，可以双击元件，弹出元件属性对话框，然后用户就可以进行元件属性编辑操作。

(1) Designator。元件在原理图中的流水序号，选中其后面的 Visible 复选框，则可以显示该流水号，否则不显示。

(2) Comment。该编辑框可以设置元件的注释，如前面放置的元件注释为 2N3904，可以选择或者直接输入元件的注释，选中其后面的 Visible 复选框，则可以显示该注释，否则不显示。

(3) Description。该编辑框为元件属性的描述。

(4) Design Item ID。设定该元件在设计文档中的 ID，是唯一的。

(5) Type。选择元件类型，从下拉列表中选取。Standard 表示元件具有标准的电气属性；Mechanical 表示元件没有电气属性，但会出现在 BOM 表(材料表)中；Graphical 表示元件不会用于电气错误的检查或同步；Tie Net in BOM 表示元件短接了两个或多个不同的网络，并且该元件会出现在 BOM 表中；Tie Net 表示元件短接了两个或多个不同的网络，该元件不会出现在 BOM 表中；Standard (No BOM) 表示该元件具有标准的电气属性，但是不会出现在 BOM 表中。

步骤 2：放置 4 个电阻。在 Libraries 对话框中，选择 Miscellaneous Devices.IntLib 选项，输入“*Res2”，然后双击该元件，按下 Tab 键，修改元件属性，如图 1.2.4 所示。同样方法放置 R2、R3、R4，并修改元件属性。

图 1.2.4　放置电阻

步骤 3：类似步骤 2 放置 2 个电容。在 Libraries 对话框中，输入“*Cap”，然后双击该元件，按下 Tab 键，修改元件属性，如图 1.2.5 所示。同样方法放置 C2，并修改元件属性。

步骤 4：放置 1 个插针。在 Libraries 对话框中，选择 Miscellaneous Connectors. IntLib 选项，输入“* Header 2”，然后双击该元件，按下 Tab 键，修改元件属性。

3. 元件位置的调整

根据电路图的连接关系，调整元件的位置。使走线简洁，电路美观，如图 1.2.6 所示。

图 1.2.5　放置电容

4. 原理图走线

步骤 1：执行 Place/Wire 命令(或者单击 Wiring 工具栏)，光标变成“十”字形状。

步骤 2：将光标移动到图纸的适当位置，单击，确定导线起点。沿着需要绘制导线的方向移动鼠标，到合适的位置再次单击，完成两点间的连线，右击结束此条导线的放置。此时光标仍处于绘制导线状态，可以继续绘制，若右击两次，则退出绘制导线状态。

步骤 3：依次进行上面的操作，完成导线绘制，完成后如图 1.2.7 所示。

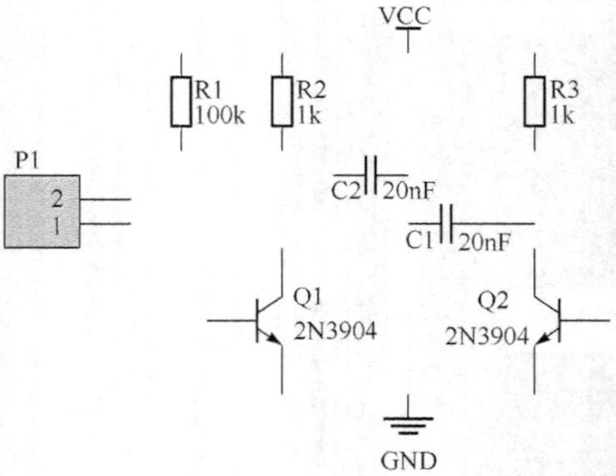

图 1.2.6　元件位置调整

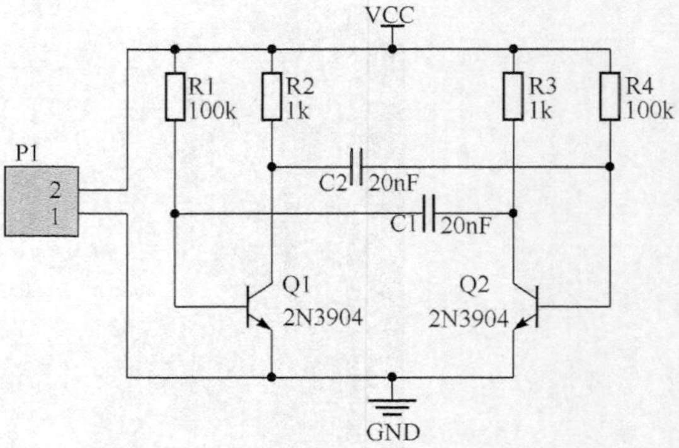

图 1.2.7　原理图走线

5. 从原理图到 PCB 板

步骤 1：执行 File/New/Pcb 命令，如图 1.2.8 所示。

步骤 2：执行 File/New/Save 命令，保存名为 myfirst.PcbDoc。

步骤 3：如果该文件没有在工程里面，需要添加。在工程上右击，在弹出的快捷菜单中选择 Add Exting to Project 选项，找到 myfirst.PcbDoc，将其打开即可。

步骤 4：在原理图编辑器执行 Design /Update PCB Document(myfirst.PcbDoc)命令。项目将会被编译，出现 Engineering Change Order 对话框，如图 1.2.9 所示。

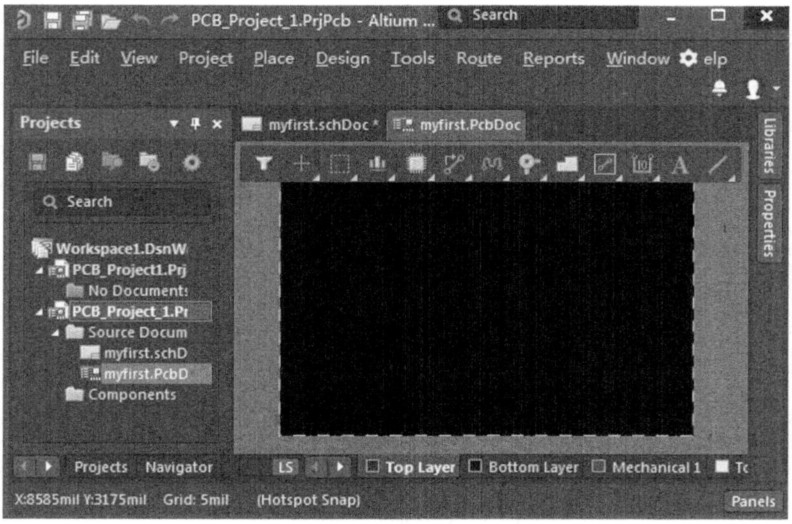

图 1.2.8　新建 PCB

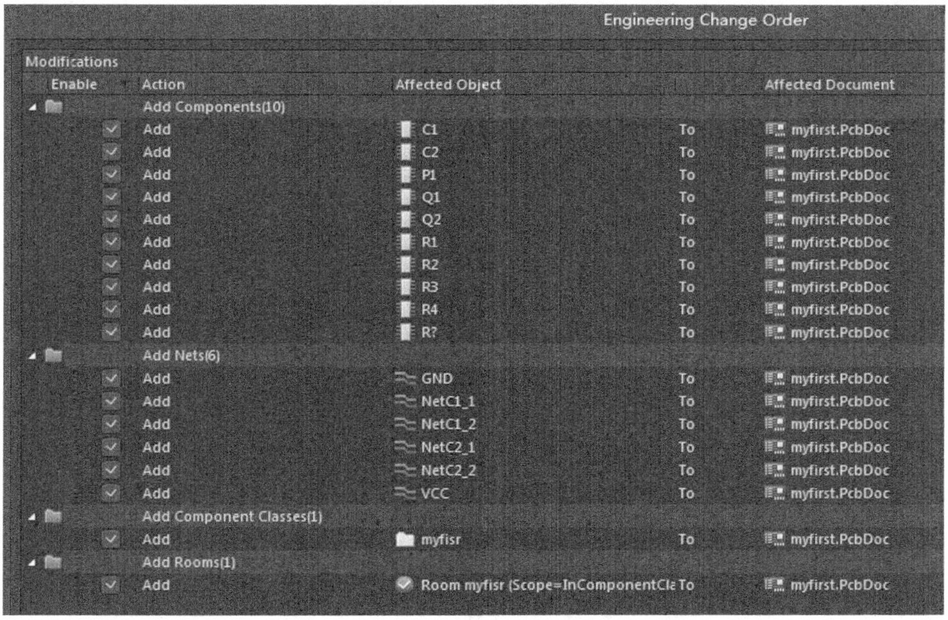

图 1.2.9　原理图到 PCB 转换

步骤 5：单击 Validate Changes 按钮，如果所有的改变均有效，在 Status 的 Check 档中显示绿色，如果改变无效，在 Status 的 Check 档中显示红色，如图 1.2.10 所示。如果转换有无效的状态，关闭对话框，查看 Messages 消息档，修改错误后再执行此步。

步骤 6：单击 Execute Changes 按钮，将改变发送到 PCB。完成后，状态变为完成(Done)。单击 Close 按钮，目标 PCB 打开，而元件也在板子上以准备放置。如果在当前视图不能看见元件，使用快捷键 V、D(View / Fit Document)。自动生成的 PCB 如图 1.2.11 所示。

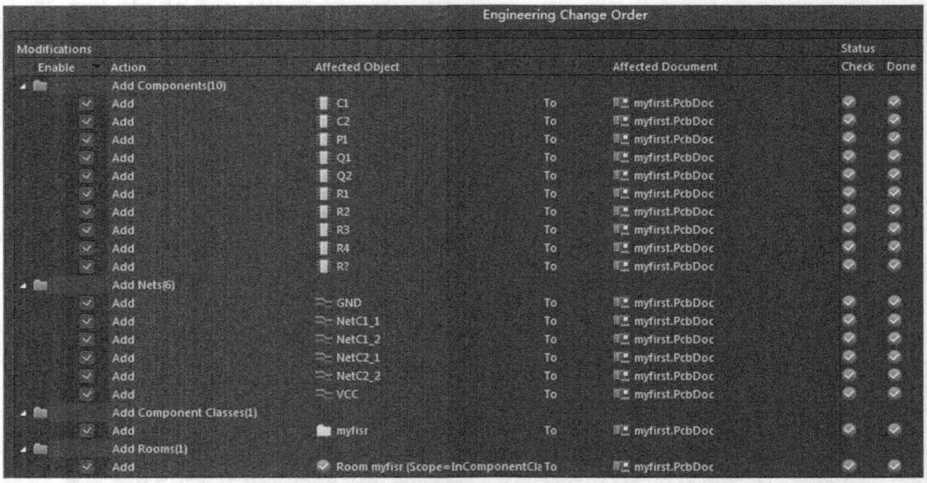

图 1.2.10　检查原理图到 PCB 转换

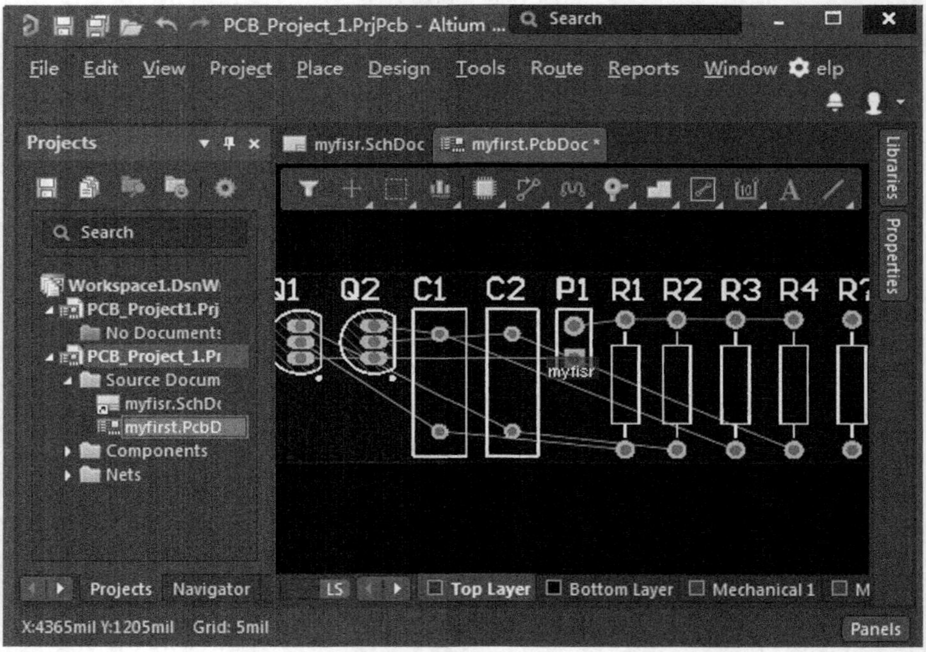

图 1.2.11　原理图到 PCB 转换结果

6. *元件布局*

步骤 1：选中红色器件盒，在键盘上按 Delete 键，将其删除。

步骤 2：选中某个元件，按住鼠标左键拖动到 PCB 板合适的位置后放开鼠标左键（在拖动过程中按下空格键可以旋转位置）。

步骤 3：元件布局后的 PCB 如图 1.2.12 所示。

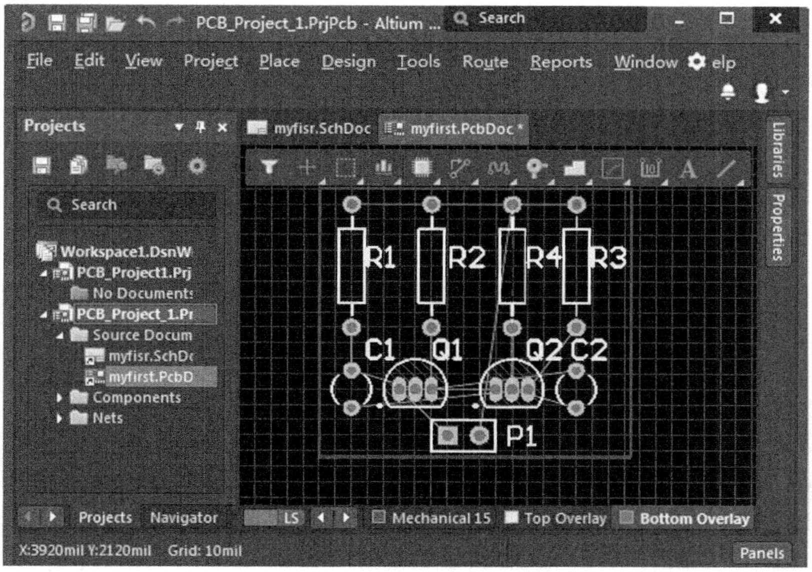

图 1.2.12　元件布局

7. 进行布线规则设置

步骤 1：执行 Design/Rules 命令，弹出规则编辑对话框，在上面进行逐一设置。

步骤 2：在 PCB Rules 面板中，执行 Design Rules/Electrical/Clearance 命令，进行间距设置，如图 1.2.13 所示。

步骤 3：导线线宽设置。在 PCB Rules 面板中，执行 Design Rules/Routing/Width 命令，先设定所有线宽，将其最大值设置为 1mm，最小值设置为 0.3mm，优先值为 0.6mm，如图 1.2.14 所示。

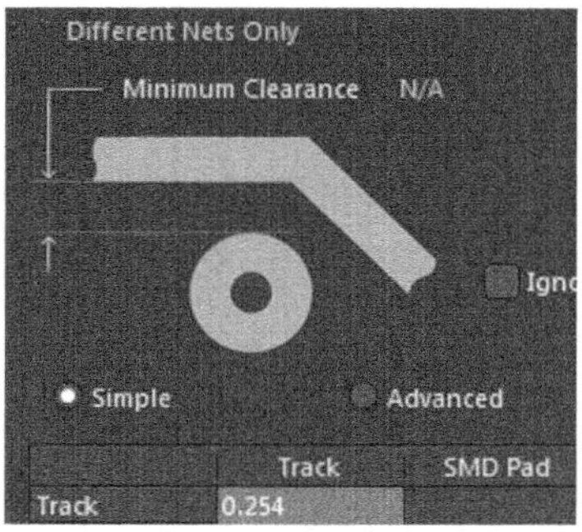

图 1.2.13　间距设置

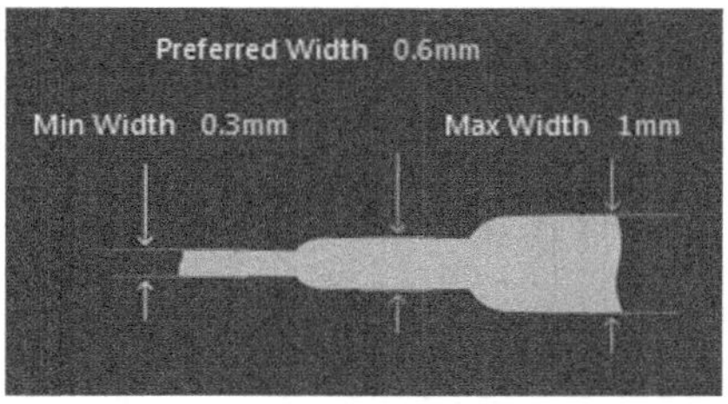

图 1.2.14　导线线宽设置

步骤 4：电源线宽设置。在 With 上右击，在弹出的快捷菜单中选择 NewRule 选项，在新建的 With_1 中进行设置，类似步骤 3，设置电源线。最大值设置为 1mm，最小值设置为 1mm，优先值为 1mm。

步骤 5：其他规则保持默认即可。

8. PCB 布线

激活 PCB 文件，切换到 Bottom Layer，执行 Place/Interactive Routing 命令。将鼠标移动到焊盘位置，此时光标会呈现多边形，单击开始画线(此时按下 Tab 键可以修改导线属性)，到该网络的另一焊盘时光标会变成多边形，此时再单击完成该条导线的放置。右击或者按下 Esc 键结束该条导线放置，右击两次结束导线放置状态。布线后的电路图如图 1.2.15 所示。

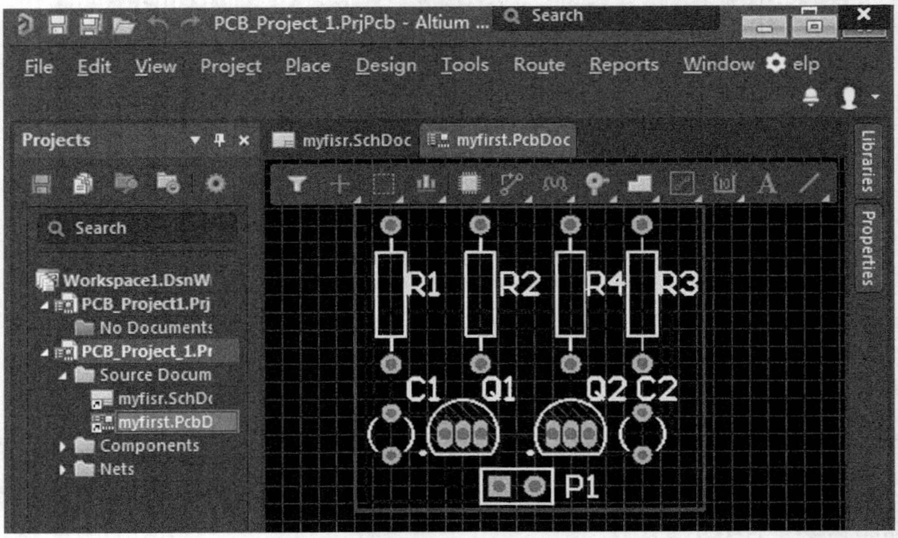

图 1.2.15　布线后的电路图

注意：Altium Designer 还提供了自动布线功能。

执行 Auto Route/All 命令，对整个电路板进行布线。

执行 Auto Route/Net 命令，由程序对选定的网络进行布线工作。

执行 Auto Routing/Connection 命令，对两连接点之间进行布线。

执行 Auto Route/Component 命令，使程序仅对与该元件相连的网络进行布线。

执行 Auto Route/Area 命令，使程序的自动布线范围仅限于该指定区域内。

9. 打印设置

为了制作电路板，还需要对 PCB 进行打印。

步骤 1：执行 File/Page Setup 命令，在弹出的对话框中设置成为图 1.2.16 所示的内容。

步骤 2：单击 Advanced 按钮，进入 PCB Printout Properties 对话框，由于是单面板，将 Top Overlay、Top Layer 删除。右击，在弹出的快捷菜单中选择 Delete 选项，单击 Yes 按钮即可删除。如果需要插入某个层，只需在空白的地方右击，选择 Insert Layer 选项，在弹出的对话框中找到需要插入的层即可。设置完成后如图 1.2.17 所示。

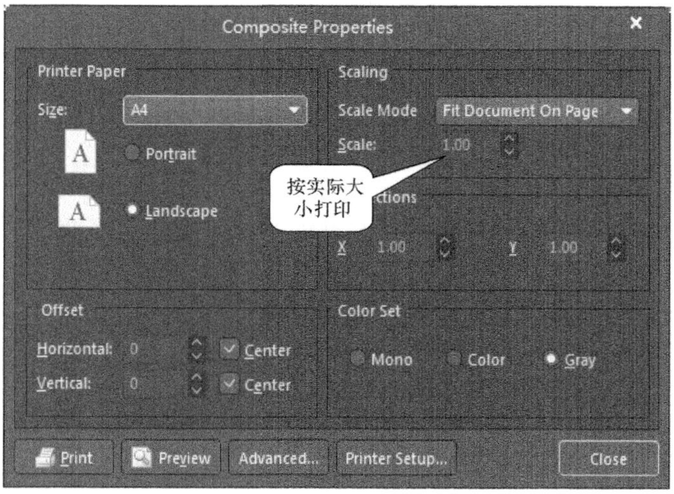

图 1.2.16　PCB 打印设置

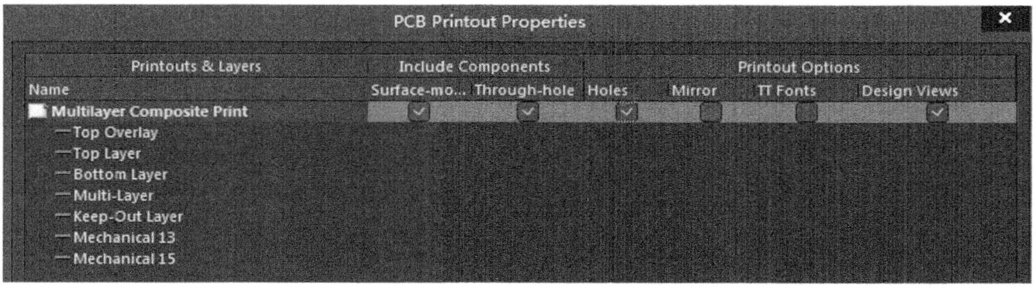

图 1.2.17　单面板打印设置

步骤 3：在打印机上放入热转印纸，执行 File/Print 命令即可打印。打印预览如图 1.2.18 所示。

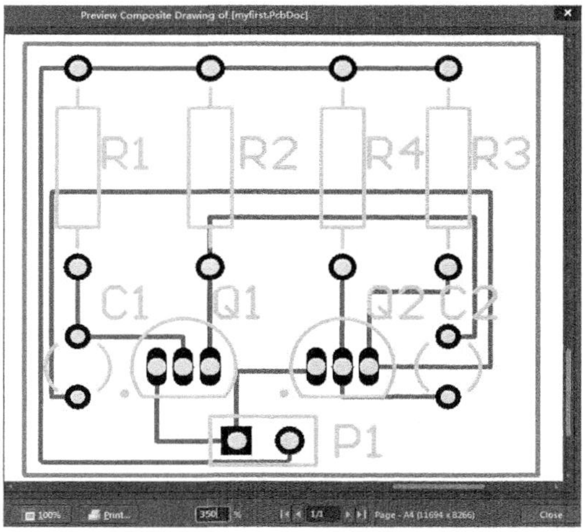

图 1.2.18　PCB 打印预览

第 2 章　模拟电子技术实验

2.1　晶体二极管和三极管测试实验

一、实验目的

(1)掌握晶体二极管极性和三极管引脚的判别方法；

(2)掌握二极管和三极管特性曲线的测试方法；

(3)理解二极管和三极管特性曲线的物理意义。

二、原理说明

1. *模拟万用表测试二极管原理*

晶体二极管由一个 PN 结构成。当外加正向电压，即 P 端电位大于 N 端电位时，二极管导通；当外加反向电压时，二极管截止。因此可利用模拟万用表的欧姆挡鉴别二极管的极性，其等效电路如图 2.1.1 所示。注意：模拟万用表的黑表笔(−端)为内电源的正极，红表笔(+端)为内电源的负极。如图 2.1.1 所示，黑表笔接二极管的阳极，红表笔接二极管的阴极。在测试小功率二极管时一般使用 R×100 或 R×1k 挡，不致损坏管子。

2. *数字万用表二极管挡测量二极管*

(1)测量时把二极管当作一个被测元件，若红表笔(电源+)接在二极管 P 极，黑表笔(电源−)接在二极管 N 极，则二极管正向导通，显示屏显示数字为二极管的正向导通电压，如图 2.1.2 所示，表示二极管的正向导通电压为 0.593V。反之，红表笔(电源+)接在二极管 N 极，黑表笔(电源−)接在二极管 P 极，则二极管是反向不导通，这时显示“1.”，表示二极管没

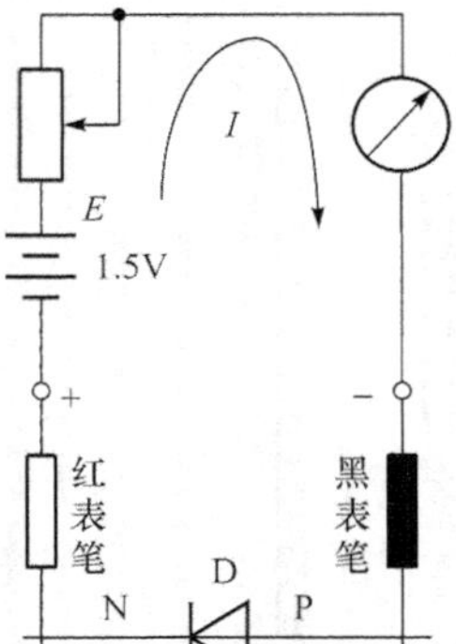

图 2.1.1　模拟万用表欧姆挡等效测试电路

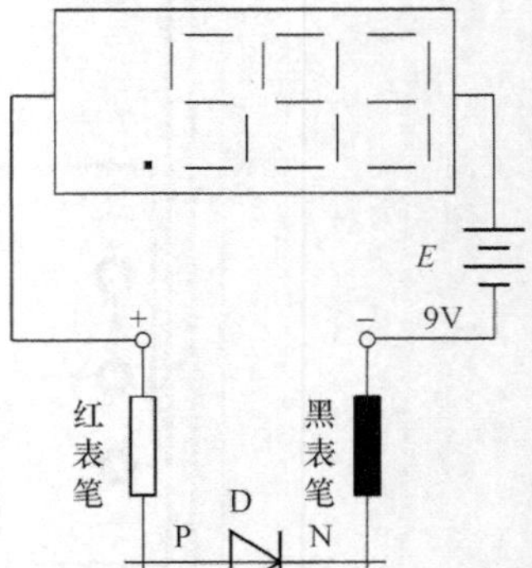

图 2.1.2　数字万用表二极管挡测量二极管

有导通。因此根据数字万用表显示屏显示的数字就可以判别二极管的P极和N极。

(2)根据测量时数字万用表有无数字显示，可判别二极管的好坏。若正反两次显示的数字都为“1.”，则表明二极管开路；若显示的数字为“.000”（或蜂鸣器发出声音），则表明二极管短路。

(3)根据测量时数字万用表显示数字的大小，可判别二极管是什么材料。一般硅管导通电压为0.5～0.7V；锗管导通电压为0.1～0.3V。

(4)判别二极管是普通二极管还是稳压管，通常需要查阅二极管的参数手册。

3. 模拟万用表测试三极管的原理

三极管内部有两个PN结，即集电结和发射结，如图2.1.3 所示。三极管内的PN结与二极管相似，其内部的PN结同样具有单向导电特性。因此按照判别二极管极性的方法可用模拟万用表欧姆挡判别出基极b和管型(NPN或PNP)。如测某三极管，若用黑表笔(电源+)固定接一个电极，用红表笔(电源-)分别搭试其他两个电极，两次测得阻值均较小，则表明黑表笔所接的电极为基极b，同时由于黑表笔是公共端，所以为NPN型。反之若红表笔为公共端则为PNP型。基极确定后，用红黑表笔分别接触另外的两个引脚，并在基极和黑表笔之间接上人体电阻，若万用表有很大的偏转，对于NPN型三极管红表笔对应的是发射极，对于PNP型三极管红表笔接的就是集电极。

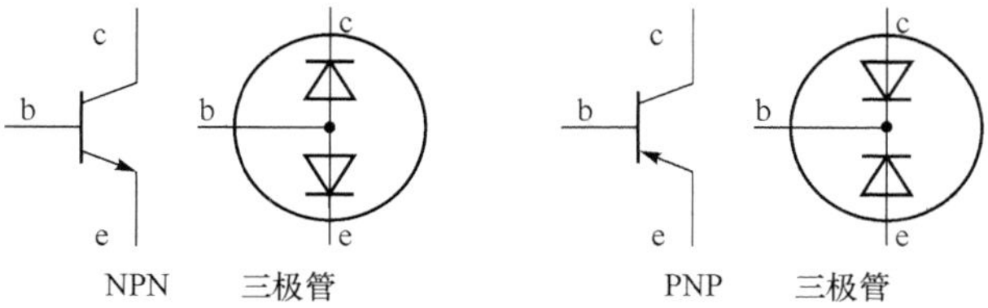

图2.1.3　三极管PN结简化示意图

4. 数字万用表测试三极管的原理

用数字万用表测量三极管方法同测试二极管相同，先利用数字万用表的二极管挡，判断三极管的基极b和管型(NPN或PNP)。然后利用数字万用表的hFE挡进行测量。已知三极管的管型(NPN或PNP)和基极b，未知集电极c和发射极e，假定其中一个电极为集电极c，将三极管插入数字万用表的三极管测试孔中，记下数字万用表显示的数字，然后对换集电极c和发射极e，再次插入三极管测试孔中，记下数字万用表显示的数字。比较两次测试结果，取显示数字较大的一次假设成立。

5. 用逐点法测试二极管伏安特性

二极管特性测试电路如图2.1.4 所示。逐点改变加在二极管两端电压 U_D，测出各点电压 U_D 和相对应的电流 I_D，即可描绘出伏安特性曲线。

6. 用逐点法测试晶体管特性

三极管特性测试电路如图 2.1.5 所示。

输入特性的函数式为$i_B = f(u_{BE})|_{u_{CE}=常数}$，即在 u_{CE} 电压保持不变情况下，基极输入回路中 u_{BE} 和 i_B 之间关系。

输出特性的函数式为$i_C= f(u_{CE})|_{i_B=常数}$，即在基极电流 i_B 保持不变情况下，在集电极输出回路中 u_{CE} 和 i_C 之间关系。

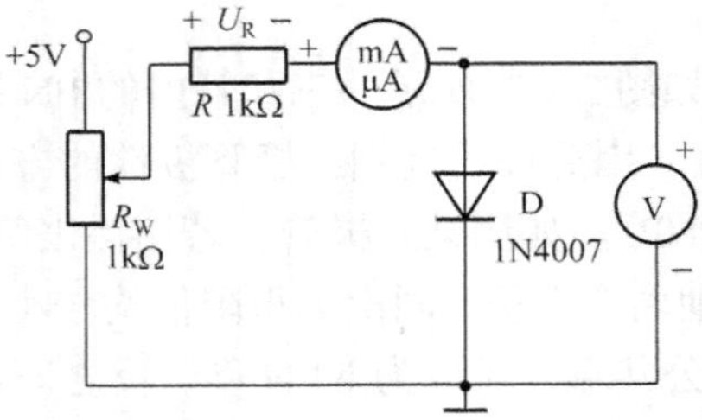

图 2.1.4　二极管特性测试电路图

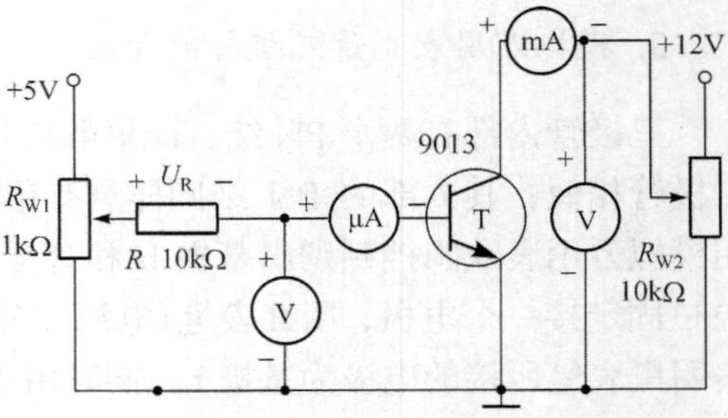

图 2.1.5　三极管特性测试电路图

三、实验设备与元器件

(1)模拟电子技术实验箱(SWU201407)1 台；

(2)二极管(2AP9、2CW12、1N4148、1N4007、LED 各 1 支)；

(3)三极管(S9011、S9012、S9013、S9014 各 1 支)；

(4)数字万用表(MY60)1 只。

四、实验内容

1. 晶体二极管的测量

按照实验原理所述方法，用数字万用表测量表 2.1.1 中的二极管的导通压降；判别 PN 结极性、二极管材料。将结果记入表 2.1.1 中。

表 2.1.1　晶体二极管的测试记录

参数 型号	二极管极性	二极管材料	导通压降/V	二极管类型 (查阅手册)
2AP9				
2CW12				
1N4007				
1N4148				
LED				

2. 晶体三极管的测量

按照实验原理所述方法，用数字万用表测量表 2.1.2 中的三极管。注意标注 b 极、c 极、e 极时，三极管引脚朝上，即以底视图方式标注。

表 2.1.2　晶体三极管的测试记录

参数 型号	三极管 材料	三极管 类型	三极管 b、c、e （底视图）	显示数字		
				导通电压/V		放大倍数
S9011				be		
				bc		
S9012				be		
				bc		
S9013				be		
				bc		
S9014				be		
				bc		

3. 测量二极管正向特性

按图 2.1.4 接线。测量正向伏安特性时，通常不使用数字万用表直流电流挡测量二极管的电流，而是通过测量电阻 R 上的电压 U_R，再利用 $I_D=U_R/R$ 得到。

测量时，调节 R_W 使二极管两端电压从零开始逐点增加，并测出各点电压相对应的电流值，完成表 2.1.3。

表 2.1.3　二极管正向伏安特性

U_D/V											
I_D/mA											

4. 测量三极管的输入、输出特性

（1）测量三极管的输入特性。按图 2.1.5 接线，开启电源，调节 R_{W2} 使 u_{CE}=0V 或 u_{CE}= 2V。然后调节 R_{W1}，使 u_{BE} 由零逐渐增大，记录与 u_{BE} 各点相对应的 i_B，完成表 2.1.4（注意：测量三极管基极的电流也可以通过测量电阻 R 上的电压 U_R，再利用 $I_B=U_R/R$ 得到）。

表 2.1.4　三极管的输入特性

u_{BE} /V										
u_{CE}=0V	i_B/mA									
u_{CE}= 2V										

(2)测量三极管的输出特性。按图 2.1.5 接线，调节 R_{W1} 使 i_B =20μA，40μA，…，并维持不变，再调整 E_C，使 E_C 由零伏逐点增大，记录相应 i_C，完成表 2.1.5(注意：表 2.1.5 中 i_B 的数据可以根据实验情况选取合适的数值)。

表 2.1.5　三极管的输出特性

u_{CE}/V i_C/mA i_B/μA	0.1	0.2	0.8	1	2	5	10
20							
40							
60							
80							
100							
120							

五、思考题

(1)简述使用数字万用表判断二极管和三极管引脚的方法；

(2)画出测试 PNP 型三极管特性的电路图。

六、实验报告要求

(1)简述实验原理、方法与步骤；

(2)整理测试数据，分析实验结果；

(3)回答思考题；

(4)实验总结与建议。

2.2　常用电子仪器的使用实验

一、实验目的

(1)掌握数字示波器、函数信号发生器和数字万用表等仪器的正确使用方法；

(2)熟悉模拟电子技术实验箱的结构。

二、原理说明

实验中要使用各个电子仪器或设备，如图 2.2.1 所示。各电子仪器按照信号流向，以连线简捷、调节顺手、观察与读数方便的规则进行布局。各仪器与被测实验装置之间连接时应注意，为防止外界干扰，各仪器的接地端应连接在一起，称共地。

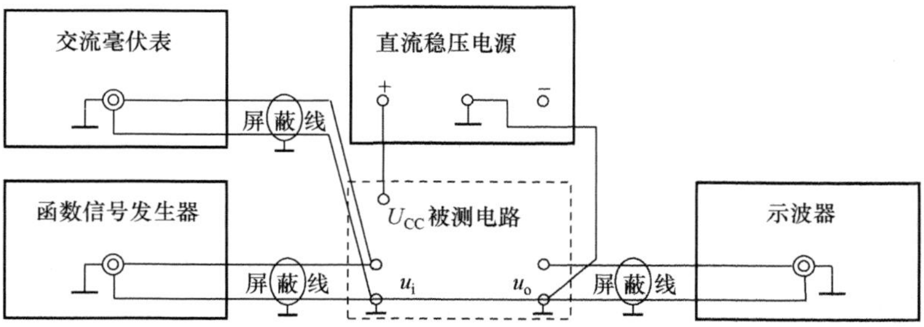

图 2.2.1 模拟电子电路中常用电子仪器布局图

1. 示波器

示波器是一种用途很广的电子测量仪器，它既能直接显示电信号的波形，又能对电信号进行各种参数的测量。本实验使用 UTD2152 型数字示波器，示意图如图 2.2.2 所示。

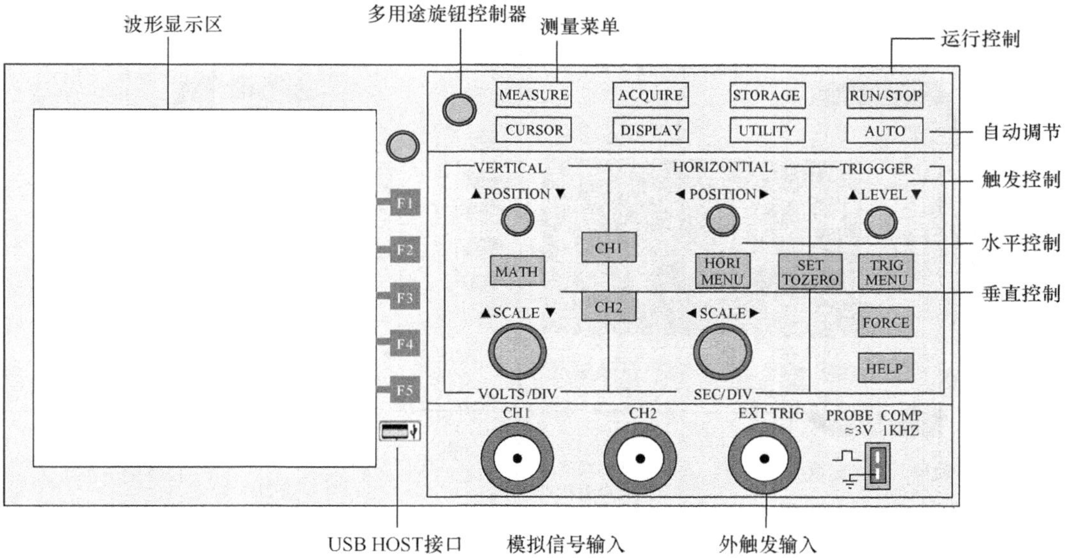

图 2.2.2 UTD2152 型数字示波器面板图

(1) 寻找扫描光迹。开机预热，打开示波器的 CH1（或 CH2），选择 CH1/F1，输入耦合方式置 GND，若在显示屏上不出现光点和扫描基线，可按以下操作找到扫描线。

①适当调节亮度，按下 DISPLAY 按钮，选择波形亮度进行调节。

②触发方式置“自动”，按下触发控制区域 TRIG MENU 按钮，显示触发设置菜单，选择触发方式为“自动”。

③适当调节垂直、水平位移（POSITION）旋钮，使扫描光迹位于屏幕中央。

(2) 按下 CH1（或 CH2）键显示 CH1（或 CH2）输入通道的波形，再次按下则关闭 CH1（或 CH2）通道；MATH 菜单实现对 CH1 和 CH2 两路信号的数学加减运算。

(3) 为了显示稳定的被测信号波形，触发源根据输入信号的通道来选，若通过 CH1 输入，则触发源选择 CH1；若通过 CH2 输入，则触发源选择 CH2；若 CH1 和 CH2 都有信号输入，则选择“交替”。

(4)若被显示的波形不稳定，通过调节触发电平(LEVEL)旋钮找到合适的触发电压，使被测试的波形稳定地显示在示波器屏幕上。

(5)适当调节扫描时间(TIME/DIV)旋钮及垂直衰减(VOLTS/DIV)旋钮，使屏幕上显示 1～2 个周期的被测信号波形。根据被测波形在屏幕坐标刻度上垂直方向所占的格数(DIV 或 CM)与垂直灵敏度旋钮(VOLTS/DIV)指示值的乘积，即可算得信号幅值的实测值 U_{pp}。根据被测信号波形一个周期在屏幕坐标刻度水平方向所占的格数(DIV 或 CM)与扫描时间(TIME/DIV)旋钮指示值的乘积，即可算得信号周期的实测值 T。

2. 函数信号发生器

函数信号发生器是测试放大电路动态参数的必备仪器。本实验使用 UTG2025A 型函数信号发生器，如图 2.2.3 所示。

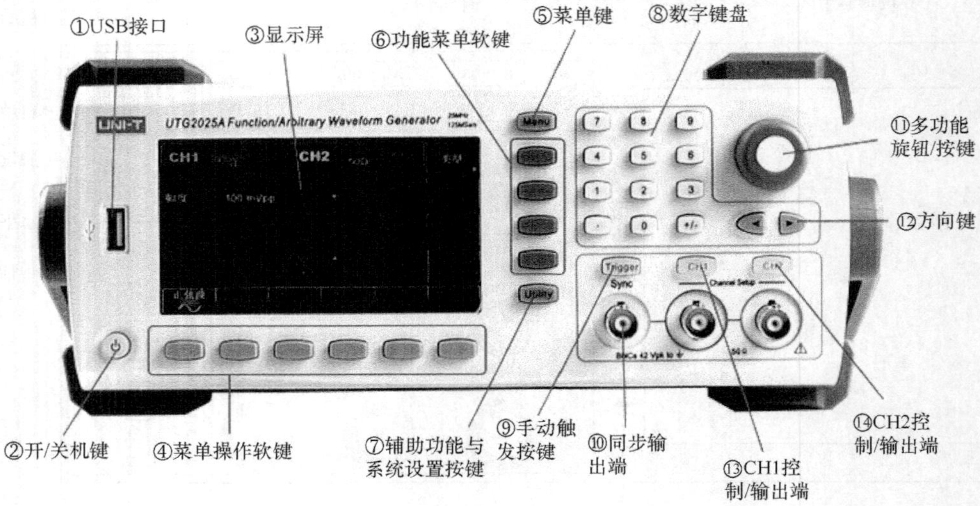

图 2.2.3　UTG2025A 型函数信号发生器前面板图

函数信号发生器按需要输出正弦波、方波和三角波等基本波形。输出电压最大可达 $20V_{pp}$。函数信号发生器作为信号源，它的输出端不允许短路。UTG2025A 型函数信号发生器的操作步骤如下。

(1)开机方法：接上函数信号发生器的电源，打开函数信号发生器后面板上的电源总开关。按下开/关机键②。

(2)波形选择：按下功能菜单软键⑥中的类型按键，在菜单操作软键④中选择需要的信号波形输出。

(3)输出信号幅度调节：旋转多功能旋钮⑪，在显示屏中选中幅度(高亮显示)，按下多功能旋钮⑪后，再旋转多功能旋钮⑪就可以改变信号的幅度。也可以通过菜单操作软键④选择信号的幅度单位，再通过数字键盘⑧输入信号的幅度值。方向键⑫可以通过左右移动改变量的起始位置。

(4)输出信号频率调节、直流偏移量和相位的调节类似幅度调节方法。

(5)输出信号的连接：显示屏上会显示 CH1 和 CH2 的开关状态，按下 CH1(或 CH2)按钮，使 CH1(或 CH2)处于打开状态。然后将信号线接入 CH1(或 CH2)的输出端。

三、实验设备与元器件

(1)模拟电子技术实验箱(SWU201407)1 台；

(2)双踪示波器(UTD2152)1 台；

(3)函数信号发生器(UTG2025A)1 台；

(4)数字万用表(MY60)1 只。

四、实验内容

1. 用机内基准信号(CAL 3V_{pp})对示波器进行自检

(1)扫描基线调节。开启电源开关后，将示波器的显示方式开关置于 CH1(或 CH2)，输入耦合方式开关置 GND，触发方式开关置于“自动”，调节亮度旋钮，使荧光屏上显示一条细而且亮度适中的扫描基线。然后调节水平位移(POSITION)和垂直位移(POSITION)旋钮，使扫描线位于屏幕中央。

(2)测试“基准信号”波形的幅度、频率。将示波器的基准信号 CAL 通过专用电缆线引入选定的 CH1(或 CH2)通道，将输入耦合方式开关置于 DC，触发源选择开关置 CH1(或 CH2)，调节 X 轴扫描速率开关(t/div)和 Y 轴输入灵敏度开关(V/div)，使示波器显示屏上显示出一个或数个周期稳定的方波波形。测量基准信号波形的幅度、频率，记入表 2.2.1 中。并画出 CH1 与 CH2 显示的波形。

表 2.2.1　示波器自检

		标准值	实测值
CH1	幅度	3V	
	频率	1kHz	
CH2	幅度	3V	
	频率	1kHz	

CH1 波形	CH2 波形

(3)将 CH1(或 CH2)通道输入耦合方式开关置于 AC，观察波形的变化。自建坐标系画出波形。

2. 用示波器和万用表测量交流信号参数

(1)调节函数信号发生器有关旋钮，使输出频率分别为 100Hz、1kHz、10kHz、100kHz 等不同幅度的正弦波信号。分别使用示波器和万用表测量数据，记入表 2.2.2，并画出波形(注意:示波器测量有效值可以使用示波器 Measure 功能键完成,示波器耦合方式选择 DC)。

表 2.2.2　信号源输出正弦波信号

信号源输出		示波器测量				万用表
幅度	频率	周期/ms	频率/Hz	峰峰值/V	有效值/V	电压值/V
有效值 1V	100Hz					
有效值 10mV	1kHz					
峰峰值 0.5V	10kHz					
峰峰值 0.5V	100kHz					
幅值 1V	500kHz					
幅值 1V	1MHz					

(2)使信号源输出频率分别为 100Hz、1kHz、10kHz、100kHz 等不同幅度的方波信号。分别使用示波器和万用表测量数据，记入表 2.2.3，并画出波形(注意：①示波器耦合方式选择 DC；②0～5V 信号需要调节信号源直流偏移量)。

表 2.2.3　信号源输出方波信号

信号源输出		示波器测量				万用表
幅度	频率	周期/ms	频率/Hz	峰峰值/V	有效值/V	电压值/V
幅值 0～5V	100Hz					
幅值–2.5～+2.5V	1kHz					
幅值 0～5V	10kHz					
幅值–2.5V～+2.5V	10kHz					
幅值 0～5V	100kHz					

3. 用数字万用表测量实验箱中的电源

用数字万用表测量实验箱中的直流稳压电源电压值，记入表 2.2.4(注意：实验箱的接地线在实验箱中部 U 型钩针处)。

表 2.2.4　用数字万用表测量实验箱中的直流稳压电源电压

直流稳压电源电压值/V	+12	−12	+5	−5
测量值/V				

五、思考题

(1) 在不使用示波器的 Auto 键情况下，如何操作示波器有关旋钮，以便从示波器显示屏上观察到稳定、清晰的波形？

(2) 万用表交流电压挡是否可以用来测量非正弦波电压？测量正弦波信号时，万用表的显示值是被测信号的什么数值？

(3) 示波器有几种耦合方式，它们各自用途是什么？

六、实验报告要求

(1) 简述实验原理、方法与步骤；

(2) 整理测试数据，分析实验结果；

(3) 回答思考题；

(4) 实验总结与建议。

2.3　晶体管单管共射极放大器实验

一、实验目的

(1) 掌握共射极放大器静态工作点的调整与测试方法；

(2) 掌握共射极放大器动态参数的测试方法；

(3) 了解共射极放大器幅频特性的测试方法。

二、原理说明

晶体管单管共射极放大器实验电路如图 2.3.1 所示。

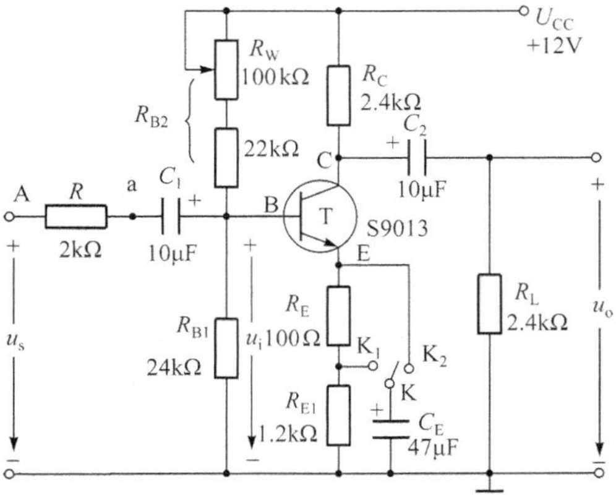

图 2.3.1　晶体管单管共射极放大器实验电路

在图 2.3.1 中，当开关 K 置于 K_2 位置时构成单管共射极放大电路；当开关 K 置于 K_1 位置时构成典型的稳定静态工作点电路。图 2.3.1 中电阻 R_{B1} 和 R_{B2} 提供基极偏置电流，发射极电阻 R_E 引入电流串联负反馈，以稳定放大器的静态工作点。当在放大器的输入端加入输入信号 u_i 后，在放大器的输出端便可得到一个与 u_i 相位相反、幅值被放大了的输出信号 u_o，从而实现了电压放大。

在图 2.3.1 中，当流过偏置电阻 R_{B1} 和 R_{B2} 的电流远大于晶体管 T 的基极电流 I_B 时(一般 5～10 倍)，可以采用如下估算法来计算静态工作点：

$$U_B \approx \frac{R_{B1}}{R_{B1}+R_{B2}}U_{CC}\text{，}\quad I_E \approx \frac{U_B - U_{BE}}{R_E + R_{E1}} \approx I_C\text{，}\quad U_{CE} = U_{CC} - I_C(R_C + R_E + R_{E1})$$

电压放大倍数：

$$A_u = -\beta\frac{R_C // R_L}{r_{be}}\quad\text{（开关 }K_2\text{ 闭合）}$$

$$A_u = -\beta\frac{R_C // R_L}{r_{be} + (1+\beta)R_E}\quad\text{（开关 }K_1\text{ 闭合）}$$

输入电阻：

$$R_i = R_{B1} // R_{B2} // r_{be}\quad\text{（开关 }K_2\text{ 闭合）}$$

$$R_i = R_{B1} // R_{B2} // [r_{be} + (1+\beta)R_E]\quad\text{（开关 }K_1\text{ 闭合）}$$

输出电阻：

$$R_o \approx R_C$$

在放大器的测量和调试过程中，一般是先静态、后动态，即首先进行放大器静态工作点的测量与调试，然后进行放大器各项动态参数的测量与调试。

1. 放大器静态工作点的测量与调试

1)静态工作点的测量

在输入信号 $u_i=0$ 的情况下，将放大器输入端与地端短接，然后选用量程合适的直流毫安表和直流电压表，分别测量晶体管的集电极电流 I_C 以及各电极对地的电位 U_B、U_C 和 U_E。通常情况下，为了避免断开集电极，利用测量电压 U_E 或 U_C，从而计算出 I_C。

例如，只要测出 U_E，即可用 $I_C \approx I_E = \dfrac{U_E}{R_E + R_{E1}}$ 算出 I_C(也可根据 $I_C = \dfrac{U_{CC} - U_C}{R_C}$，由 U_C 确定 I_C)，同时也能算出 $U_{BE} = U_B - U_E$，$U_{CE} = U_C - U_E$。

2)静态工作点的调试

为了得到不失真的输出信号，要求放大电路中的晶体管有合适的静态工作点(Q点)。如果静态工作点偏高，在放大器输入端加入交流信号以后易产生饱和失真，此时 u_o 的负半周将被削底，如图 2.3.2(a)所示；如果静态工作点偏低，则易产生截止失真，即 u_o 的正半周被缩顶(一般截止失真不如饱和失真明显)，如图 2.3.2(b)所示。这些情况都不符合不失真放大的要求。所以还必须进行动态调试，即在放大器的输入端加入一定的输入电压 u_i，检查输出电压 u_o 的大小和波形是否满足要求。若不满足，则应调节静态工作点的位置。

改变电路参数 U_{CC}、R_C、R_B(R_{B1}、R_{B2})都会引起静态工作点的变化，如图 2.3.3 所示。但通常多采用调节偏置电阻 R_{B2} 的方法来改变静态工作点，如减小 R_{B2}，则可使静态工作点提高等。通常情况下，为了得到最大动态范围，静态工作点最好尽量靠近交流负载线的中点。

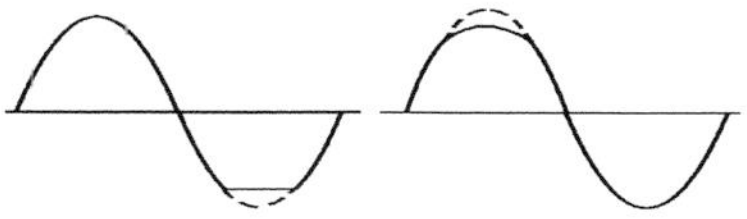

(a) 饱和失真　　(b) 截止失真

图 2.3.2　u_o 波形失真

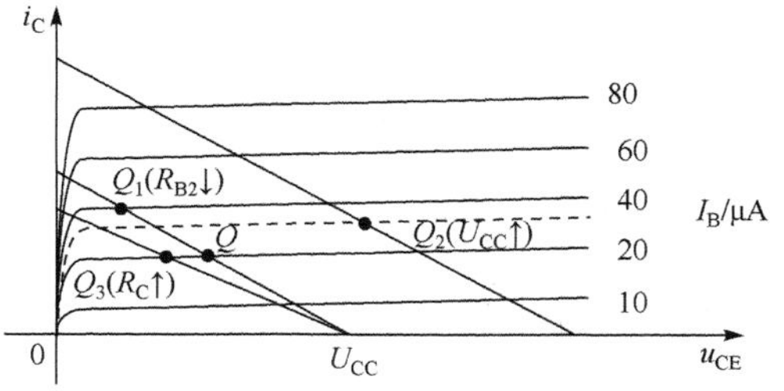

图 2.3.3　电路参数对静态工作点的影响

2. 放大器动态指标测试

放大器动态指标包括电压放大倍数、输入电阻、输出电阻、最大不失真输出电压(动态范围)和通频带等。

1)电压放大倍数 A_u 的测量

调整放大器到合适的静态工作点，然后加上输入电压 u_i，在输出电压 u_o 不失真的情况下，用示波器(或数字万用表交流挡)测出有效值 U_i 和 U_o，则 $A_u=\dfrac{U_o}{U_i}$。

2)最大不失真输出电压 U_{OPP} 的测量(最大动态范围)

如上所述，为了得到最大动态范围，应将静态工作点调在交流负载线的中点。为此在放大器正常工作情况下，逐步增大输入信号的幅度，并同时调节 R_W(改变静态工作点)，用示波器观察 u_o，当输出波形同时刚好出现削底和缩顶现象(图 2.3.4)时，说明静态工作点已调在交流负载线的中点。然后反复调整输入信号，使波形输出幅度最大，且无明显失真时，用示波器(或数字万用表交流挡)测出 U_o(有效值)，则动态范围等于 $2\sqrt{2}U_o$，或用示波器直接读出 U_{OPP}。

3)放大器幅频特性的测量

放大器的幅频特性是指放大器的电压放大倍数 A_u 与输入信号频率 f 之间的关系。单管阻容耦合放大电路的幅频特性曲线如图 2.3.5 所示，A_{um} 为中频电压放大倍数，通常规定电压放大倍数随频率变化下降到中频放大倍数的 0.707，即 $0.707A_{um}$ 所对应的频率分别称为下限频率 f_L 和上限频率 f_H，则通频带为 $f_{BW}=f_H-f_L$。

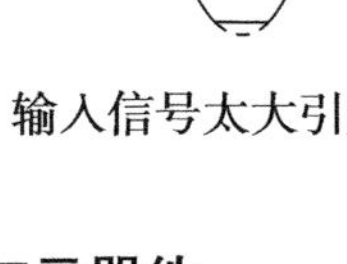

图 2.3.4　输入信号太大引起的失真

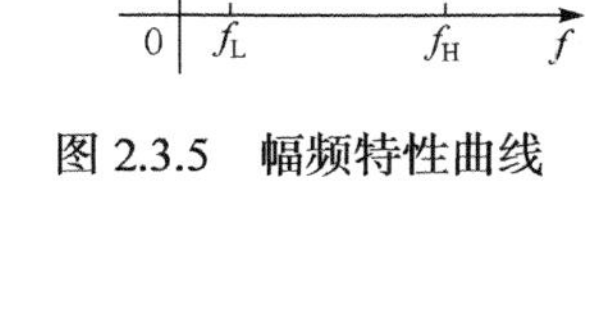

图 2.3.5　幅频特性曲线

三、实验设备与元器件

(1)模拟电子技术实验箱(SWU201407)1 台；

(2) 双踪示波器(UTD2152) 1 台；
(3) 函数信号发生器(UTG2025A) 1 台；
(4) 数字万用表(MY60) 1 只。

四、实验内容

1. 测量静态工作点

将信号发生器、示波器、数字万用表电源开启。

(1) 用数字万用表检测图 2.3.1 实验电路所需要的导线、三极管、电阻以及电位器的好坏。若电位器 R_W 损坏，用 47kΩ 电阻代替。

(2) 按图 2.3.1 实验电路连接放大电路(选 R_C=2.4kΩ，不给放大器加电流负反馈，即 K_1 断、K_2 闭)，打开实验箱直流电源开关。

(3) 调整并测试静态工作点。从电路输入端输入频率为 1kHz、幅值为 10mV 的正弦波信号，逐渐增大信号，同时调节 R_W 并在输出端用示波器观察 u_o 输出波形，使 u_o 达到最大且不失真。然后断开信号发生器，将放大电路输入端接地，测静态工作点，记入表 2.3.1 中(注意：①测量 R_{B2} 时需要将 R_{B2} 的外电路断开；②若输入信号调到最小时，输出波形也有失真，可以在图 2.3.1 的 A 点与信号源之间串入一个 47kΩ 电阻；③可以使用公式 $I_C=\dfrac{U_{CC}-U_C}{R_C}$ 计算 I_C；④正常情况下 $U_C>U_B>U_E$，若不满足这个关系，检查导线和实验电路)。

表 2.3.1　静态工作点记录

测量值				计算值		
U_B/V	U_E/V	U_C/V	R_{B2}/kΩ	U_{BE}/V	U_{CE}/V	I_C/mA

2. 测量放大器的电压放大倍数

在上一步的基础上，将信号源重新接回电路。按表 2.3.2 条件，用示波器观察 u_i、u_o 波形，数据记入表 2.3.2 中(注意：①输入信号幅度未限定，但要保证输出信号最大且不出现失真；②当开关 K 置于 K_2 时为不加负反馈，当开关 K 置于 K_1 时为加负反馈)。

表 2.3.2　电压放大倍数记录

条件			U_i/mV	U_o/mV	$A_u=U_o/U_i$
1	不加负反馈	放大器空载			
2	不加负反馈	R_L=2.4kΩ			
3	加负反馈	放大器空载			
4	加负反馈	R_L=2.4kΩ			

续表

输入波形 u_i(第 1 个条件)	输出波形 u_o(第 1 个条件)

3. 观察静态工作点对输出波形的影响

放大电路取 R_C =2.4kΩ，不接 R_L，不加负反馈，并保证输出信号最大且不出现失真。

(1) 观察工作点过高引起的失真情况。调 R_W 减小偏流电阻，使 I_B 增大，直到示波器观察的输出波形 u_o 出现明显的底部失真。记下此时的 u_o 波形，进行失真判别，并用数字万用表直流挡测量 U_{CE}，记入表 2.3.3 中(注意：若电位器 R_W 损坏，用 10kΩ 电阻代替，增大输入信号幅度直到输出信号出现失真)。

(2) 观察工作点过低引起的失真情况。调 R_W 增大偏流电阻，使 I_B 减小，直到示波器观察的输出波形 u_o 出现明显的顶部失真。用数字万用表直流挡测量 U_{CE}，记下此时的 u_o 波形，进行失真判别，记入表 2.3.3 中(注意：若电位器 R_W 损坏，用 160kΩ 电阻代替)。

表 2.3.3 非线性失真测试记录(R_C=2.4kΩ，R_L=∞)

条件	U_{CE} /V	输出波形	失真判别
R_{B2}=__________kΩ			
R_{B2}=__________kΩ			

4. 测定交流放大器的幅频特性

取 R_C=2.4kΩ，不加负反馈，接入负载电阻。调节 R_W 使输出信号不失真。调节信号发生器使输入信号频率发生变化，记入表 2.3.4 中(注意：使用示波器双踪观察，保证每次改变频率之后，输出信号不失真）。

表 2.3.4　幅频特性测试

f	20Hz	50Hz	100Hz	200Hz	1kHz	2kHz	10kHz	100kHz	1MHz	2MHz
U_i/V										
U_o/V										
A_u										

五、思考题

(1)按图 2.3.1 估算放大器的静态工作点、电压放大倍数 A_u、输入电阻 R_i 和输出电阻 R_o。

(2)放大器输出波形有哪些失真？应该怎样解决？

(3)根据实验结果，描绘幅频特性曲线。简述测量幅频特性上限截止频率和下限截止频率的方法。

(4)测量 R_{B2} 的阻值时，为什么要断开 R_{B2} 与电路的连接？

六、实验报告要求

(1)简述实验原理、方法与步骤；

(2)整理测试数据，分析实验结果；

(3)回答思考题；

(4)实验总结与建议。

2.4　共射极放大器 Multisim 14.0 仿真实验

一、实验目的

(1)学习 Multisim 14.0 仿真晶体管共射极放大电路画图方法；

(2)学习 Multisim 14.0 仿真晶体管共射极放大电路的静态分析方法；

(3)学习 Multisim 14.0 仿真晶体管共射极放大电路的动态分析方法。

二、原理说明

在实验 2.3 中，进行了晶体管共射极单管放大器的静态测试和动态测试的实物实验。本实验利用 Multisim 14.0 软件仿真共射极单管放大器，将仿真结果与实物测试结果进行比较。在 Multisim 14.0 软件中找到晶体管、电阻、电容、开关、电源、示波器、万用表等元器件，按照图 2.4.1 连接实验电路。在 Multisim 14.0 中晶体管、电阻、电容等元件分成两种形式，一种是等效实物元件，另一种是虚拟元件。如实物电阻 ，虚拟电阻 （虚拟元件背景为蓝色）。实物电阻的等效模型接近真实的电阻，虚拟电阻相当于一个理想化的电

阻。在进行 Multisim 14.0 仿真时，尽量选择实物元件。

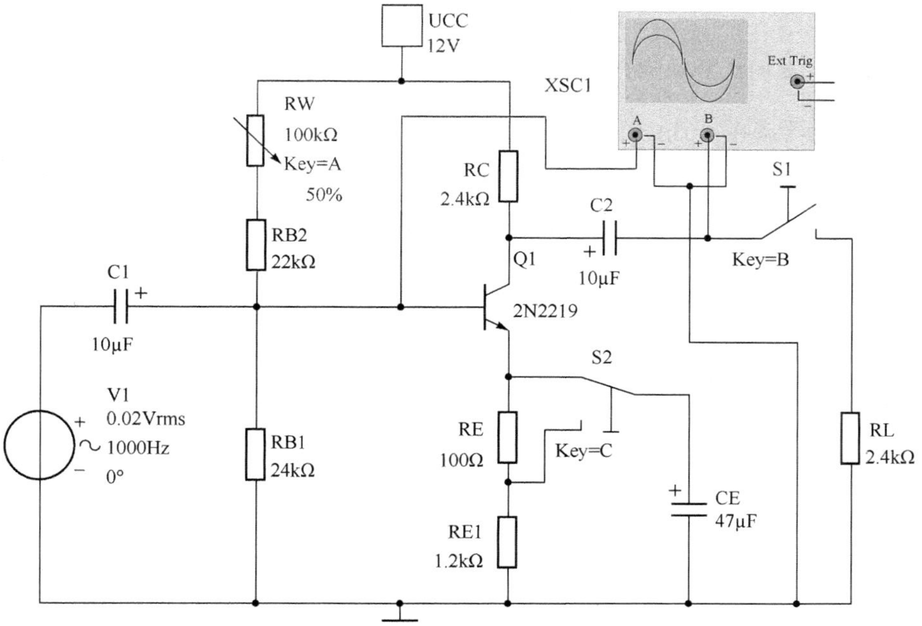

图 2.4.1　共射极放大器 Multisim 14.0 仿真原理图

三、实验设备与元器件

(1)计算机 1 台；

(2)Multisim 14.0 软件 1 套。

四、实验内容

1. 静态工作点测量

按图 2.4.1 在 Multisim 14.0 中连接实验电路。逐渐增大信号，同时调节 R_W 并在输出端用示波器观察输出波形 u_o 出现临界失真状态(输出波形最大且不失真)。然后测试其静态工作点，完成表 2.4.1(注意：Multisim 14.0 中没有三极管 S9013，可以选用 2N2219 代替)。

表 2.4.1　静态工作点记录

测量值				计算值		
U_B/V	U_E/V	U_C/V	R_{B2}/kΩ	U_{BE}/V	U_{CE}/V	I_C/mA

注：在 Multisim 14.0 中测量静态工作点除了利用万用表外，还可以执行 Simulate/Analyses/Operating Point 命令进行分析。但在原理图中应该将电路的节点显示出来，可以通

过执行 Options/Sheet Properties 命令，弹出原理图属性对话框，单击 Sheet Visibility 选项卡，在 Net Names 下选择 Show All。

2. 测量放大器的电压放大倍数

将信号发生器调在 f=1kHz、在放大器的输入端输入 u_i，其 U_i=3～15mV，在表 2.4.2 中条件下，用万用表测量放大器输出端的 U_o，并用示波器测量 u_i、u_o 波形，完成表 2.4.2。

表 2.4.2　电压放大倍数记录（U_i=________mV）

条件		U_i/mV	U_o/mV	$A_u=U_o/U_i$
不加负反馈	放大器空载			
不加负反馈	R_L=2.4kΩ			
加负反馈	放大器空载			
加负反馈	R_L=2.4kΩ			

输入波形 u_i	输出波形 u_o

注：在图 2.4.1 中，两个开关 S1 和 S2 可以通过键盘来控制，当按下字母“B”时，开关 S1 闭合；再按下“B”时，开关 S1 断开。同样，开关 S2 通过“C”控制。

3. 观察静态工作点对输出波形的影响

(1)观察工作点过高引起的失真情况。放大电路取 R_C =2.4kΩ，不接 R_L，不加负反馈。调整 U_i=3～15mV。调 R_W 减小偏流电阻，使 I_B 增大，直到示波器观察的输出波形 u_o 出现明显的失真。用数字万用表直流挡测量 U_{CE}，记下此时的 u_o 波形，进行失真判别，记入表 2.4.3 中(注：在 Multisim 14.0 中调节 R_W 可以通过键盘来控制，在 Multisim 14.0 中单击“运行”按钮，按下字母“A”，R_W 阻值将以 5%的步进增加；按下 Shift + A 键，R_W 阻值将以 5%的步进减少)。

(2)观察工作点过低引起的失真情况。放大电路取 R_C =2.4kΩ，不接 R_L，不加负反馈。调整 U_i=3～15mV。调 R_W 增大偏流电阻，使 I_B 减小，直到示波器观察的输出波形 u_o 出现明显的失真。用数字万用表直流挡测量 U_{CE}，记下此时的 u_o 波形，进行失真判别，完成表 2.4.3。

表 2.4.3 非线性失真测试记录(R_C=2.4kΩ，R_L=∞)

条件	U_{CE}/V	输出波形	失真判别
R_W减小，工作点过高			
R_W增大，工作点过低			

4. 测定交流放大器的幅频特性

取 R_C=2.4kΩ，不加负反馈。调节 R_W 至最佳工作点。在 Multisim 14.0 中，执行 Simulate/Analyses/AC analysis 命令。系统弹出一个设置对话框，在频率选项卡中设定分析的开始和终止频率，本例设为 10Hz～10MHz，扫描类型选择为 Decade(10 倍频)，纵坐标选择 Logarithmic(对数)，在 Output 选项卡中设置输出节点，然后单击 Simulate 按钮即可观察输出电路的幅频特性和相频特性。

五、思考题

(1)如何设置三极管的放大倍数?

(2)如何利用 Multisim 14.0 的参数扫描分析功能观察 R_W 对输出波形的影响?

(3)对比实验 2.3，分析误差产生的原因。

六、实验报告要求

(1)简述实验原理、方法与步骤;

(2)整理测试数据，分析实验结果;

(3)回答思考题;

(4)实验总结与建议。

2.5 晶体管射极跟随器实验

一、实验目的

(1)掌握晶体管射极跟随器实验电路连接方法;

(2)掌握晶体管射极跟随器的静态和动态参数测试方法;

(3)了解晶体管射极跟随器频率特性的测试方法。

二、原理说明

晶体管射极跟随器(或称为单管共集放大电路)实验电路如图 2.5.1 所示。

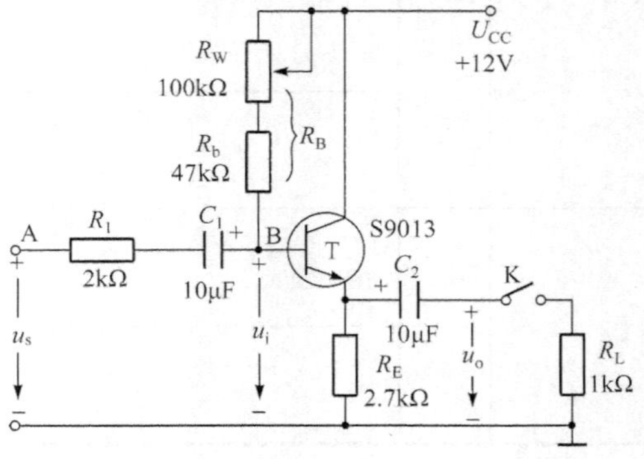

图 2.5.1　射极跟随器实验电路

在图 2.5.1 中，等效电阻 R_B 用于调节晶体管的基极电流，电阻 R_E 引入电压串联负反馈。射极跟随器具有输入电阻高，输出电阻低，电压放大倍数接近于 1，输出电压能够在较大范围内跟随输入电压作线性变化以及输入、输出信号同相等特点。

1. 输入电阻 R_i

根据图 2.5.1 电路可知：

$$R_i=R_B//[r_{be}+(1+\beta)(R_E//R_L)]$$

可见，射极跟随器的输入电阻比共射极单管放大器的输入电阻($R_i=R_B//r_{be}$)要高得多，但 R_B 偏置电阻的分流作用，限制了输入电阻的进一步提高。

在图 2.5.1 所示电路中只要测得 A、B 两点的对地电压 u_s、u_i 的有效值，即可计算出 R_i，即

$$R_i=\frac{U_i}{I_i}=\frac{U_i}{U_s-U_i}R_1$$

2. 输出电阻 R_o

在图 2.5.1 所示的电路中，输出电阻 R_o 可以表示为

$$R_o=\frac{r_{be}}{\beta}//R_E\approx\frac{r_{be}}{\beta}$$

若考虑信号源内阻 R_S，则

$$R_o=\frac{r_{be}+R_S//R_B}{\beta}//R_E\approx\frac{r_{be}+R_S//R_B}{\beta}$$

由上式可知，射极跟随器的输出电阻 R_o 比共射极单管放大器的输出电阻($R_o\approx R_C$)低得多，三极管的 β 越高，输出电阻越小。

输出电阻 R_o 的测试方法：先测出空载(开关 K 断开)输出电压 U_o，再测接入负载 R_L 后的输出电压 U_L，根据 $U_L = \dfrac{U_o}{R_o + R_L} R_L$，即可求出：

$$R_o = \left(\frac{U_o}{U_L} - 1\right) R_L$$

3. 电压放大倍数 A_u

在图 2.5.1 所示的电路中，电压放大倍数为

$$A_u = \frac{(1+\beta)(R_E // R_L)}{r_{be} + (1+\beta)(R_E // R_L)} \leqslant 1$$

上式说明，射极跟随器的电压放大倍数不大于 1，且为正值。因此射极跟随器没有电压放大能力，但它的射极电流仍比基流大$(1+\beta)$倍，所以它具有一定的电流和功率放大作用。

4. 电压跟随范围

电压跟随范围是指射极跟随器输出电压 u_o 跟随输入电压 u_i 作线性变化的区域。当 u_i 超过一定范围时，u_o 便不能跟随 u_i 作线性变化，即 u_o 波形产生了失真，为了使输出电压 u_o 正、负半周对称，并充分利用电压跟随范围，静态工作点应选在交流负载线中点，测量时可直接用示波器读取 u_o 的峰峰值 U_{OPP}，即电压跟随范围；或用数字万用表交流挡读取 u_o 的有效值 U_{OM}，则电压跟随范围为

$$U_{OPP} = 2\sqrt{2} U_{OM}$$

三、实验设备与元器件

(1)模拟电子技术实验箱(SWU201407)1 台；
(2)双踪示波器(UTD2152)1 台；
(3)函数信号发生器(UTG2025A)1 台；
(4)数字万用表(MY60)1 只。

四、实验内容

1. 静态工作点的调整

用数字万用表检测图 2.5.1 实验电路所需要的导线、三极管、电阻以及电位器的好坏。若电位器 R_W 损坏，用 10kΩ 电阻代替。

按图 2.5.1 接线，开关 K 断开。打开直流电源开关，在 A 点加 f=1kHz 的正弦信号 u_s，用示波器监视输出波形，反复调整 R_W 及信号源的输出幅度，在示波器的屏幕上得到一个最大且不失真输出波形。然后将信号源与 A 点断开，用数字万用表直流电压挡测量晶体管各极对地的电位，将测得数据记入表 2.5.1 中。

表 2.5.1　测量静态值

测量值			计算值
U_E/V	U_B/V	U_C/V	$I_E=U_E/R_E$/mA

注意：①I_E 电流值由测量电压和电阻值计算获得，不进行电流的直接测量；②在下面整个测试过程中应保持 R_W 值不变，即保持静态工作点 I_E 不变；③正常情况下 $U_C>U_B>U_E$，若不满足这个关系，检查导线和实验电路。

2. 测量电压放大倍数 A_u

在不接负载 $R_L=\infty$下，从 A 点加 f=1kHz 的正弦信号 u_s，调节输入信号幅度，用示波器双踪观察输入波形 u_i 和输出波形 u_o，在输出波形不失真情况下，记入表 2.5.2。

接入负载 $R_L=1k\Omega$，在 A 点加 f=1kHz 的正弦信号 u_s，调节输入信号幅度，用示波器双踪观察输入波形 u_i 和输出波形 u_o，在输出最大不失真情况下，记入表 2.5.2。

表 2.5.2　测量电压放大倍数

	U_i/V	U_o/V	$A_u=U_o/U_i$
$R_L=\infty$			
$R_L=1k\Omega$			

3. 测量输出电阻 R_o

接上负载 $R_L=1k\Omega$，在 A 点加入 f=1kHz 的正弦信号，用示波器监视输出波形，要求输出波形不失真，测输出电压 U_L，然后断开负载测空载输出电压 U_o，记入表 2.5.3 中(注意：接上负载和断开负载两种情况下，不能调节输入信号的幅度)。

表 2.5.3　测量输出电阻

U_o/V	U_L/V	$R_o=(U_o/U_L-1)R_L$/kΩ

4. 测量输入电阻 R_i

接上负载 $R_L=1k\Omega$，在 A 点加入 f=1kHz 的正弦信号 u_s，用示波器监视输出波形，要求输出波形不失真，测出 A 点、B 点对地的电位 U_s、U_i，记入表 2.5.4 中。

表 2.5.4　测量输入电阻

U_s/V	U_i/V	$R_i=\dfrac{U_i}{U_s-U_i}R_1$/kΩ

注意：测量 R_i、R_o 和 A_u 时，应在输出不失真的情况下进行。若输出波形失真，可降低输入信号的大小。

5. 测试频率响应特性

接入负载电阻，改变信号源频率，用示波器监视输出波形，保持输出波形不失真的条件下，测试数据记入表 2.5.5 中。

表 2.5.5 测试频率响应特性

f	20Hz	50Hz	100Hz	200Hz	1kHz	2kHz	10kHz	100kHz	1MHz	2MHz
U_i/V										
U_o/V										
A_u										

五、思考题

(1)射极跟随器特点是什么?
(2)PNP 管的射极跟随器电路如何设计?
(3)射极跟随器有电流放大、功率放大功能吗?

六、实验报告要求

(1)简述实验原理、方法与步骤；
(2)整理测试数据，分析实验结果；
(3)回答思考题；
(4)实验总结与建议。

2.6 射极跟随器 Multisim 14.0 仿真实验

一、实验目的

(1)学习 Multisim 14.0 仿真晶体管射极跟随器放大电路画图方法；
(2)学习 Multisim 14.0 仿真晶体管射极跟随器放大电路的静态、动态分析方法。

二、原理说明

在实验 2.5 中，进行了晶体管射极跟随器实物实验。本实验按照实验 2.4 的方法，在 Multisim 14.0 中画出射极跟随器的原理图，如图 2.6.1 所示，三极管 S9013 用 2N3903 代替。

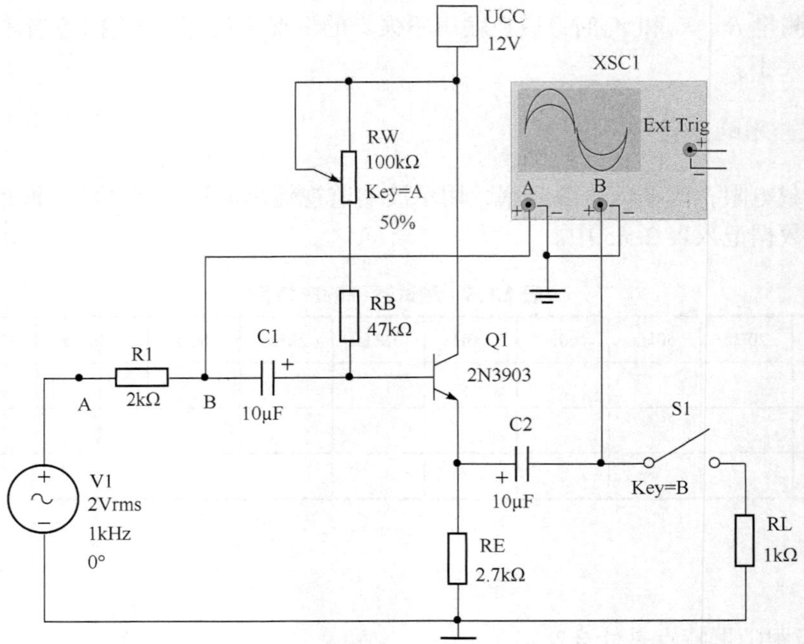

图 2.6.1　Multisim 14.0 仿真射极跟随器原理图

三、实验设备与元器件

(1)计算机 1 台；

(2)Multisim 14.0 软件 1 套。

四、实验内容

1. 静态工作点的调整

按如图 2.6.1 所示电路接线。接入负载 R_L=1kΩ，在 A 点加 f=1kHz 的正弦信号 u_s，调节输入信号幅度，用示波器观察输出波形 u_o，在输出最大不失真情况下测量静态工作点。将测得数据记入表 2.6.1 中(可用万用表或 Simulate/Analyses/Operating Point 分析)。

表 2.6.1　测量静态值

测量值			计算值
U_E/V	U_B/V	U_C/V	$I_E=U_E/R_E$/mA

2. 测量电压放大倍数 A_u

接入负载 R_L=1kΩ，在 A 点加 f=1kHz 的正弦信号 u_s，调节输入信号幅度，用示波器观察输出波形 u_o，在输出波形不失真情况下，用万用表测 u_i、u_o 有效值，记入表 2.6.2。

表 2.6.2　测量电压放大倍数

U_i/V	U_L/V	$A_u=U_o/U_i$

注意：为了在 Multisim 14.0 的示波器上得到一个稳定的波形，可以在示波器的面板上选择单次触发；也可以执行 Simulate/Analyses/Transint analysis 命令。

3. 测量输出电阻 R_o

接上负载 R_L=1kΩ，在 A 点加 f=1kHz 的正弦信号 u_s，用示波器监视输出波形，用万用表交流挡分别测空载输出电压 U_o、加负载时的输出电压 U_L，记入表 2.6.3 中。

表 2.6.3　测量输出电阻

U_o/V	U_L/V	$R_o=(U_o/U_L-1)R_L$/kΩ

4. 测量输入电阻 R_i

在 A 点加 f=1kHz 的正弦信号 u_s，用示波器监视输出波形，用数字万用表交流挡分别测出 A 点、B 点对地的电位 U_s、U_i，记入表 2.6.4 中。

表 2.6.4　测量输入电阻

U_s/V	U_i/V	$R_i=\frac{U_i}{U_s-U_i}R_1$/kΩ

5. 测试频率响应特性

(1) 改变信号源频率，保持输入信号 u_i 的幅度不变，用示波器监视输出波形，用数字万用表交流挡测量不同频率下的输出电压 u_L 值，记入表 2.6.5 中。

表 2.6.5　测试频率响应特性

f/kHz												
u_L/V												

(2) 测量上限截止频率、下限截止频率以及通频带，记入表 2.6.6 中。

表 2.6.6　截止频率

	f_H	f_L	f_{BW}
f/kHz			

五、思考题

(1)将仿真结果与实验 2.5 中实物测试的结果进行比较分析。

(2)总结 Multisim 14.0 中 Simulate/Analyses 各种分析功能的使用方法。

六、实验报告要求

(1)简述实验原理、方法与步骤;

(2)整理测试数据,分析实验结果;

(3)回答思考题;

(4)实验总结与建议。

2.7 场效应管放大器实测与仿真实验

一、实验目的

(1)了解结型场效应管的性能和特点;

(2)进一步熟悉放大器动态参数的测试方法;

(3)掌握使用 Multisim 14.0 进行电路仿真的方法。

二、原理说明

场效应管是一种电压控制型器件。按结构可分为结型和绝缘栅型。由于场效应管栅源之间处于绝缘或反向偏置,所以输入电阻很高(一般可达上百兆欧);又由于场效应管是一种多数载流子控制器件,因此热稳定性好,抗辐射能力强,噪声系数小。加之制造工艺较简单,便于大规模集成,因此得到越来越广泛的应用。

1. 结型场效应管的特性和参数

场效应管的特性主要有输出特性和转移特性。图 2.7.1 所示为 N 沟道结型场效应管 3DJ6F 的输出特性和转移特性曲线。其直流参数主要有饱和漏极电流 I_{DSS}、夹断电压 U_P 等。交流参数主要有低频跨导:

$$g_m = \left.\frac{\Delta I_D}{\Delta U_{GS}}\right|_{U_{DS}=\text{常数}}$$

表 2.7.1 列出了 3DJ6F 的典型参数值及测试条件。

表 2.7.1 3DJ6F 的典型参数值及测试条件

参数名称	饱和漏极电流 I_{DSS}/mA	夹断电压 U_P/V	跨导 g_m/(μA/V)
测试条件	U_{DS}=10V U_{GS}=0V	U_{DS}=10V I_{DS}=50μA	U_{DS}=10V I_{DS}=3mA f=1kHz
参数值	1～3.5	<|−9|	>100

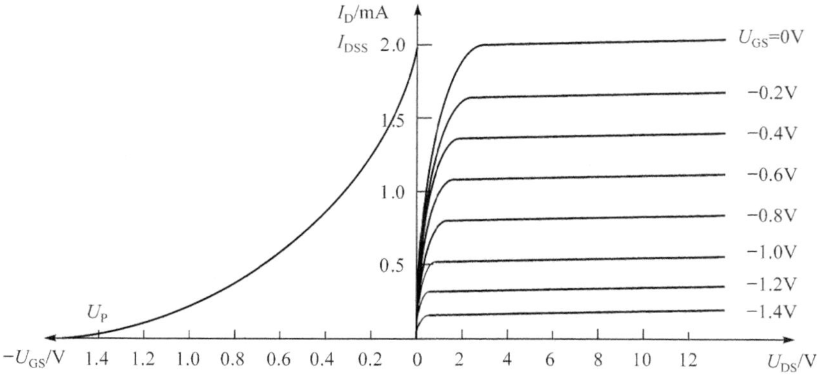

图 2.7.1 3DJ6F 的输出特性和转移特性曲线

2. 场效应管放大器性能分析

图 2.7.2 为结型场效应管组成的共源极放大电路。其静态工作点：

$$U_{GS}=U_G-U_S=\frac{R_{g1}}{R_{g1}+R_{g2}}U_{DD}-I_DR_S,\quad I_D=I_{DSS}\left(1-\frac{U_{GS}}{U_P}\right)^2$$

中频电压放大倍数：

$$A_u=-g_mR'_L=-g_mR_D//R_L$$

输入电阻：

$$R_i=R_G+R_{g1}//R_{g2}$$

输出电阻：

$$R_o\approx R_D$$

式中，跨导 g_m 可由特性曲线用作图法求得，或用公式计算。但要注意，计算时 U_{GS} 要用静态工作点处的数值。

$$g_m=-\frac{2I_{DSS}}{U_P}\left(1-\frac{U_{GS}}{U_P}\right)$$

3. 输入电阻的测量方法

场效应管放大器的静态工作点、电压放大倍数和输出电阻的测量方法，与实验 2.3 中晶体管放大器的测量方法相同。其输入电阻的测量，从原理上讲，也可采用实验 2.3 中所述方法，但由于场效应管的 R_i 比较大，若直接测输入电压 U_S 和 U_i，则限于测量仪器的输入电阻有限，必然会带来较大的误差。因此为了减小误差，常利用被测放大器的隔离作用，通过测量输出电压 U_o 来计算输入电阻。测量电路如图 2.7.3 所示。

在放大器的输入端串入电阻 R，把开关 K 掷向位置 1（即使 R=0），测量放大器的输出电压 $U_{o1}=A_uU_S$；保持 U_S 不变，再把 K 掷向 2（即接入 R），测量放大器的输出电压 U_{o2}。由于两次测量中 A_u 和 U_S 保持不变，故

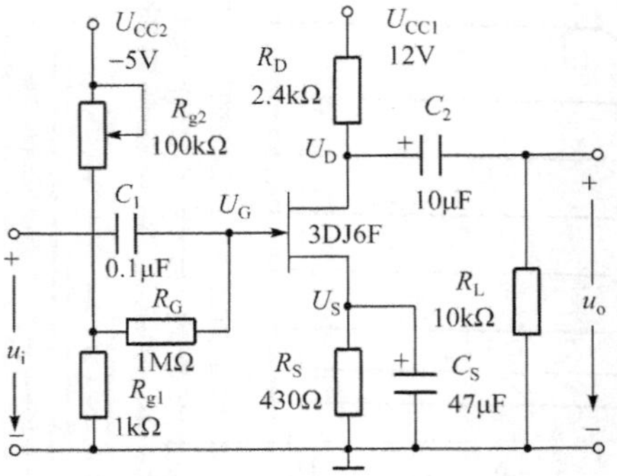

图 2.7.2　结型场效应管共源极放大器

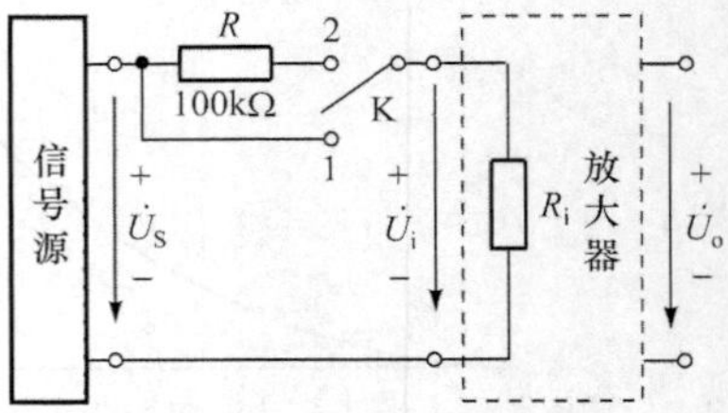

图 2.7.3　输入电阻测量电路

$$U_{o2} = A_u U_i = \frac{R_i}{R + R_i} U_S A_u$$

由此可以求出：

$$R_i = \frac{U_{o2}}{U_{o1} - U_{o2}} R$$

式中，R 和 R_i 不要相差太大，本实验可取 R=100～200kΩ。

三、实验设备与元器件

(1) 模拟电子技术实验箱(SWU201407) 1 台；
(2) 双踪示波器(UTD2152) 1 台；
(3) 函数信号发生器(UTG2025A) 1 台；
(4) 数字万用表(MY60) 1 只；
(5) 计算机 1 台，Multisim 14.0 软件 1 套。

四、实验内容

1. 静态工作点的测量和调整

用数字万用表检测图 2.7.2 实验电路所需要的导线、场效应管、电阻以及电位器的好坏。若电位器 R_W 损坏，用一个合适的电阻代替。

按图 2.7.2 连接电路。令 u_i=0，接通+12V 电源，用直流电压表测量 U_G、U_S 和 U_D。检查静态工作点是否在特性曲线放大区的中间部分(U_{DS}≈6V)。若合适则把结果记入表 2.7.2。若不合适，则适当调整 R_{g2}，调好后，再测量 U_G、U_S 和 U_D，记入表 2.7.2。

表 2.7.2　静态工作点的测量

测量值			计算值		
U_G/V	U_S/V	U_D/V	U_{DS}/V	U_{GS}/V	I_D/mA

2. 电压放大倍数 A_u、输入电阻 R_i 和输出电阻 R_o 的测量

1) A_u 和 R_o 的测量

按图 2.7.2 连接电路。在放大器的输入端加入 f=1kHz 的正弦信号 u_i，并用示波器监视输出电压 u_o 的波形。在输出电压 u_o 没有失真的条件下，分别测量 $R_L=\infty$ 和 R_L=10kΩ 时的输出电压 u_o，记入表 2.7.3。

表 2.7.3　A_u 和 R_o 的测量

测量值			计算值	
	u_i/V	u_o/V	A_u	R_o/kΩ
$R_L=\infty$				
R_L=10kΩ				

用示波器同时观察 u_i 和 u_o 的波形，并分析它们的相位关系。画出 u_i 和 u_o 波形。

2) R_i 的测量

按图 2.7.3 改接实验电路。选择合适大小的输入电压 U_S（输出波形不失真），将开关 K 掷向“1”，测出 R=0 时的输出电压 U_{o1}，然后将开关掷向“2”（接入 R），保持 U_S 不变，再测出 U_{o2}，根据公式 $R_i=\dfrac{U_{o2}}{U_{o1}-U_{o2}}R$，求出 R_i，记入表 2.7.4。

表 2.7.4　R_i 的测量

测量值		
U_{o1}/V	U_{o2}/V	R_i/kΩ

3. 测试频率响应特性

按图 2.7.2 连接实验电路。接入负载电阻，改变信号源频率，用示波器监视输出波形，保持输出波形不失真的条件下，测试数据记入表 2.7.5 中。

表 2.7.5　测试频率响应特性

f	20Hz	50Hz	100Hz	200Hz	1kHz	2kHz	10kHz	100kHz	1MHz	2MHz
U_i/V										
U_o/V										
A_u										

4. 可变跨导测量

按图 2.7.2 连接电路，并将电阻 R_S 短路。改变 R_{g2} 使 U_{GS} 电压从 0～-3V 变化，测量漏极电流 I_D，记入表 2.7.6 中(注意：I_D 通过 U_D 获得，$I_D=(U_{CC1}-U_D)/R_D$)。

表 2.7.6　可变跨导测量

测量值	U_{GS}/V	0	−0.2	−0.4	−0.8	−1	−1.2	−1.4	−1.6	−1.8	−2.0
	I_D/mA										
计算值	ΔU_{GS}/V										
	ΔI_D/mA										
	g_m										

5. 场效应管 Multisim 仿真

在 Multisim 14.0 中画出场效应管放大电路的仿真图，如图 2.7.4 所示。场效应管 3DJ6F 用 2N3370 来代替。为了得到 0～-3V 的负电源，U_{CC2} 的正极接地，负极接开关 K，改变 U_{CC2} 的电压大小即可得到 0～-3V 的负电源。U_{CC2} 和 U_{CC1} 通过开关 K 控制。

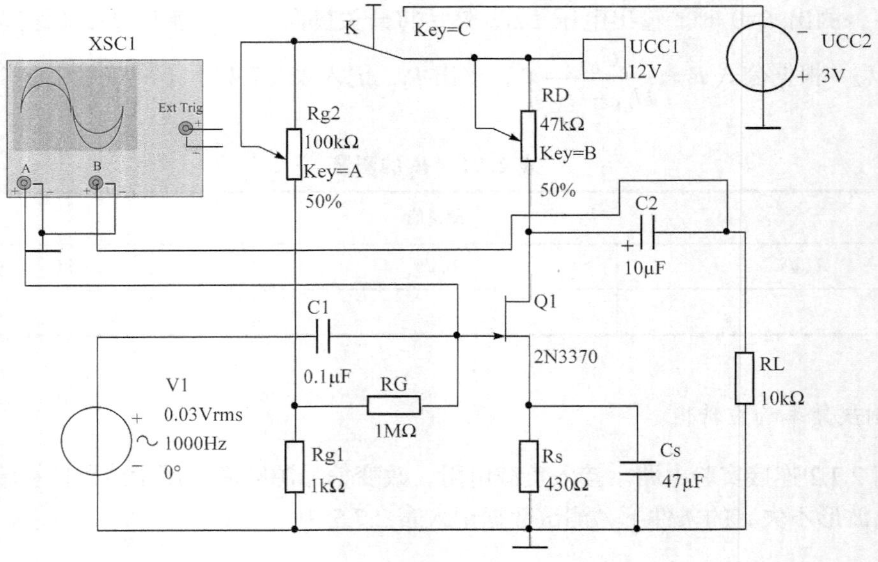

图 2.7.4　场效应管放大电路 Multisim 仿真

仿照实验 2.4 的方法仿真场效应管放大电路，重画表 2.7.2～表 2.7.6 记录仿真结果。

五、思考题

(1) 整理实验数据，将测得的 A_u、R_i、R_o 和理论计算值进行比较。

(2) 为什么测量场效应管输入电阻时要用测量输出电压的方法？

(3) 比较仿真结果与实测结果，分析误差产生的原因。

六、实验报告要求

(1)简述实验原理、方法与步骤；
(2)整理测试数据，分析实验结果；
(3)回答思考题；
(4)实验总结与建议。

2.8 晶体管两级放大器实测与仿真实验

一、实验目的

(1)掌握两级阻容放大器的静态分析和动态分析方法；
(2)加深理解放大电路各项性能指标；
(3)掌握使用 Multisim 14.0 进行电路仿真的方法。

二、原理说明

晶体管两级放大电路实验电路如图 2.8.1 所示。

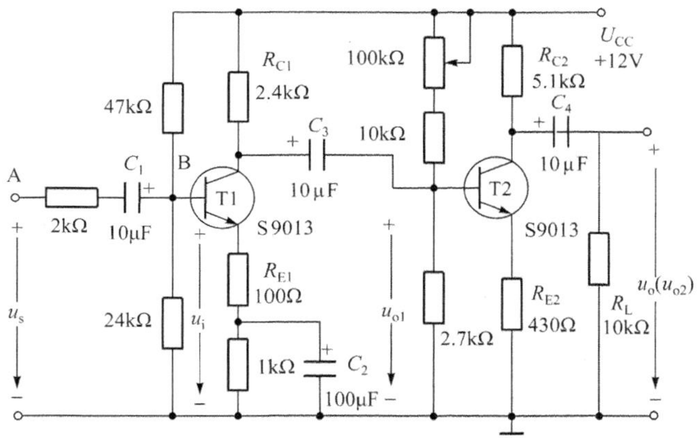

图 2.8.1 晶体管两级阻容放大电路

1. 两级放大电路的静态分析

阻容耦合因有隔直作用，故各级静态工作点互相独立，只需按照实验 2.3 的分析方法，一级一级地计算就可以了。

2. 两级放大电路的动态分析

1)中频电压放大倍数的估算

$$A_u = A_{u1} \times A_{u2}$$

单管基本共射电路电压放大倍数的公式如下：

$$A_u = -\frac{\beta R_L'}{r_{be} + (1+\beta)R_E}$$

要特别注意的是，公式中的 R_L' 不仅是本级电路输出端的等效电阻，还应包含下级电路等效至输入端的电阻，即前一级输出端往后看总的等效电阻。

2）输入电阻的估算

两级放大电路的输入电阻一般来说就是输入级电路的输入电阻，即

$$R_i \approx R_{i1}$$

3）输出电阻的估算

两级放大电路的输出电阻一般来说就是输出级电路的输出电阻，即

$$R_o \approx R_{o2}$$

3. 两级放大电路的频率响应

1）幅频特性

已知两级放大电路总的电压放大倍数是各级放大电路放大倍数的乘积，则其对数幅频特性便是各级对数幅频特性之和，即

$$20\lg|\dot{A}_u| = 20\lg|\dot{A}_{u1}| + 20\lg|\dot{A}_{u2}|$$

2）相频特性

两级放大电路总的相位为各级放大电路相位之和，即

$$\varphi = \varphi_1 + \varphi_2$$

三、实验设备与元器件

（1）模拟电子技术实验箱（SWU201407）1 台；

（2）双踪示波器（UTD2152）1 台；

（3）函数信号发生器（UTG2025A）1 台；

（4）数字万用表（MY60）1 只；

（5）计算机 1 台，Multisim 14.0 软件 1 套。

四、实验内容

1. 设置静态工作点

（1）用数字万用表检测图 2.8.1 实验电路所需要的导线、三极管、电阻以及电位器的好坏。若电位器 R_W 损坏，用 47kΩ 电阻代替。

（2）按图 2.8.1 所示正确连接电路，u_i、u_o 悬空，即不接负载 $R_L=\infty$，接入+12V 电源。

（3）在输入端 A 输入频率为 1kHz 的正弦信号，调整工作点使输出信号不失真，数据记录到表 2.8.1 中。

（4）断开输入信号，按表 2.8.1 要求测量并计算静态工作点。

（5）再接入负载电阻 R_L=10kΩ，按表 2.8.1 测量并计算，并比较空载与加负载这两种实验结果。

表 2.8.1　静态和动态测试数据

	静态工作点						U_i、U_o电压/mV			电压放大倍数		
	第一级/V			第二级/V						1级	2级	整体
	U_{C1}	U_{B1}	U_{E1}	U_{C2}	U_{B2}	U_{E2}	U_i	U_{o1}	U_{o2}	A_{u1}	A_{u2}	A_u
$R_L=\infty$												
R_L=10kΩ												

2. 测两级放大电路的频率特性

(1)接入放大器负载，先将输入信号频率调到 1kHz，幅度调到使输出幅度不失真。
(2)保持输入信号幅度不变，改变频率，按表 2.8.2 测量并记录。
(3)断开负载，重复上述实验。自建表格。

表 2.8.2　两级放大电路的频率特性测试数据

f	20Hz	50Hz	100Hz	200Hz	1kHz	2kHz	10kHz	100kHz	1MHz	2MHz
U_i/V										
U_o/V										
A_u										

3. 两级放大电路 Multisim 仿真

在 Multisim 14.0 中画出晶体管两级放大电路的仿真图，如图 2.8.2 所示。

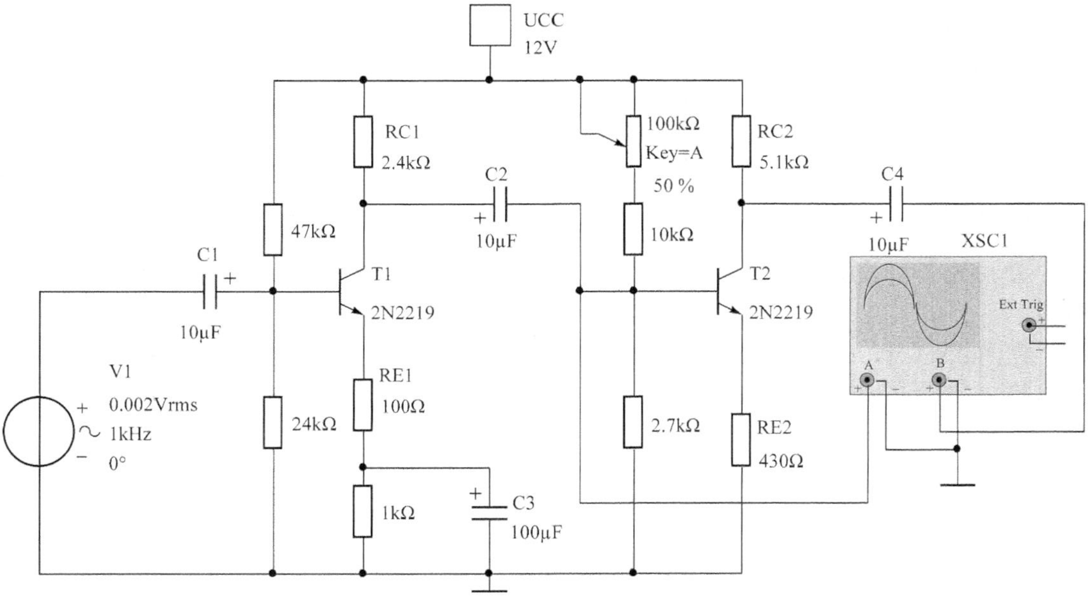

图 2.8.2　晶体管两级放大电路 Multisim 仿真

仿照实验 2.4 的方法仿真晶体管两级放大电路，重画表 2.8.1 和表 2.8.2，记录仿真结果。

五、思考题

(1) 改变静态工作点对放大器的输入电阻 R_i 有无影响？改变外接电阻 R_L 对输出电阻 R_o 有无影响？

(2) 在测试 A_u、R_i 和 R_o 时，怎样选择输入信号的大小和频率？为什么信号频率一般选 1kHz，而不选 100kHz 或更高？

(3) 画出实验电路的频率特性图，确定 f_H 和 f_L。

(4) 比较仿真结果与实测结果，分析误差产生的原因。

六、实验报告要求

(1) 简述实验原理、方法与步骤；

(2) 整理测试数据，分析实验结果；

(3) 回答思考题；

(4) 实验总结与建议。

2.9 差动放大电路实测与仿真实验

一、实验目的

(1) 加深理解差动放大电路的工作原理、电路特点和抑制零漂的方法；

(2) 学习差动放大电路静态工作点的测试方法；

(3) 学习差动放大电路的差模、共模放大倍数，共模抑制比的测量方法；

(4) 掌握使用 Multisim 14.0 进行电路仿真的方法。

二、原理说明

差动放大实验电路如图 2.9.1 所示。它由两个元件参数相同的基本共射极放大电路组成。

在图 2.9.1 中，当开关 K 拨向 1 时，构成典型的差动放大电路；当开关 K 拨向 2 时，晶体管 T_3、T_4 与电阻 R_{E3}、R_{E4}、R 和 R_{W2} 共同组成镜像恒流源电路，为差动放大电路提供恒定电流 I_o。

电位器 R_{W1} 用来调节 T_1、T_2 管的静态工作点，使得输入信号 $u_i=0$ 时，双端输出电压 $u_o=0$。R_E 为两管共用的发射极电阻，它对差模信号无负反馈作用，因而不影响差模电压放大倍数，但对共模信号有较强的负反馈作用，故可以有效地抑制零漂，稳定静态工作点。要求 T_3、T_4 为差分对管。R_1 和 R_2 为均衡电阻，且 $R_1=R_2$，给差动放大电路提供对称的差模输入信号。由于电路参数完全对称，当外界温度变化，或电源电压波动时，对电路的影响是一样的，因此差动放大电路能有效地抑制零点漂移。

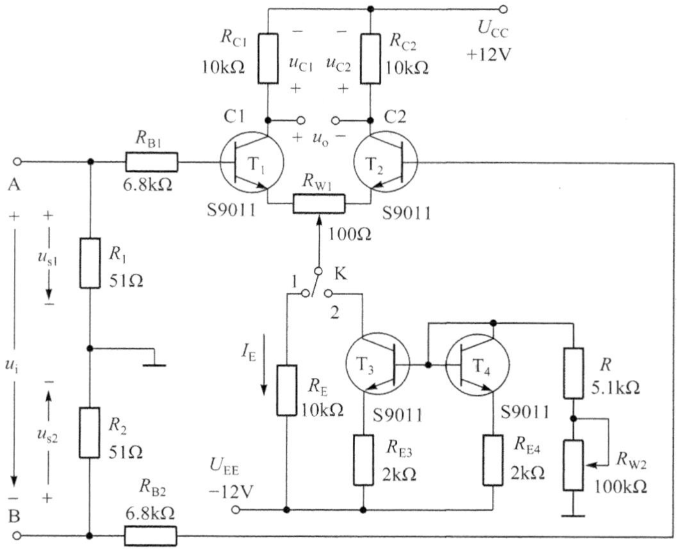

图 2.9.1　差动放大电路

1. 静态工作点的估算

(1) 典型电路：

$$I_E \approx \frac{|U_{EE}| - U_{BE}}{R_E}\ (\text{认为 } U_{B1}=U_{B2}=0)，\quad I_{C1} = I_{C2} = \frac{1}{2} I_E$$

(2) 恒流源电路：

$$I_{CS} \approx I_{ES} \approx \frac{U_{EE} - U_{BE}}{R + R_{W2} + R_{E4}}，\quad I_{C1} = I_{C2} = \frac{1}{2} I_{CS}$$

2. 差模电压放大倍数 A_{ud} 和共模电压放大倍数 A_{uc}

当差动放大电路的射极电阻 R_E 足够大，或采用恒流源电路时，差模电压放大倍数 A_{ud} 由输出端方式决定，而与输入方式无关(注：以下表达式中的 u_i、u_o、u_{C1}、u_{C2} 均为有效值)。

(1) 双端输出：$R_L=\infty$，R_{W1} 在中心位置时

$$A_{ud} = \frac{\Delta u_o}{\Delta u_i} = -\frac{\beta R_C}{R_{B1} + r_{be} + 1/2(1+\beta)R_{W1}}$$

式中，$\Delta u_o = \Delta u_{C1} - \Delta u_{C2}$；$\Delta u_{C1}$、$\Delta u_{C2}$ 分别为 R_{C1} 和 R_{C2} 两端的电压。

(2) 单端输出：

$$A_{ud1} = -A_{ud2} = \frac{1}{2} A_{ud}$$

当输入共模信号时，若为单端输出，则有

$$A_{uc1} = A_{uc2} = \frac{\Delta u_{C1}}{\Delta u_i} = -\frac{\beta R_C}{R_{B1} + r_{be} + (1+\beta)(1/2R_{W1} + 2R_E)} \approx -\frac{R_C}{2R_E}$$

若为双端输出，在理想情况下有

$$A_{uc}=\frac{\Delta u_C}{\Delta u_i}=0$$

式中，$\Delta u_C=\Delta u_{C1}-\Delta u_{C2}$。

实际上由于元件不可能完全对称，因此 $A_{uc}\neq 0$。

3. 共模抑制比 K_{CMRR}

为了表征差动放大电路对有用信号(差模信号)的放大作用和对共模信号的抑制能力，通常用一个综合指标来衡量，即共模抑制比：

$$K_{CMRR}=\left|\frac{A_{ud}}{A_{uc}}\right| \quad 或 \quad K_{CMRR}=20\log\left|\frac{A_{ud}}{A_{uc}}\right| \quad (dB)$$

差动放大电路的输入信号可采用直流信号，也可采用交流信号。

三、实验设备与元器件

(1)模拟电子技术实验箱(SWU201407)1 台；
(2)双踪示波器(UTD2152)1 台；
(3)函数信号发生器(UTG2025A)1 台；
(4)数字万用表(MY60)1 只；
(5)计算机 1 台，Multisim 14.0 软件 1 套。

四、实验内容

1. 典型差动放大电路性能测试

按图 2.9.1 连接实验电路，开关 K 拨向 1 构成典型差动放大电路。

1)测量静态工作点

(1)调节放大电路零点。信号源不接入，将放大电路输入端 A、B 与地短接；接通+12V 直流电源，用直流电压挡测量输出电压 u_o，并调节调零电位器 R_{W1}，使 u_o=0。

(2)测量静态工作点。零点调好以后，用直流电压挡测量 T_1、T_2 管各电极电位及射极电阻 R_E 两端电压 U_{RE}，记入表 2.9.1。

表 2.9.1 测量静态工作点

<table>
<tr><td rowspan="2">测量值</td><td colspan="2">U_{C1}/V</td><td colspan="2">U_{B1}/V</td><td colspan="2">U_{E1}/V</td><td colspan="2">U_{C2}/V</td><td colspan="2">U_{B2}/V</td><td colspan="2">U_{E2}/V</td><td colspan="2">U_{RE}/V</td></tr>
<tr><td colspan="2"></td><td colspan="2"></td><td colspan="2"></td><td colspan="2"></td><td colspan="2"></td><td colspan="2"></td><td colspan="2"></td></tr>
<tr><td rowspan="2">计算值</td><td colspan="5">I_C/mA</td><td colspan="5">I_B/mA</td><td colspan="4">U_{CE}/V</td></tr>
<tr><td colspan="5"></td><td colspan="5"></td><td colspan="4"></td></tr>
</table>

2)测量差模电压放大倍数

从信号发生器输出频率 f=1kHz、幅度为 100mV 的正弦信号，接放大电路输入 A 端，信号源的地端(黑夹子)接放大电路输入 B 端构成差模输入方式，用示波器监视输出端(集电极 C1 或 C2 与地之间)。在输出波形无失真的情况下，测量 u_i、u_{C1}、u_{C2}，记入表 2.9.2 中，观察 u_i、u_{C1}、u_{C2}之间的相位关系，并记录波形。

3)测量共模电压放大倍数

将放大电路 A、B 短接，信号源接 A 端与地之间，构成共模输入方式，调节输入信号频率 f=1kHz、幅度为 1V 的正弦信号，测量 u_{C1}、u_{C2}，记入表 2.9.2，观察 u_i、u_{C1}、u_{C2}之间的相位关系，并记录波形。

表 2.9.2　差分放大电路动态性能实验数据

参数	典型差动放大电路		具有恒流源差动放大电路	
	差模输入	共模输入	差模输入	共模输入
u_i	100mV	1V	100mV	1V
u_{C1}/V				
u_{C2}/V				
u_o/V				
$A_{ud1}=\dfrac{\Delta u_{C1}}{\Delta u_i}$				
$A_{ud2}=\dfrac{\Delta u_{C2}}{\Delta u_i}$				
$A_{ud}=\dfrac{\Delta u_C}{\Delta u_i}$				
$A_{uc1}=\dfrac{\Delta u_{C1}}{\Delta u_i}$				
$A_{uc2}=\dfrac{\Delta u_{C2}}{\Delta u_i}$				
$A_{uc}=\dfrac{\Delta u_C}{\Delta u_i}$				
$K_{CMRR}=\left\|\dfrac{A_{ud}}{A_{uc}}\right\|$				

差模输入波形

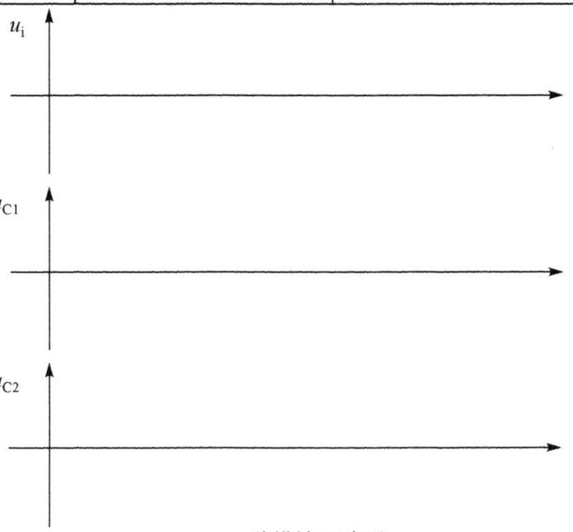

共模输入波形

2. 具有恒流源的差动放大电路性能测试

将图 2.9.1 电路中开关 K 拨向 2，构成具有恒流源的差动放大电路。参照典型差动放大电路性能测试的步骤对具有恒流源的差动放大电路进行测试，将测得的静态工作点填入自行设计的表格中，然后测量表 2.9.2 中具有恒流源的差动放大电路的相关数据。

3. 差动放大电路 Multisim 仿真

在 Multisim 14.0 中画出差动放大电路的仿真图，如图 2.9.2 所示。在 Multisim 14.0 中找到三极管 2N2222，代替实测中的三极管 S9011。通过开关 S1 来选择电阻 R_E 和恒流源。

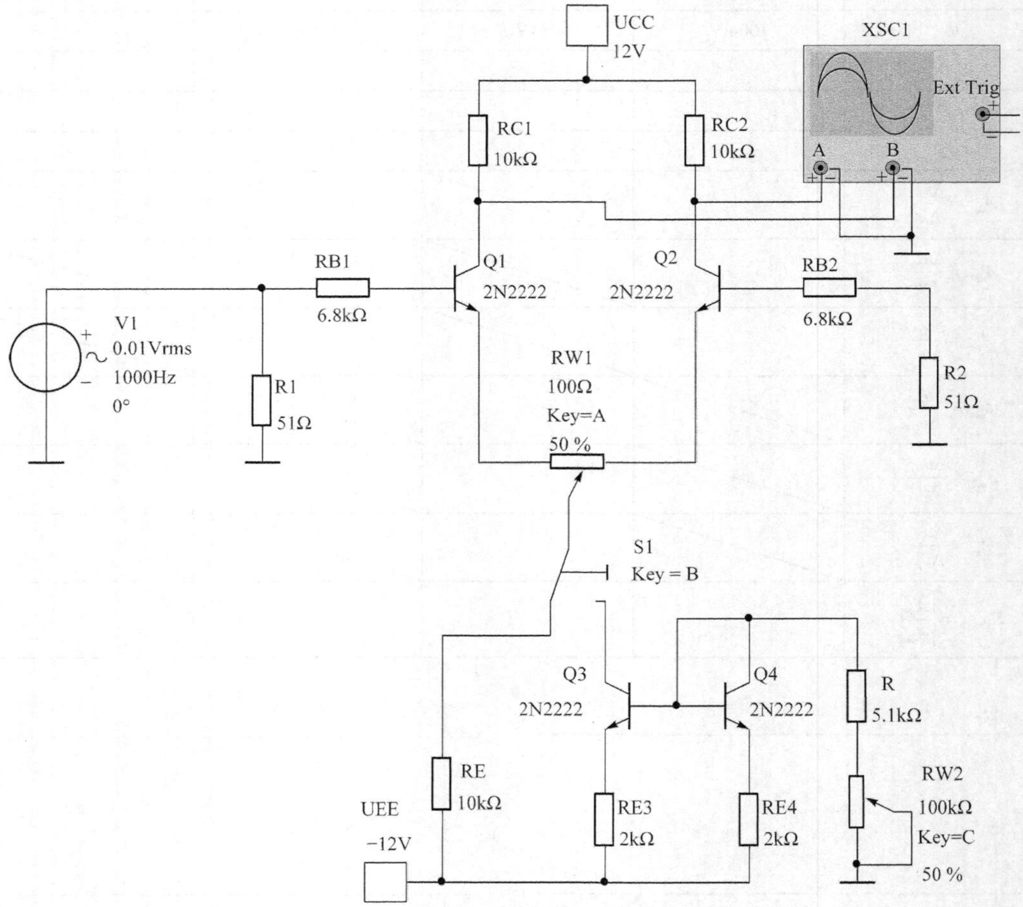

图 2.9.2　差动放大电路 Multisim 仿真

仿照实验 2.4 的方法仿真差动放大电路，重画表 2.9.1 并重做实验内容 1 和 2，记录仿真结果。

五、思考题

(1)整理实验数据，列表比较实验结果和理论估算值，分析误差原因。

(2)比较 u_i、u_{C1}、u_{C2}之间的相位关系。

(3)根据实验结果，总结电阻 R_E 和恒流源的作用。

(4)比较仿真结果与实测结果，分析误差产生的原因。

六、实验报告要求

(1)简述实验原理、方法与步骤；

(2)整理测试数据，分析实验结果；

(3)回答思考题；

(4)实验总结与建议。

2.10 模拟运算电路实测与仿真实验

一、实验目的

(1)测试集成运算放大器的比例运算、加法运算、减法运算、积分运算的功能；

(2)了解运算放大器在实际应用时应考虑的一些问题；

(3)掌握使用 Multisim 14.0 进行电路仿真的方法。

二、原理说明

运算放大器是具有两个输入端、一个输出端的高增益、高输入阻抗的多级直接耦合放大电路。在它的输出端和输入端之间加上反馈网络，则可实现不同的电路功能。

本实验采用的集成运放型号为μA741，引脚排列如图 2.10.1 所示。它是 8 脚双列直插式封装，2 脚为反相输入端，3 脚为同相输入端，4 脚为负电源端，7 脚为正电源端，6 脚为输出端，1 脚和 5 脚为外接调零电位器的两个端子，8 脚为空脚。

1. 反相比例运算电路

电路如图 2.10.2 所示。对于理想运放，该电路的输出电压与输入电压之间的关系为

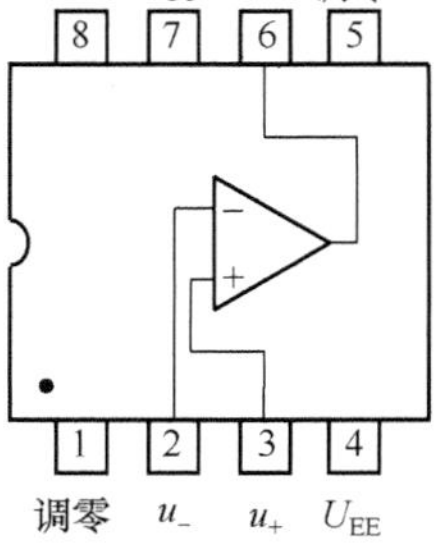

图 2.10.1　μA741 引脚图

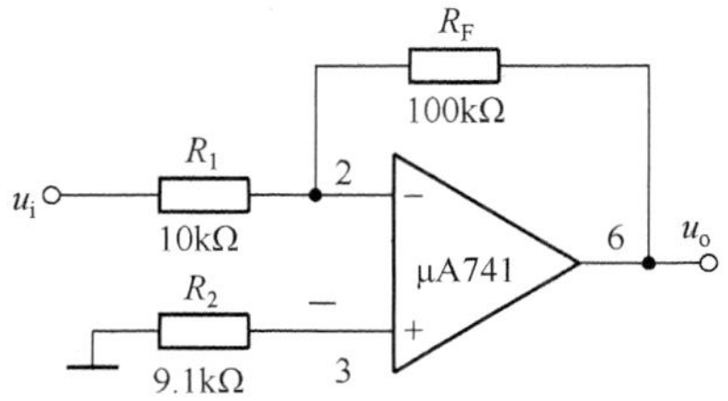

图 2.10.2　反相比例运算电路

$$u_o = -\frac{R_F}{R_1} u_i$$

2. 同相比例运算电路

电路如图 2.10.3 所示。对于理想运放，该电路的输出电压与输入电压之间的关系为

$$u_o = \left(1 + \frac{R_F}{R_1}\right) u_i$$

平衡电阻

$$R_2 \approx R_1 // R_F$$

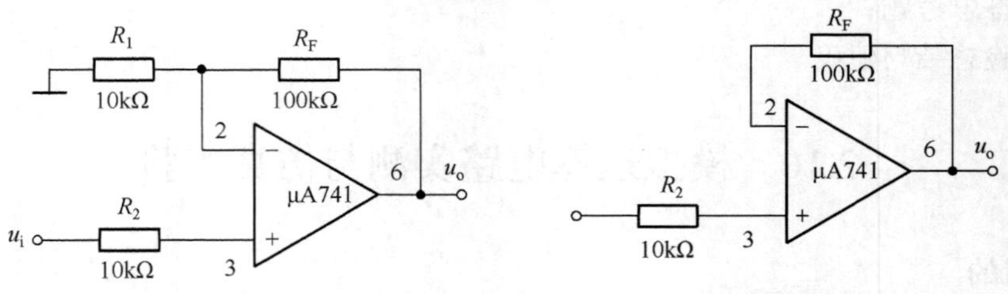

(a) 同相比例运算电路　　(b) 电压跟随器

图 2.10.3　同相比例运算电路和电压跟随器

电压跟随器的原理图如图 2.10.3(b)所示，该电路的输出电压与输入电压之间的关系为

$$u_o = u_i$$

3. 反相加法电路

实现模拟信号按比例进行代数相加是信号运算中经常遇到的一个问题。完成这个运算有反相加法器和同相加法器电路。图 2.10.4 为反相加法器电路。两个模拟信号 u_{i1}、u_{i2} 分别通过电阻 R_1、R_2 加到运放的反相输入端，这时输出电压为

$$u_o = -R_F i_F = -R_F \left(\frac{u_{i1}}{R_1} + \frac{u_{i2}}{R_2}\right)$$

若 $R_1=R_2$，则上式可简化为

$$u_o = -\frac{R_F}{R_1}(u_{i1} + u_{i2})$$

图 2.10.5 所示为同相加法器，这时可利用叠加原理，先求得输入信号在同相输入端的信号，然后按同相放大求出输出电压。该电路输出电压为

$$u_o = \left(1 + \frac{R_F}{R_1}\right)\left(\frac{R_3 // R_4}{R_2 + R_3 // R_4} u_{i1} + \frac{R_2 // R_4}{R_3 + R_2 // R_4} u_{i2}\right)$$

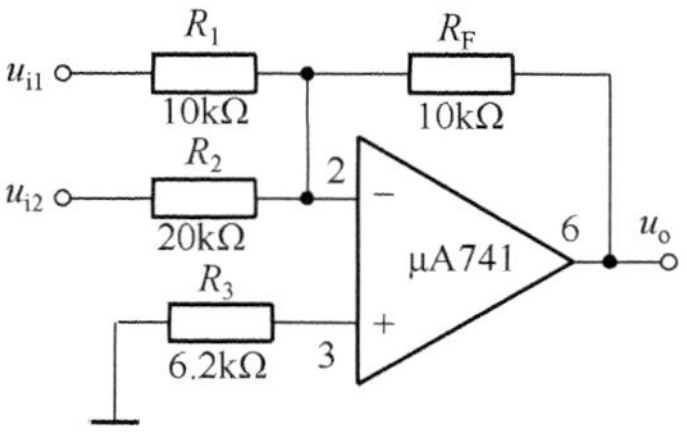

图 2.10.4　反相加法运算电路

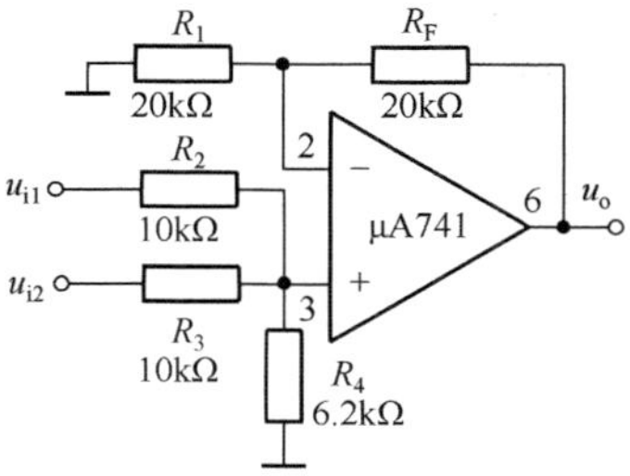

图 2.10.5　同相加法运算电路

4. 差动放大电路(减法运算)

电路如图 2.10.6 所示。

图 2.10.6 中 R_1 和 R_2 分别为两个输入端的外接输入电阻，R_F 为反馈电阻，R_3 为平衡电阻。参数设计时，应使 $R_2 /\!/ R_3 = R_1 /\!/ R_F$。输出电压与输入电压的运算关系式为

$$u_o = \left(1 + \frac{R_F}{R_1}\right)\frac{R_3}{R_2 + R_3}u_{i2} - \frac{R_F}{R_1}u_{i1}$$

当 $R_1=R_2=R_3=R_F$ 时，有

$$u_o = \frac{R_F}{R_1}(u_{i2} - u_{i1})$$

5. 积分运算电路

反相积分电路如图 2.10.7 所示。在理想化条件下，输出电压 u_o 为

$$u_o(t) = -\frac{1}{RC}\int_0^t u_i \mathrm{d}t + U_C(0)$$

式中，$U_C(0)$ 是 t=0 时刻电容 C 两端的电压值，即初始值，如果 $u_i(t)$ 是幅值为 E 的阶跃电压，并设 $U_C(0)$=0，则

$$u_o(t) = -\frac{1}{RC}\int_0^t E\mathrm{d}t = -\frac{E}{RC}t$$

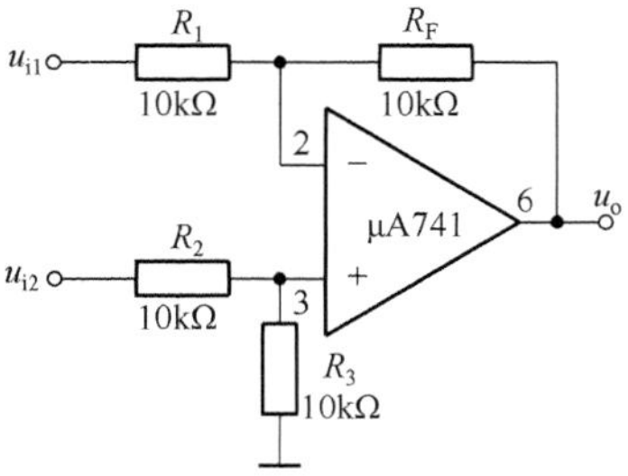

图 2.10.6　减法运算电路

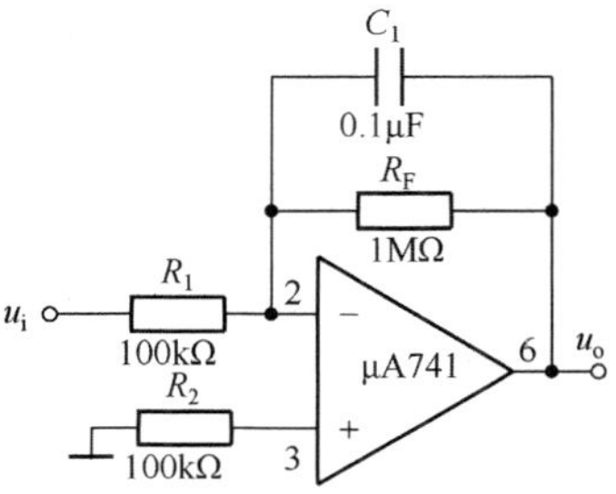

图 2.10.7　积分运算电路

显然 RC 的数值越大，达到给定的 u_o 值所需的时间就越长。改变 R 或 C 的值，积分波形也不同。积分运算电路一般用于方波变换为三角波或正弦波移相。积分输出电压所能达到的最大值受集成运放最大输出范围的限制。

三、实验设备与元器件

(1)模拟电子技术实验箱(SWU201407)1 台；
(2)双踪示波器(UTD2152)1 台；
(3)函数信号发生器(UTG2025A)1 台；
(4)数字万用表(MY60)1 只；
(5)计算机 1 台，Multisim 14.0 软件 1 套。

四、实验内容

1. 反相比例运算

(1)按图 2.10.2 所示电路连接实验电路，打开直流电源开关。

(2)输入 f=1kHz、U_i=1V 的正弦交流信号，用交流毫伏表测量相应的 U_o，并用示波器观测 u_o 和 u_i 的相位关系，记入表 2.10.1 中。

表 2.10.1　反相比例运算数据(U_i =1V，f=1kHz)

U_i /V	U_o /V	u_i 波形	u_o 波形	A_u	
				实测值	计算值
		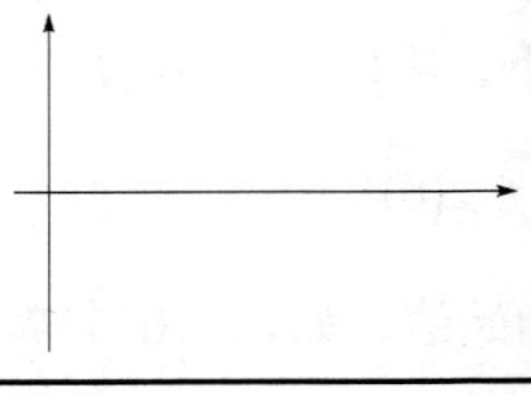	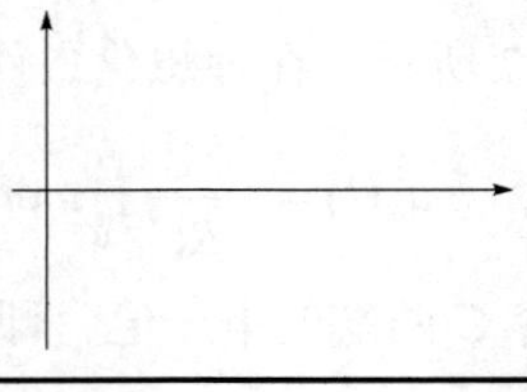		

2. 同相比例运算

(1)按图 2.10.3(a)所示连接实验电路，打开直流电源开关。

(2)输入 f=1kHz、U_i=1V 的正弦交流信号，用交流毫伏表测量相应的 U_o，并用示波器观察 u_o 和 u_i 的相位关系，记入表 2.10.2 中。

(3)将图 2.10.3(a)改为图 2.10.3(b)，即电压跟随器电路，重复(2)的内容，记入表 2.10.2 中。

表 2.10.2　同相比例运算数据(U_i =1V，f=1kHz)

	U_i /V	U_o /V	u_i 波形	u_o 波形	A_u	
					实测值	计算值
同相比例						
电压跟随						

3．反相加法运算电路

(1)输入信号采用直流信号源，图 2.10.8(a)或图 2.10.8(b)所示电路为简易直流信号源，调整电位器 R_{P1} 和 R_{P2} 阻值即可改变 U_{i1}、U_{i2} 电压的大小。U_{i1}、U_{i2} 的电压也可以直接使用实验箱上的±5V 电压源。

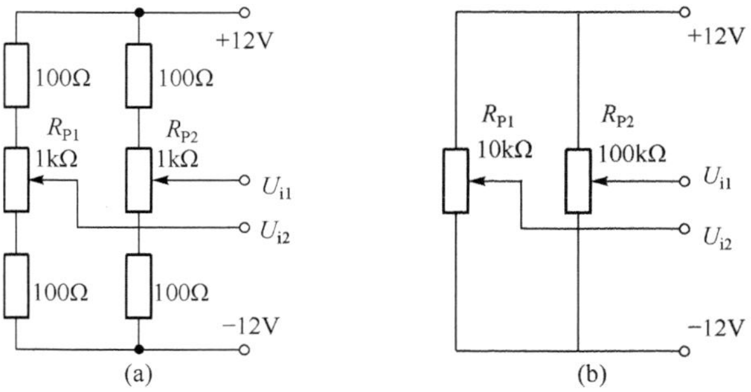

图 2.10.8　简易可调直流信号源

(2)按图 2.10.4 连接电路，打开直流电源开关。

按表 2.10.3 中 U_{i1}、U_{i2} 输入电压值，测试输出电压 U_o，记录数据于表 2.10.3 中，分析测试结果。

4．同相加法器

按图 2.10.5 连接电路，输入直流信号 U_{i1}、U_{i2}，测试输出电压 U_o，记录数据于表 2.10.4 中。

表 2.10.3　反相加法器数据

U_{i1}/V	5	5	−5
U_{i2}/V	−5	5	−5
U_o/V			

表 2.10.4　同相加法器数据

U_{i1}/V	5	5	−5
U_{i2}/V	−5	5	−5
U_o/V			

5. 减法运算

(1)按图 2.10.6 所示连接实验电路，打开直流电源开关。

(2)输入信号源 U_{i1}、U_{i2} 与加法器相同，记入表 2.10.5 中。

表 2.10.5　减法运算数据

U_{i1}/V	5	5	−5
U_{i2}/V	−5	5	−5
U_o/V			

6. 积分运算电路

(1)按积分电路如图 2.10.7 所示正确连接。

(2)调信号发生器频率为 200～500Hz，峰峰值为 2V 的方波作为输入信号 u_i，打开直流开关，输出端接示波器，可观察到输出三角波波形，并记入表 2.10.6 中。

表 2.10.6　积分运算电路(U_i=2V(U_{pp})，f=200Hz)

u_i		u_o	

7. 模拟运算电路 Multisim 仿真

在 Multisim 14.0 中画出图 2.10.2 所示反相比例运算电路的仿真图，如图 2.10.9 所示。在 Multisim 14.0 中选择集成运算放大器 741，741 的 U_+和 U_-分别接+12V 和—12V 的电源。

仿照实验 2.4 的方法仿真反相比例运算电路，重画表 2.10.1，记录仿真结果。类似的方法，仿真图 2.10.3～图 2.10.7，重画表 2.10.2～表 2.10.6，记录仿真结果。

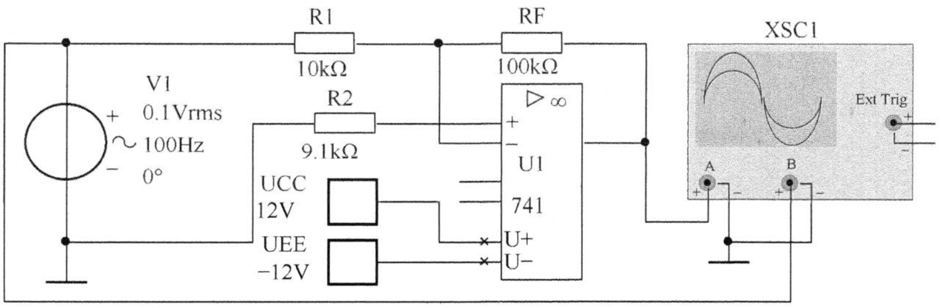

图 2.10.9　反相比例运算电路 Multisim 仿真

五、思考题

(1) 比较理论计算结果和实测数据。
(2) 比较仿真结果与实测结果，分析误差产生的原因。

六、实验报告要求

(1) 简述实验原理、方法与步骤；
(2) 整理测试数据，分析实验结果；
(3) 回答思考题；
(4) 实验总结与建议。

2.11　负反馈放大器实测与仿真实验

一、实验目的

(1) 加深理解放大器中负反馈的基本概念；
(2) 了解负反馈对放大器放大倍数的影响；
(3) 掌握使用 Multisim 14.0 进行电路仿真的方法。

二、原理说明

在多级放大电路，或由运算放大器构成的放大电路中，为了稳定放大倍数，改变输入电阻、输出电阻，减小非线性失真，展宽通频带等，都需要在放大电路中引入负反馈。引入负反馈后，虽然它使放大器的放大倍数降低，但能多方面改善放大器的动态指标。

负反馈有四种组态，即电压串联、电压并联、电流串联、电流并联。电压串联负反馈实验电路如图 2.11.1 所示。

在图 2.11.1 中，两级反相比例运算电路组成基本放大器，再由 R_7、R_8 连接级间反馈，引入电压串联负反馈，反馈系数为

$$F=\frac{u_F}{u_o}=\frac{R_3}{R_3+R_7+R_8}$$

当电阻 R_8 的阻值调整到零时：

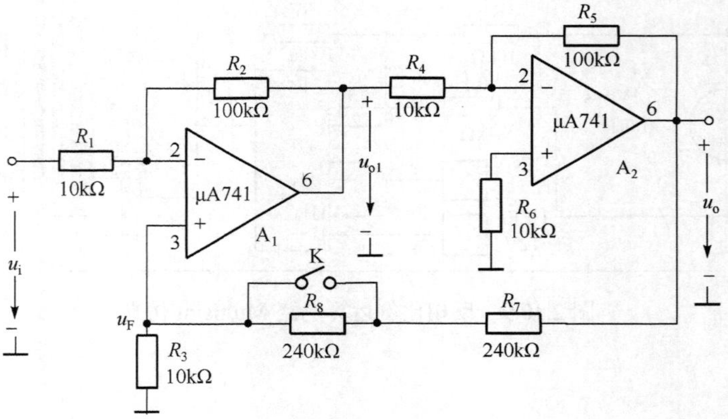

图 2.11.1　电压串联负反馈电路

$$F=\frac{u_F}{u_o}=\frac{R_3}{R_3+R_7}$$

根据反相比例运算电路电压放大倍数的计算式，可得基本放大器的电压放大倍数为

$$A_u=\frac{R_2R_5}{R_1R_4}$$

负反馈放大器闭环电压放大倍数计算公式为

$$A_{uF}=\frac{A_u}{1+A_uF}$$

式中，$1+A_uF$ 称为反馈深度。若 $A_uF\gg 1$，则为深度负反馈，此时：

$$A_{uF}=\frac{1}{F}$$

在图 2.11.1 中，当可变电阻 R_8 的阻值调整到零时，其闭环电压放大倍数也可按深度负反馈近似计算，即

$$A_{uF}\approx\frac{R_3+R_7}{R_3}$$

图 2.11.1 的实验电路既可放大直流信号，也可放大交流信号。

三、实验设备与元器件

(1)模拟电子技术实验箱(SWU201407)1 台；
(2)双踪示波器(UTD2152)1 台；
(3)函数信号发生器(UTG2025A)1 台；
(4)数字万用表(MY60)1 只；
(5)计算机 1 台，Multisim 14.0 软件 1 套。

四、实验内容

实验电路如图 2.11.1 所示，打开直流电源开关，按以下步骤进行。

1. 静态测量

断开级间负反馈元件 R_7 和 R_8，输入端对地短接，用万用表直流电压挡测量运算放大器 A_1、A_2 的同相输入端、反相输入端和输出端的对地电压，记入表 2.11.1。

表 2.11.1　静态测试记录

运算放大器 A_1			运算放大器 A_2		
U_+/V	U_-/V	U_{o1}/V	U_+/V	U_-/V	U_{o2}/V

2. 动态测量

(1) 断开 R_7 和 R_8，用信号发生器给实验电路输入端输入频率 f=1kHz 的正弦信号，并用双踪示波器观察输出信号，调节信号源的幅度使输出信号不失真。测量运算放大器 A_1、A_2 的输出电压 U_{o1} 和 U_o，由 U_i、U_{o1} 和 U_o 计算出 A_{u1}、A_{u2} 和 A_u，并画出各级输入、输出波形，记入表 2.11.2（注意：在电路连接正常的情况下，若 U_{o1} 输出正弦波正常，但是 U_o 没有输出，可能是由 U_i 或运算放大器存在直流漂移造成的，可以在 U_{o1} 和 R_4 之间串一个 10μF 的电容）。

表 2.11.2　开环动态测试记录

U_i=____mV	U_{o1} /V	U_o /V	A_{u1}	A_{u2}	A_u
理论值					
实测值					
相对误差/%					

u_i 波形	u_{o1} 波形	u_o 波形

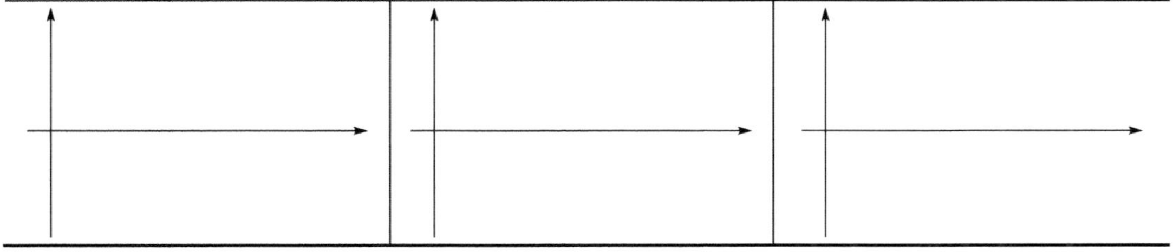

(2) 观察负反馈对放大器失真的改善。

① 接入 R_7，保持频率 f=1kHz 不变，增大输入信号，使 u_o 输出不失真。测量 R_7=240kΩ 时第一级和第二级输出的交流电压的有效值 U_{o1}、U_o 和 U_F，由此计算出相应的 A_u、F，并画出各级波形，记入表 2.11.3。

② 接入 R_7 和 R_8，保持频率 f=1kHz 不变，再增大输入信号，使 u_o 输出不失真。测量 U_{o1}、U_o 和 U_F，并由此计算出相应的 A_u、F，并画出各级波形，记入表 2.11.3。

表 2.11.3　闭环动态测试记录

测试条件	数据来源	U_{o1}/V	U_o/V	U_F/mV	A_u	F
U_i=____mV R_8=0Ω	理论值					
	实测值					
U_i=____mV R_8= 240kΩ	理论值					
	实测值					

R_7=240kΩ，R_8=0Ω

u_i 波形	u_{o1} 波形	u_o 波形

R_7=240kΩ，R_8=240kΩ

u_i 波形	u_{o1} 波形	u_o 波形

3. 模拟运算电路 Multisim 仿真

在 Multisim 14.0 中画出图 2.11.1 负反馈放大器的仿真图，如图 2.11.2 所示。

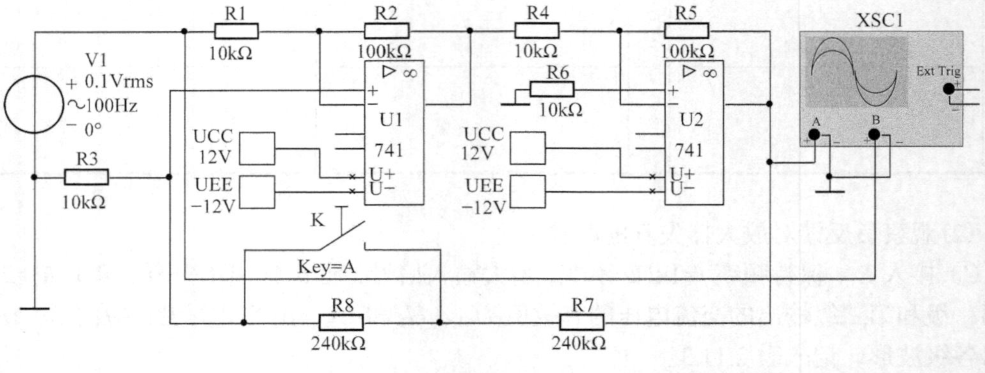

图 2.11.2　反相比例运算电路 Multisim 仿真

仿照实验 2.4 的方法仿真负反馈放大器，重画表 2.11.1 和表 2.11.2，记录仿真结果。

五、思考题

(1)组成本实验电路的同相比例运算电路属于哪种组态的负反馈放大器?

(2)何为深度反馈？满足什么条件为深度负反馈?

(3)比较计算值和实测值所得的放大倍数。

(4)比较仿真结果与实测结果，分析误差产生的原因。

六、实验报告要求

(1)简述实验原理、方法与步骤；

(2)整理测试数据，分析实验结果；

(3)回答思考题；

(4)实验总结与建议。

2.12 电压比较器实测与仿真实验

一、实验目的

(1)掌握比较器的电路构成及特点；

(2)学会测试比较器的方法；

(3)掌握使用 Multisim 14.0 进行电路仿真的方法。

二、原理说明

图 2.12.1(a)所示为一最简单的电压比较器，U_R 为参考电压，输入电压 u_i 加在反相输入端。图 2.12.1(b)为其传输特性。

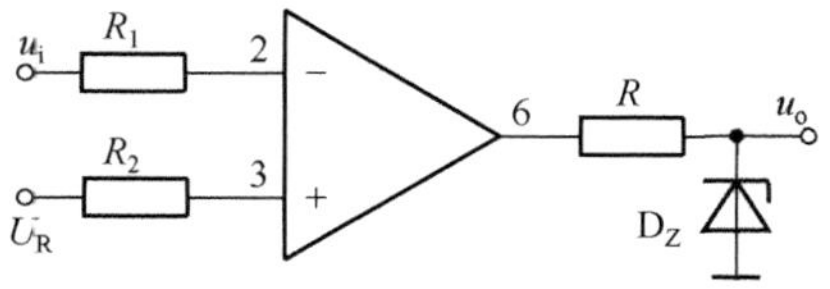

(a) 电路图

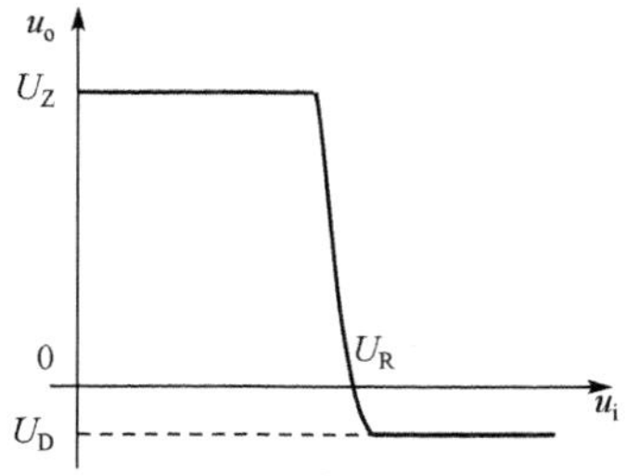

(b) 传输特性

图 2.12.1 电压比较器

当 $u_i<U_R$ 时，运放输出高电平，稳压管 D_Z 反向稳压工作。输出端电位被其钳位在稳压管的稳定电压 U_Z，即 $u_o=U_Z$。

当 $u_i>U_R$ 时，运放输出低电平，D_Z 正向导通，输出电压等于稳压管的正向压降 U_D，即 $u_o=-U_D$。

因此，以 U_R 为界，当输入电压 u_i 变化时，输出端反映出两种状态：高电位和低电位。

常用的幅度比较器有过零比较器、具有滞回特性的过零比较器(又称 Schmitt 触发器)、双限比较器(又称窗口比较器)等。

1. 过零比较器

图 2.12.2(a)为简单过零比较器电路图，图 2.12.2(b)为简单过零比较器传输特性图。

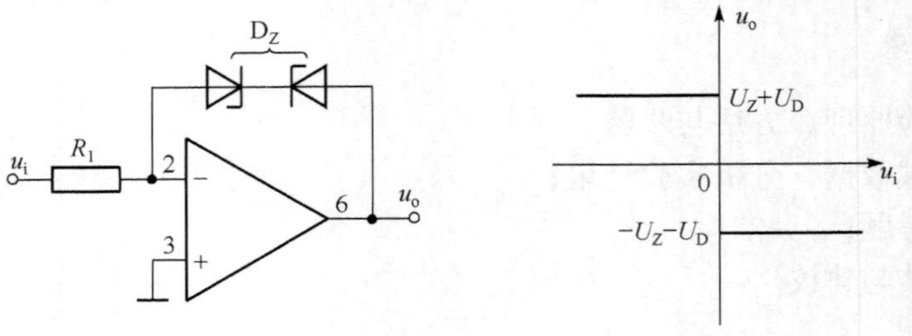

(a) 电路图　　(b) 传输特性

图 2.12.2　过零比较器

2. 滞回过零比较器

简单的过零比较器在实际工作时，如果 u_i 恰好在过零值附近波动，u_o 将不断由一个极限值转换到另一个极限值，这在控制系统中，对执行机构将是很不利的。为此，就需要输出特性具有滞回现象，如图 2.12.3(a)所示，从输出端引一个电阻分压支路到同相输入端，若 u_o 改变状态，U_Σ 点也随之改变电位，使过零点离开原来位置。若 u_o 为正($u_o=U_{D1}+U_Z=U_D$)，$U_\Sigma=\dfrac{R_2}{R_f+R_2}(U_{D1}+U_Z)$，则当 $u_i>U_\Sigma$ 后，u_o 即由正变负($u_o=-U_{D2}-U_Z=-U_D$)，此时 U_Σ 变为 $-U_\Sigma$。故只有当 u_i 下降到 $-U_\Sigma$ 以下时，才能使 u_o 再度回升到 U_D，于是出现图 2.12.3(b)中所示的滞回特性。$-U_\Sigma$ 与 U_Σ 的差别称为回差。改变 R_2 的数值可以改变回差的大小。

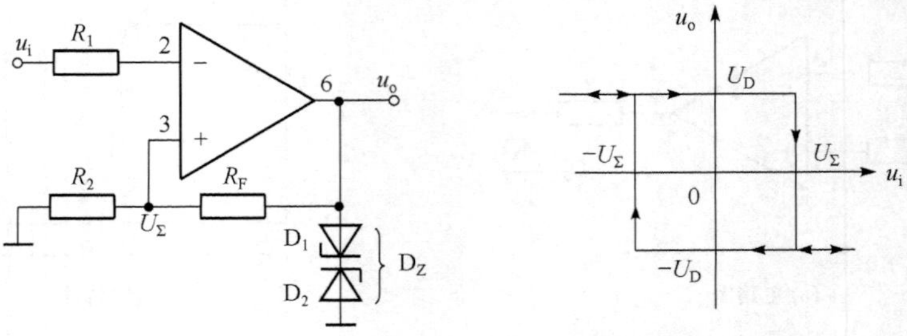

(a) 电路图　　(b) 传输特性

图 2.12.3　具有滞回特性的过零比较器

3. 窗口(双限)比较器

简单的比较器仅能鉴别输入电压 u_i 比参考电压 U_R 高或低的情况，窗口比较电路由两个简单比较器组成，如图 2.12.4(a)所示。它能指示出 u_i 值是否处于 U_R^+ 和 U_R^- 之间，如图 2.12.4(b)所示。

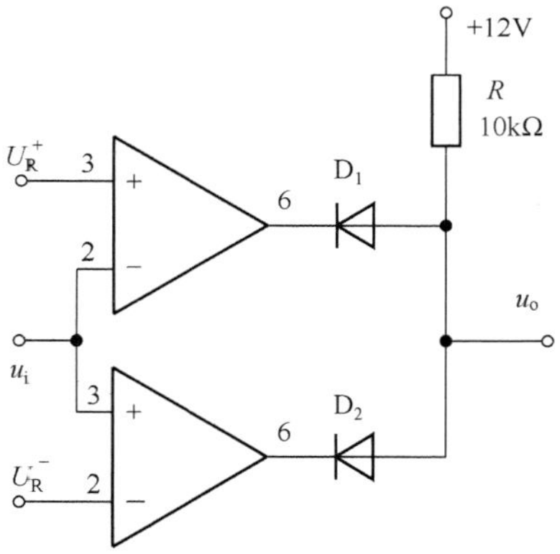

(a) 电路图

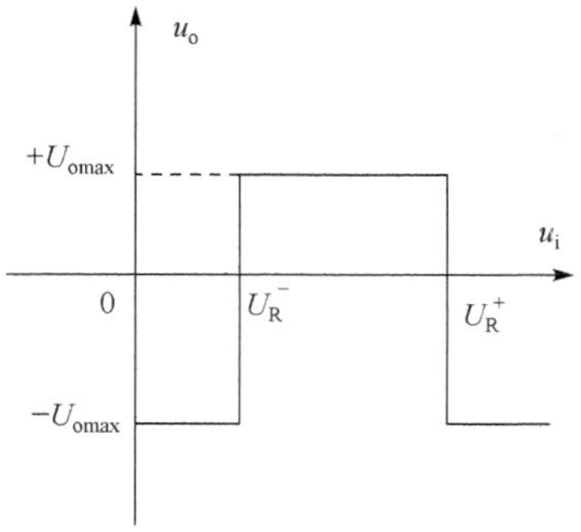

(b) 传输特性

图 2.12.4　两个简单比较器组成的窗口比较器

三、实验设备与元器件

(1)模拟电子技术实验箱(SWU201407)1 台；
(2)双踪示波器(UTD2152)1 台；
(3)函数信号发生器(UTG2025A)1 台；
(4)数字万用表(MY60)1 只；
(5)计算机 1 台，Multisim 14.0 软件 1 套。

四、实验内容

1. 过零电压比较器

如图 2.12.5 所示，在运放系列模块中正确连接电路，打开直流开关，用万用表测量 A 点悬空时的输出电压 u_o。其中稳压管 D6K2V 的稳压值为 6.2V。

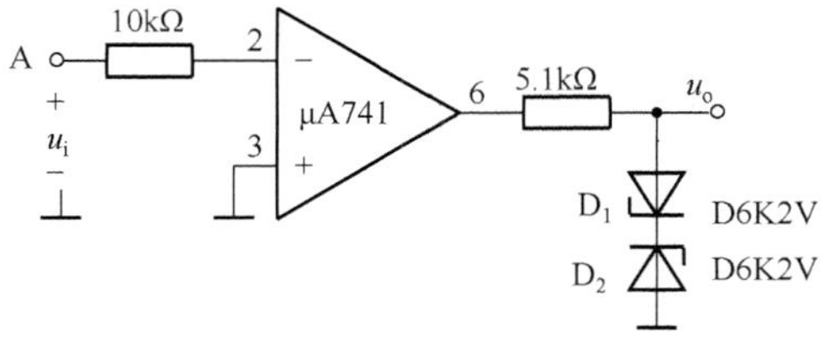

图 2.12.5　过零比较器

(1)在 A 点输入 f=500Hz、峰峰值为 2V 的正弦信号 u_i，用双踪示波器观察 u_i 及 u_o 波形。

(2)在图 2.12.6 中画出波形。

(3) 自建坐标系，画出传输特性曲线。

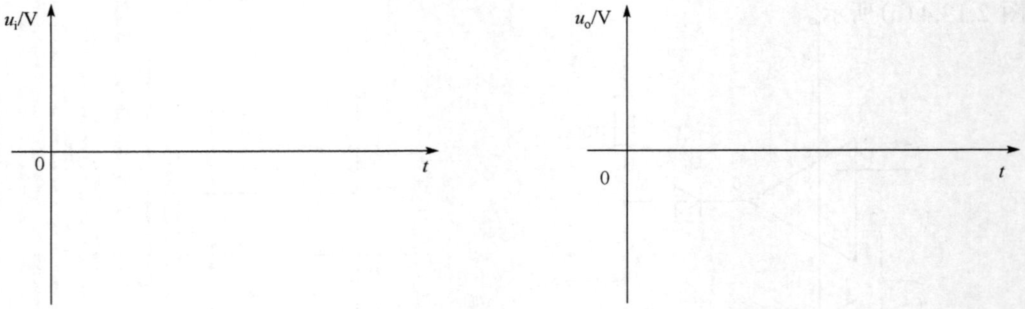

图 2.12.6　过零电压比较器波形图

2. 反相滞回比较器

(1) 如图 2.12.7 所示正确连接电路，打开直流开关。

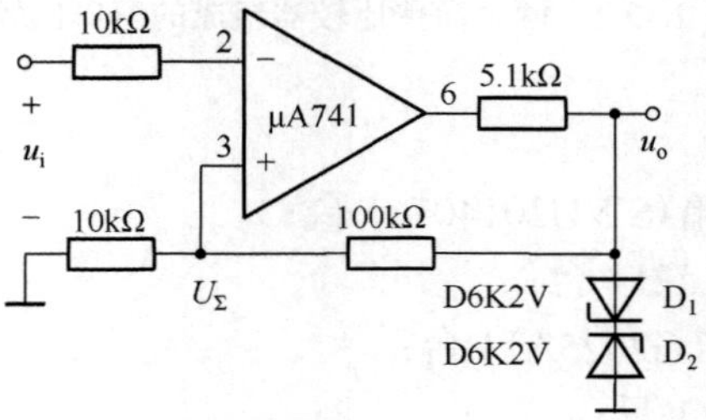

图 2.12.7　反相滞回比较器

(2) u_i 接 200Hz、峰峰值为 2V 的正弦信号，用双踪示波器观察 u_i 及 u_o 波形，并画在图 2.12.8 中。

(3) 示波器 CH1 和 CH2 的耦合选择 AC，上下移动 u_i 和 u_o 波形，使 CH1 和 CH2 的零电平线重合，则 u_i 和 u_o 有上下两个交点，这两个交点即传输曲线的两点跳变点，分析 u_i 和 u_o，画出传输特性曲线。

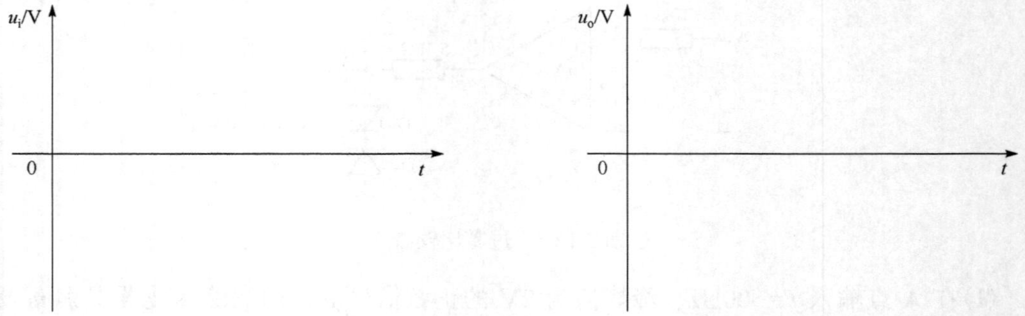

图 2.12.8　反相滞回比较器波形图

(4)将分压支路 100kΩ 电阻(R_3)改为 200kΩ(100kΩ+100kΩ)，重复上述实验，测定传输特性。

3. 同相滞回比较器

(1)如图 2.12.9 所示正确连接电路，参照实验内容 2，自拟实验步骤及方法。
(2)将结果与实验内容 2 相比较。

4. 方波发生器

(1)按图 2.12.10 所示连接实验电路。

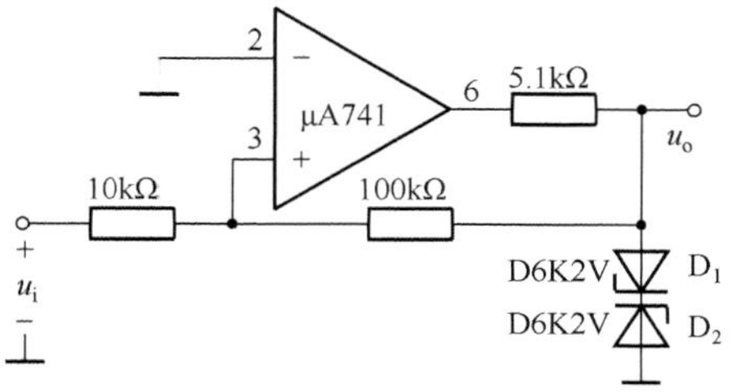

图 2.12.9　同相滞回比较器

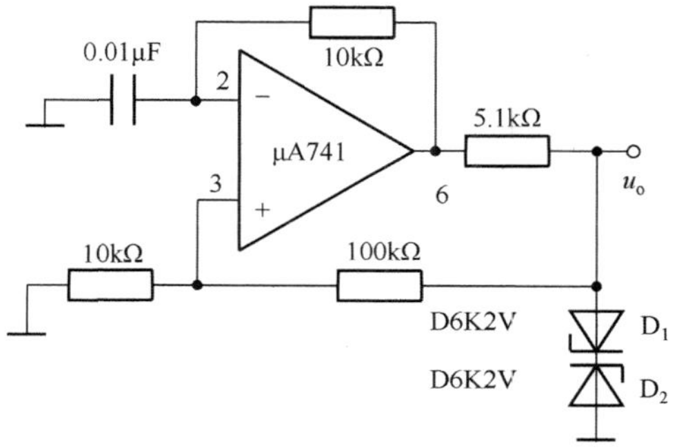

图 2.12.10　方波发生器

(2)用示波器观察输出波形，测量振荡频率，并画出输出波形。

5. 模拟运算电路 Multisim 仿真

在 Multisim 14.0 中画出图 2.12.5 所示过零比较器的电路图，如图 2.12.11 所示。在 Multisim 14.0 中稳压二极管选用 BZV60-B6V2。BZV60-B6V2 由两个反向串联的稳压二极管构成，稳压值为 6.2V，可近似代替实物实验中的稳压管 D6K2V。

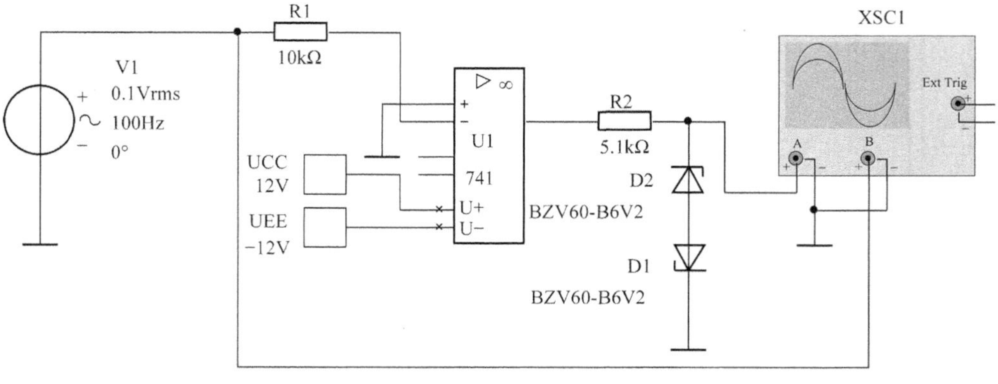

图 2.12.11　过零比较器 Multisim 仿真

仿照实验 2.4 的方法仿真过零比较器，重做实验内容 1。用类似的方法，仿真图 2.12.7 和图 2.12.9，重做实验内容 2 和 3。记录仿真结果。

五、思考题

(1) 在图 2.12.7 电路中，理论计算上限门电压 U_{T+}=______；下限门电压 U_{T-}=______。

(2) 比较仿真结果与实测结果，分析误差产生的原因。

六、实验报告要求

(1) 简述实验原理、方法与步骤；

(2) 整理测试数据，分析实验结果；

(3) 回答思考题；

(4) 实验总结与建议。

2.13　*RC* 正弦波振荡器实测与仿真实验

一、实验目的

(1) 学习由运放构成的正弦波发生器和方波发生器工作原理及参数计算；

(2) 掌握 *RC* 正弦波振荡器的调试和振荡频率的测试方法；

(3) 学习用示波器观测波形的方法；

(4) 掌握使用 Multisim 14.0 进行电路仿真的方法。

二、原理说明

RC 正弦波振荡器实验电路如图 2.13.1 所示。

在图 2.13.1 中，放大电路由同相比例运算电路构成，*RC* 串并联选频电路既是正反馈电路，又是选频电路。输出电压 u_o 经 *RC* 串并联电路分压后得出反馈电压 u_F，加在同相比例运算电路的输入端，作为它的输入电压。

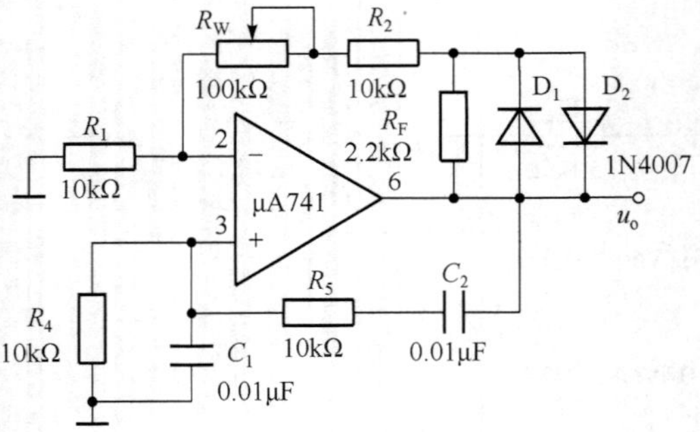

图 2.13.1　*RC* 桥式正弦波振荡器电路

在图 2.13.1 中，*RC* 正弦波振荡器的振荡频率为

$$f_o = \frac{1}{2\pi RC}$$

振荡的幅值平衡条件为

$$A_u = 1 + \frac{R_W + R_2 + R_F}{R_1} = 3$$

R_W 的作用是通过调节 R_W，使起振时 $A_u>3$，稳定振荡（输出幅值稳定的正弦波）时 $A_u=3$。

三、实验设备与元器件

(1)模拟电子技术实验箱(SWU201407)1 台；
(2)双踪示波器(UTD2152)1 台；
(3)函数信号发生器(UTG2025A)1 台；
(4)数字万用表(MY60)1 只；
(5)毫伏表(UT621)1 只；
(6)计算机 1 台，Multisim 14.0 软件 1 套。

四、实验内容

1. *RC* 选频网络频率特征测量

按图 2.13.2 连接实验电路，改变信号源频率，用示波器监视输出波形，保持输出波形不失真的条件下，测试数据记入表 2.13.1 中。

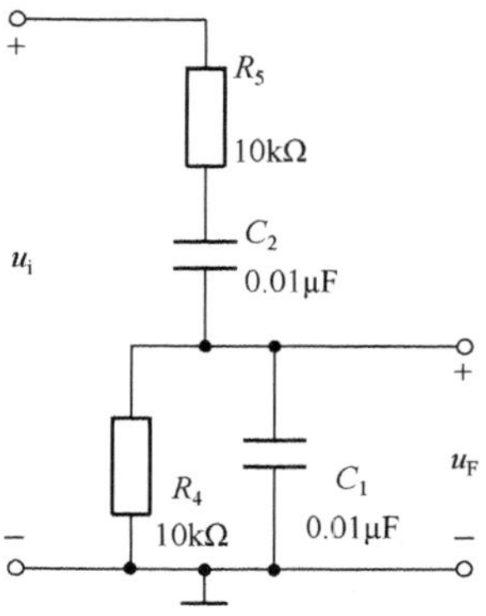

图 2.13.2　*RC* 串并联选频网络

表 2.13.1　测试频率响应特性

f	50Hz	100Hz	200Hz	500Hz	1kHz	1.5kHz	2kHz	10kHz	100kHz	1MHz
U_i/V										
U_F/V										
A_u										

2. *RC* 桥式正弦波振荡器电路的静态测量

按图 2.13.1 连接实验电路，打开直流电源开关。拆除 *RC* 串并联选频电路，用数字万用表直流电压挡测量运算放大器同相输入端、反相输入端的直流电位 U_+(运放 3 脚电压)和 U_-(运放 2 脚电压)以及输出端的直流电位 U_o，记入表 2.13.2。

表 2.13.2　静态测量

U_+/V	U_-/V	U_o/V

3. *RC* 桥式正弦波振荡器电路的动态测量

连接 *RC* 串并联选频电路，*RC* 桥式正弦波振荡器电路输出端 u_o 接示波器，打开直流开关，调节电位器 R_W，使输出波形从无到有，从正弦波到出现失真。描绘 u_o 的波形，记下临界起振、正弦波输出及失真情况下的 R_W 值，记入表 2.13.3。

表 2.13.3　动态测量

临界起振	正弦波	失真波
R_W______kΩ	R_W______kΩ	R_W______kΩ
临界起振	正弦波	失真波

4. *RC* 桥式正弦波振荡器电路振荡频率测量

(1) 调节电位器 R_W，使输出电压 u_o 幅值不失真，用万用表分别测量输出电压 u_o、反馈电压 U_+(运放 3 脚电压)和 U_-(运放 2 脚电压)、振荡频率 f_0，记入表 2.13.4。

(2) 在选频网络的电阻 R_4 上并联 10kΩ 的电阻，观察记录振荡频率的变化情况，记入表 2.13.4。并在图 2.13.3 中画出波形。

表 2.13.4　有限幅环节 *RC* 桥式正弦波振荡器测试数据

U_+/V	U_-/V	U_o/V	f_0/Hz	并电阻后 f_0/Hz

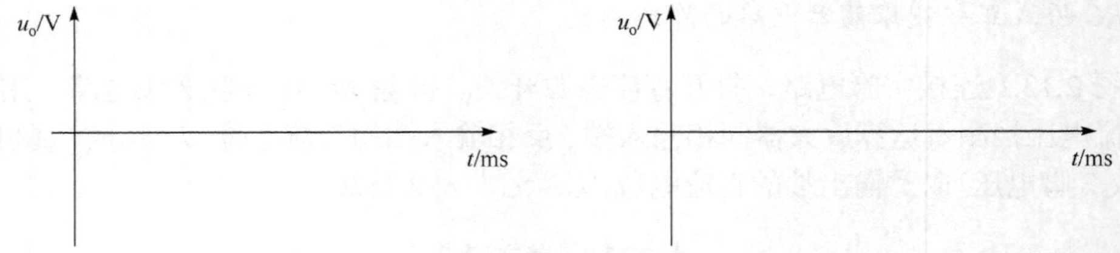

(a) R_4没有并联10kΩ电阻时u_o波形　　(b) R_4上并联10kΩ电阻后u_o波形

图 2.13.3　正弦波发生器输出波形

5. *RC* 桥式正弦波振荡器电路无限幅环节

断开二极管 D_1、D_2，重复实验内容 4 的内容，记入表 2.13.5，将测试结果与实验内容 3 比较。

表 2.13.5　无限幅环节 *RC* 桥式正弦波振荡器测试数据

U_+/V	U_-/V	U_o/V	f_0/Hz	并电阻后 f_0/Hz

6. 测量同相比例运算电路的电压增益反馈系数

断开选频网络与同相端连接的串并联电路，形成如图 2.13.4 所示电路，用信号发生器在 u_i 端输入频率与实验内容 3 振荡频率 f_0 相等的正弦电压 u_i。测量 U_o、U_i 和 U_F，并由此计算同相比例运算电路的电压增益 A_{uF}、反馈系数 F，记入表 2.13.6。

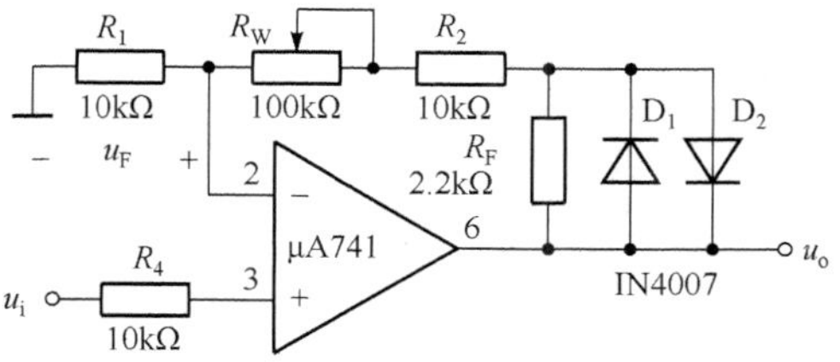

图 2.13.4　电压增益测量

表 2.13.6　电压增益反馈

U_i/V	U_o/V	U_F/V	A_{uF}	F

7. *RC* 桥式正弦波振荡器电路 Multisim 仿真

在 Multisim 14.0 中画出图 2.13.1 所示 *RC* 桥式正弦波振荡电路的仿真图，如图 2.13.5 所示。

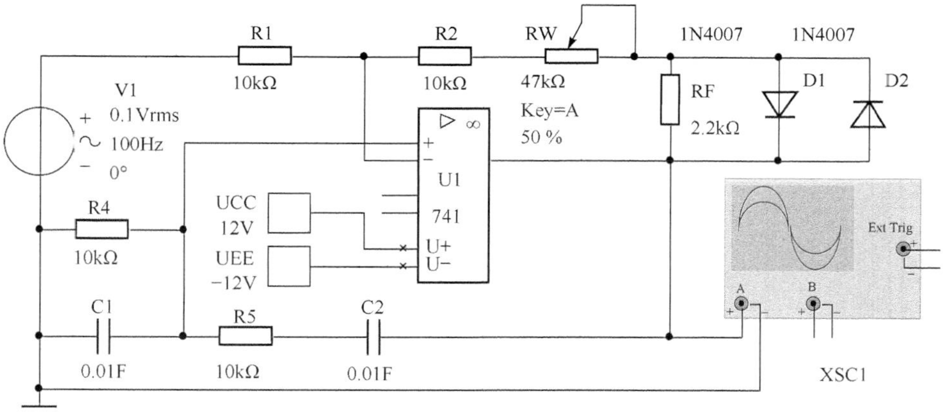

图 2.13.5　*RC* 桥式正弦波振荡器电路 Multisim 仿真

仿照实验 2.4 的方法仿真 *RC* 桥式正弦波振荡电路，重画表 2.13.2～表 2.13.5，记录仿真结果。

五、思考题

(1)列表整理实验数据，画出波形，把实测频率与理论值进行比较。

(2)根据实验分析 *RC* 振荡器的振幅条件。

(3)讨论二极管 D_1、D_2 的作用。

(4)由实验电路的电路参数算出振荡频率 f_0 的理论值，并将实测的振荡频率与理论值进行比较，分析误差产生的原因。

(5)比较仿真结果与实测结果，分析误差产生的原因。

六、实验报告要求

(1)简述实验原理、方法与步骤；
(2)整理测试数据，分析实验结果；
(3)回答思考题；
(4)实验总结与建议。

2.14　OTL 功率放大电路实测与仿真实验

一、实验目的

(1)进一步理解 OTL 功率放大器的工作原理；
(2)学会 OTL 电路的调试及主要性能指标的测试方法；
(3)掌握使用 Multisim 14.0 进行电路仿真的方法。

二、原理说明

OTL 功率放大器实验电路如图 2.14.1 所示。

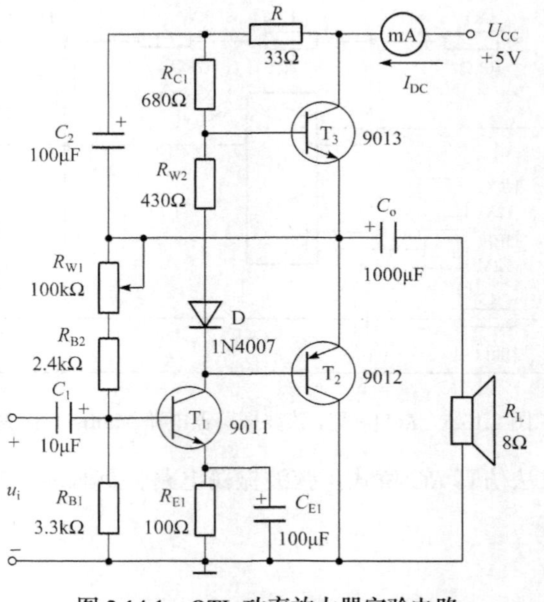

图 2.14.1　OTL 功率放大器实验电路

在图 2.14.1 中，晶体三极管 T_1 组成推动级，T_2、T_3 是一对参数对称的 NPN 和 PNP 型晶体三极管，它们组成互补推挽 OTL 功放电路。T_1 管工作于甲类状态，它的集电极电流 I_{C1} 的一部分流经电位器 R_{W2} 及二极管 D，给 T_2、T_3 提供偏压。改变电阻 R_{W2}，可以使 T_2、T_3 得到适合的静态电流而工作于甲乙类状态，以克服交越失真。静态时要求输出端中点 A 的

电位 $U_A=1/2U_{CC}$，可以通过调节 R_{W1} 来实现，又由于 R_{W1} 的一端接在 A 点，因此在电路中引入交、直流电压并联负反馈，能够稳定放大器的静态工作点，同时也改善了非线性失真。

当输入正弦交流信号 u_i 时，经 T_1 放大、倒相后同时作用于 T_2、T_3 的基极，u_i 的负半周使 T_2 管导通（T_3 管截止），有电流通过负载 R_L，同时向电容 C_o 充电，在 u_i 的正半周，T_3 导通（T_2 截止），则已充好的电容器 C_o 起着电源的作用，通过负载 R_L 放电，这样在 R_L 上就得到完整的正弦波。C_2 和 R 构成自举电路，用于提高输出电压正半周的幅度，以得到大的动态范围。OTL 电路的主要性能指标如下。

1. 最大不失真输出功率 P_{OM}

理想情况下，$P_{OM}=U_{CC}^2/(8R_L)$，在实验中可通过测量 R_L 两端的电压有效值，来求得实际的 $P_{OM}=U_o^2/R_L$。

2. 效率

$$\eta=\frac{P_{OM}}{P_E}\times 100\%$$

式中，P_E 为直流电源供给的平均功率。

理想情况下，功率可达到 78.5%。在实验中，可测量电源供给的平均电流 I_{DC}，从而求得 $P_E=U_{CC}\,I_{DC}$，负载上的交流功率已用上述方法求出，因而也就可以计算实际效率了。

3. 频率响应

在输入信号幅度不变的前提下，改变输入信号的频率，同时在输出端观察输出信号的幅度的相位。

4. 输入灵敏度

输入灵敏度是指输出最大不失真功率时，输入信号 u_i 的值。

三、实验设备与元器件

(1)模拟电子技术实验箱（SWU201407）1 台；
(2)双踪示波器（UTD2152）1 台；
(3)函数信号发生器（UTG2025A）1 台；
(4)数字万用表（MY60）1 只；
(5)计算机 1 台，Multisim 14.0 软件 1 套。

四、实验内容

1. 静态测试

1)调节输出端中点电位 U_A

按图 2.14.1 连接实验电路，调节电位器 R_{W1}，用直流电压表测量 A 点电位，使 U_A 接近 1/2U_{CC}。若电位器 R_{W1} 损坏，用 5.1kΩ 电阻代替。8Ω 的扬声器可以用一个小电阻代替。

2) 静态工作点测量

测量各级静态工作点，记入表 2.14.1。

表 2.14.1 各级静态工作点测试数据（$I_{C2}=I_{C3}=$______mA，$U_A=$______V）

	T_1	T_2	T_3
U_B/V			
U_C/V			
U_E/V			

2. 最大输出功率 P_{OM} 和效率 η 的测试

1) 测量 P_{OM}

输入端接 f=1kHz 的正弦信号 u_i，输出端用示波器观察输出电压 u_o 波形。逐渐增大 u_i，使输出电压达到最大不失真输出，测出负载 R_L 上的电压 U_{OM}，则 $P_{OM}=U_{OM}^2/R_L$。

2) 测量 η

当输出电压为最大不失真输出时，读出电流表中的电流值，此电流即直流电源供给的平均电流 I_{DC}（有一定误差），据此可近似求得 $P_E=U_{CC}I_{DC}$，再根据上面测得的 P_{OM}，即可求出 $\eta=P_{OM}/P_E$。

3. 输入灵敏度测试

根据输入灵敏度的定义，只要测出功率 $P_o=P_{OM}$ 时的输入电压值 u_i 即可。

4. 频率响应的测试

测试方法同实验 2.3。记入表 2.14.2 中。

表 2.14.2 频率响应的测试数据

f/Hz										
U_i/V										
U_o/V										
A_u										

在测试时，为保证电路的安全，应在较低电压下进行，通常取输入信号为输入灵敏度的 50%。在整个测试过程中，应保持 U_i 为恒定值，且输出波形不得失真。

5. 观察交越失真

(1) 将 R_{W2} 电阻短路，重测静态工作点。记入表 2.14.3 中。

表 2.14.3　各级静态工作点测试数据（$I_{C2}=I_{C3}$=_____mA，U_A=_____V）

	T_1	T_2	T_3
U_B/V			
U_C/V			
U_E/V			

(2) 画出输出波形。

6. OTL 功率放大器 Multisim 仿真

在 Multisim 14.0 中画出 OTL 功率放大器的仿真图，如图 2.14.2 所示。8Ω 的电阻代替扬声器。Q_1 和 Q_2 为 NPN 型三极管，在 Multisim 14.0 中用 2N2222 代替；Q_3 为 PNP 型三极管，在 Multisim 14.0 中用 2N3906 代替。

仿照实验 2.4 的方法仿真 OTL 功率放大器，重画表 2.14.1 和表 2.14.2，记录仿真结果。

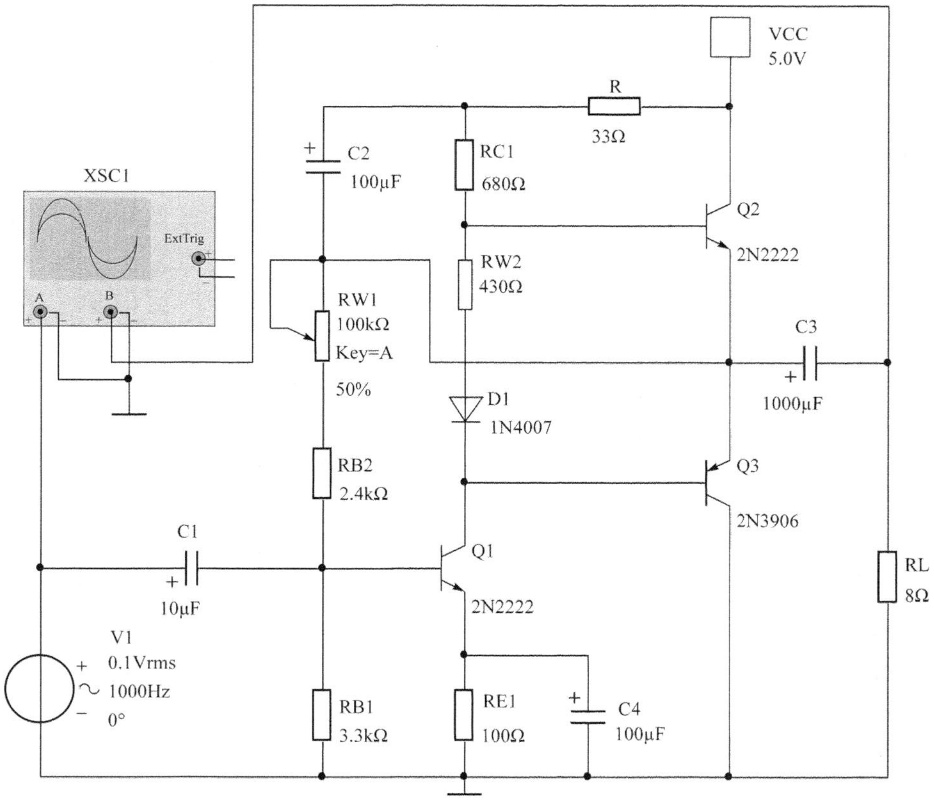

图 2.14.2　OTL 功率放大器 Multisim 仿真

五、思考题

(1) 整理实验数据，计算静态工作点、最大不失真输出功率 P_{OM}、效率η等，并与理论值进行比较。画频率响应曲线。

(2)交越失真产生的原因是什么？怎样克服交越失真？

(3)电路中电位器 R_{W2}，如果开路或短路，对电路工作有何影响？

(4)比较仿真结果与实测结果，分析误差产生的原因。

六、实验报告要求

(1)简述实验原理、方法与步骤；

(2)整理测试数据，分析实验结果；

(3)回答思考题；

(4)实验总结与建议。

2.15　集成功率放大器实验

一、实验目的

(1)了解集成功率放大器的应用；

(2)学习集成功率放大器基本技术指标的测试。

二、原理说明

集成功率放大器由集成功放和一些外部阻容元件构成。它具有线路简单、性能优越、工作可靠、调试方便等优点，已经成为在音频领域中应用十分广泛的功率放大器。LM386 是低电压音频功率放大器，该器件应用范围宽、功耗低，失真小、电压增益可调(20～200 倍)，适用于电池供电的单电源工作，它是一种 OTL 互补对称放大电路。LM386 的引脚排列如图 2.15.1 所示。

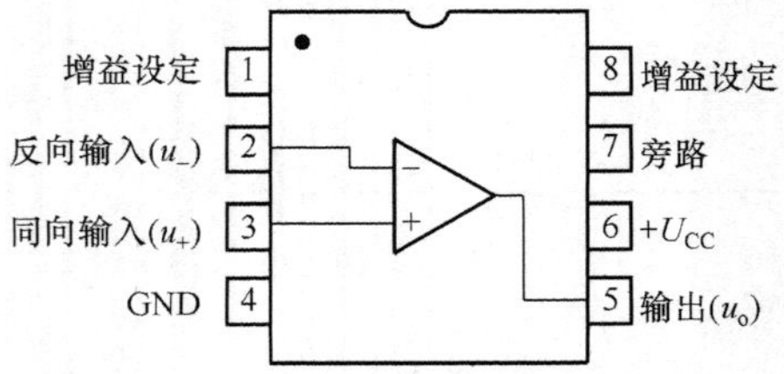

图 2.15.1　LM386 的引脚排列

在图 2.15.1 中，6 脚为电源“+”端，4 脚是接地端(即电源“−”端)，3 脚是同相输入端，2 脚是反相输入端，5 脚是输出端；1、8 脚是增益调节端，当 1、8 端开路时，电路增益最低(20 倍)，而当 1、8 端外接 10μF 电容时，电路增益增加到 200 倍；7 脚是去耦端，为了防止电路产生自激振荡，通常在 7 脚外接旁路电容。

LM386 的性能指标如下。

电源电压范围	4～18V；	静态电流	4mA；
增益	20～200；	输入电压	±0.4V；
封装功耗	660mW；	谐波失真	<0.2%；
r_i	50kΩ；	I_i	250μA。

由 LM386 构成的集成功率放大器实验电路如图 2.15.2 所示。

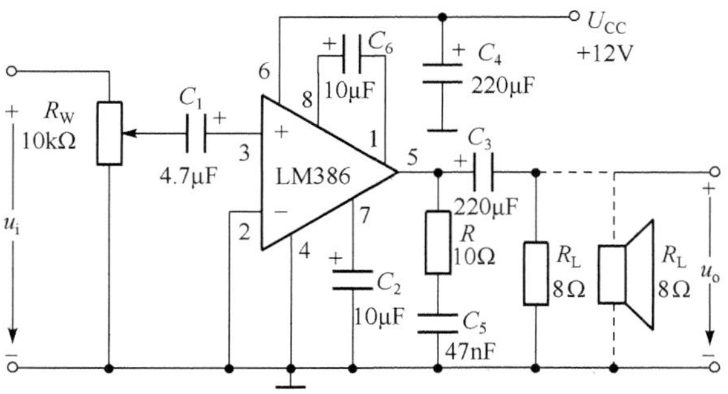

图 2.15.2 LM386 集成功率放大器

1）直流电源供给的功率 P_E

直流电源供给的功率就是指在功率放大器中直流电源实际输出的功率，即 $P_E=I_EU_{CC}$。在实际应用过程中，直流电源的输出电流 I_E 随输入信号的幅度而变化。因此，通常可以在放大器的输入端施加一幅值稳定的信号进行测量。

2）最大不失真输出功率 P_{omax}

加大输入信号，直至输出电压波形为最大且不失真时的输出功率。

3）功率放大器的带宽

对于一般的交流放大电路，输出幅值随输入信号频率的变化称为幅频特性。在一个较宽的频率范围内，幅频特性曲线是平坦的，即若放大器的输入电压幅值不变，则在此范围内输出电压值不随输入信号的频率而变化。保持输入信号幅值不变，而改变输入信号的频率，当输出电压降至曲线平坦部分电压值的 70.7%时的输入信号的频率称为下限频率，记为 f_L。保持输入信号的幅值不变，而升高输入信号的频率，当输出电压下降至曲线平坦部分电压值的 70.7%时的输入信号频率称为上限频率，记为 f_H。f_L 和 f_H 之间的频率范围，称为放大器的通频带或带宽 f_{BW}，即 $f_{BW}=f_H-f_L$。

不失真输出功率 P_{omax}：

$$P_{omax}=U_o^2/R_L \quad (U_o\text{为有效值})$$

功放效率：

$$\eta=\frac{P_{om}}{P_E}\times 100\%$$

直流输入功率：

$$P_E=I_EU_{CC}$$

三、实验设备与元器件

（1）模拟电子技术实验箱（SWU201407）1 台；

（2）双踪示波器（UTD2152）1 台；

（3）函数信号发生器（UTG2025A）1 台；

（4）数字万用表（MY60）1 只。

四、实验内容

(1)按图 2.15.2 接线，令 $u_i=0$，用示波器观察输出端的电压 u_o 有无振荡和纹波电压。若有，则改变 7 脚和地之间电容 C_2 来消除。

(2)在图 2.15.2 输入端加 1kHz 的正弦波信号 u_i，逐渐加大输入信号电压的幅值，直至示波器观察到 u_o 波形的最大且不失真。测量 U_i 和 U_o(此时 U_o 即 U_{omax})，用数字万用表直流电流挡测出此时的电流 I_E，并计算出 P_{omax}、P_E 和 η 及电压增益 A_u，将结果填入表 2.15.1 中。(表 2.15.1 中的数据注意填写单位)

表 2.15.1　集成功率放大器测试数据

U_i	U_{omax}	I_E	U_{CC}	A_u	P_{omax}	P_E	η

(3)观察输出级的对称程度。

(4)测功率放大器的频率特性。保持 u_i 幅值不变，改变输入信号的频率，测出 u_o 下降到 70.7%U_{omax} 时的频率，即 f_L 和 f_H，$f_{BW}=f_H-f_L$，填入表 2.15.2 中。

表 2.15.2　截止频率

	f_H	f_L	f_{BW}
f/kHz			

五、思考题

负载为 0.5W、8Ω 的扬声器最大可以加入多高的电压?

六、实验报告要求

(1)简述实验原理、方法与步骤；
(2)整理测试数据，分析实验结果；
(3)回答思考题；
(4)实验总结与建议。

2.16　晶体管直流稳压电源实测与仿真实验

一、实验目的

(1)熟悉单相半波、桥式整流电路；
(2)观察了解电容滤波的作用；
(3)了解串联型稳压电路；
(4)掌握使用 Multisim 14.0 进行电路仿真的方法。

二、原理说明

电子设备一般都需要直流电源供电。这些直流电源除了少数直接利用干电池和直流发电机外，大多数是采用把交流电(市电)转变为直流电。直流稳压电源由电源变压器、整流电路、滤波电路和稳压电路四部分组成，其原理框图如图 2.16.1 所示。

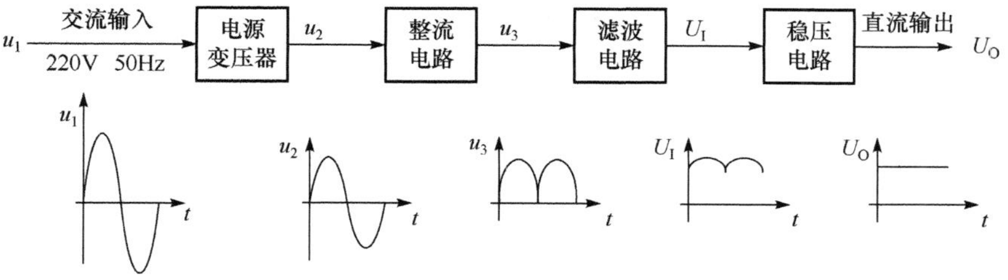

图 2.16.1 直流稳压电源框图

在图 2.16.1 中，电源变压器将 220V 的交流电变成幅度较小的交流电；整流电路将交流电变成波动的直流电；滤波电路使直流的波动幅度减小，稳压电路使输出的直流电进一步稳定。稳压电路要求输出的电压不随电源和负载的变化而变化。

1. 整流电路、滤波电路

整流电路将交流电压转换成直流电压，完成这一任务主要是利用二极管的单向导电性。整流电路有半波和桥式两种。滤波电路主要是利用电感和电容的储能作用，使输出电压及电流的脉动性趋于平滑。桥式整流电路电容滤波中，输出的直流电压近似为 $U_I=1.2U_2$。桥式整流滤波电路输出的直流电压并不稳定，在许多电子仪器设备中整流滤波电路后加稳压电路。直流稳压电路的种类很多，最简单的就是用稳压二极管组成的稳压电路，如图 2.16.2 所示。图 2.16.3 是串联型稳压电源电路。图 2.16.2 所示稳压电路输出电压不可调节，图 2.16.3 所示稳压电路输出电压可调节。图 2.16.3 中有三个三极管，其作用不同，T_1 是调节管，T_2 是比较放大管，T_3 提供过流保护。

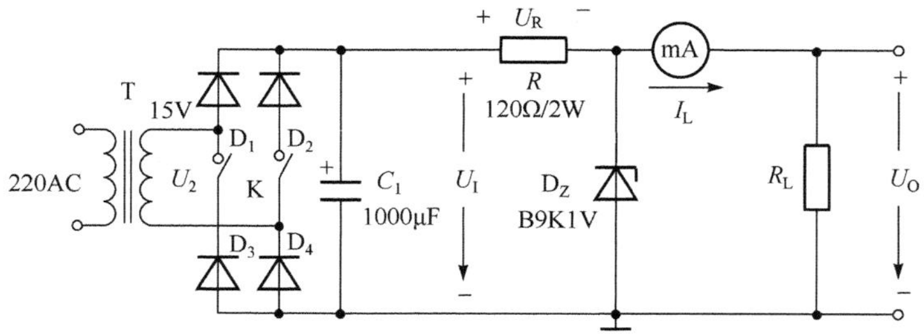

图 2.16.2 整流滤波二极管稳压电路

2. 串联型稳压电源的主要性能指标

(1)输出电压 U_O 和输出电压调节范围。

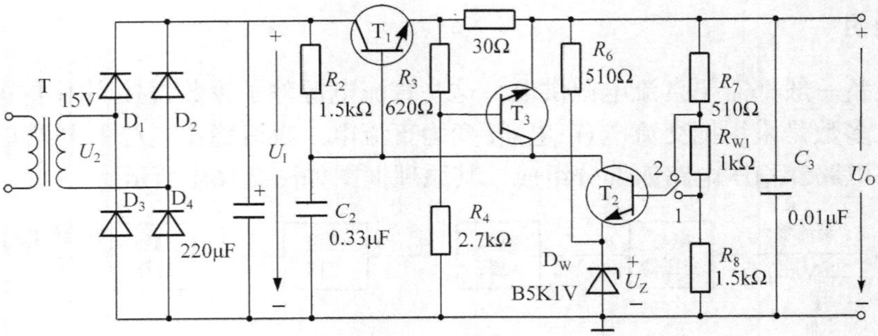

图 2.16.3　串联型稳压电源电路

$$\begin{cases} U_{\text{Omax}} = \dfrac{R_7 + R_{\text{W1}} + R_8}{R_8}(U_{\text{Z}} + U_{\text{BE2}}) \\ U_{\text{Omin}} = \dfrac{R_7 + R_{\text{W1}} + R_8}{R_8 + R_{\text{W1}}}(U_{\text{Z}} + U_{\text{BE2}}) \end{cases}$$

(2) 最大负载电流 I_{CM}，即负载所能获得的最大电流。

(3) 输出电阻 R_{O}。输出电阻 R_{O} 定义为当输入电压 U_{I}(稳压电路输入) 保持不变，负载变化而引起的输出电压变化量与输出电流变化量之比：

$$R_{\text{O}} = \left.\frac{\Delta U_{\text{O}}}{\Delta I_{\text{O}}}\right|_{U_{\text{I}}=\text{常数}}$$

(4) 稳压系数 S(电压调整率)。稳压系数定义为当负载保持不变，输出电压相对变化量与输入电压相对变化量之比：

$$S = \left.\frac{\Delta U_{\text{O}}/U_{\text{O}}}{\Delta U_{\text{I}}/U_{\text{I}}}\right|_{R_{\text{L}}=\text{常数}}$$

由于工程上常把电网电压波动±10%作为极限条件，因此也有将此时输出电压的相对变化 $\Delta U_{\text{O}}/U_{\text{O}}$ 作为衡量指标，称为电压调整率。

(5) 纹波电压。输出纹波电压是指在额定负载条件下，输出电压中所含交流分量的有效值(或峰峰值)。

三、实验设备与元器件

(1) 模拟电子技术实验箱(SWU201407) 1 台；

(2) 双踪示波器(UTD2152) 1 台；

(3) 函数信号发生器(UTG2025A) 1 台；

(4) 数字万用表(MY60) 1 只；

(5) 计算机 1 台，Multisim 14.0 软件 1 套。

四、实验内容

1. 整流稳压电路测试

整流稳压电路测试分别按图 2.16.2 所示电路接线，检查实验电路接线，熟悉各元件的安装位置。稳压管 B9K1V 的稳压值为 9.1V。

(1)不接负载电阻，按图 2.16.2 整流电路接成半波整流(开关 K 断开)，并按表 2.16.1 要求分别测出 U_I、U_R、U_O 电压，以及 u_O 的波形，并将测试数据记入表 2.16.1。

表 2.16.1　二极管稳压电路(U_2=15V)

整流电路	是否连接 *C*	U_I/V	U_R/V	U_O /V	u_O 波形
半波整流 K 断开	不接电容 *C*				
	接电容 *C*				
桥式整流 K 闭合	不接电容 *C*				
	接电容 *C*				

(2)不接负载电阻，按图 2.16.2 整流电路接成桥式整流(开关 K 闭合)，重复(1)的测试内容，记入表 2.16.1。

(3)开关 K 闭合改变负载电阻 R_L，使其为 100Ω、500Ω、1.1kΩ、∞，测出相应的输出电压 U_O 和输出电流 $I_L=U_O/R_L$，并记入表 2.16.2(注意：R_L 可以通过电阻的串并联获得，100Ω 电阻使用 2W 水泥电阻)。

表 2.16.2　负载特性测试(U_2=15V)

R_L/Ω	∞	1100	1000	500	100
U_O/V					
I_L/mA					

2. 串联型稳压电源性能测试

对照实验电路图 2.16.3 连接电路，R_{W1}电阻需要外接，其余部分实验箱上已经连接。

1) 负载开路输出电压范围测量

稳压器输出端负载开路，接通 15V 变压器输出电源，打开变压器开关，用万用表交流电压挡测量整流电路输入电压 U_2(注：仅此处用交流挡测，所测为有效值)、滤波电路输入电压 U_I(即二极管组成的整流电路中 2 和 4 两端的电压)及输出电压 U_O。改变开关 K 的位置，测量输出电压可调范围 U_{Omin}～U_{Omax}。

2) 带负载测量稳压范围

在图 2.16.3 的输出端接 1kΩ电阻，接通 15V 变压器输出电源，打开变压器开关，改变开关 K 的位置，测量输出电压可调范围 U_{Omin}～U_{Omax}。

3) 测量各级静态工作点

开关 K 分别接 1 和 2 时，测量各个三极管的静态工作点，记入表 2.16.3。

表 2.16.3　静态工作点

		T_1	T_2	T_3
K 接 1	U_B/V			
	U_C/V			
	U_E/V			
K 接 2	U_B/V			
	U_C/V			
	U_E/V			

4) 测量稳压系数 S

开关 K 接 1，按表 2.16.4 改变整流电路输入电压 U_2(模拟电网电压波动)，分别测出相应的稳压器输入电压 U_I 及输出直流电压 U_O，记入表 2.16.4。

表 2.16.4　稳压系数测量

测试值			计算值
U_2/V	U_I/V	U_O/V	S

5) 测量输出电阻 R_O

开关 K 接 1，取 U_2=15V，改变 R_L，测量相应的 U_O 值，记入表 2.16.5。

表 2.16.5　输出电阻测量

测量值			计算值
R_L	I_O/mA	U_O/V	R_O/Ω
空载			R_{O12}=
1kΩ			
120Ω			R_{O23}=

6）测量输出纹波电压

纹波电压用示波器测量其峰峰值 U_{OPP}，或者用毫伏表（数字万用表交流挡）直接测量其有效值，由于不是正弦波，有一定的误差。取 U_2=15V，U_O=9V，I_O=25mA，测量输出纹波电压 U_O。

3. 晶体管直流稳压电源 Multisim 仿真

在 Multisim 14.0 中画出图 2.16.2 所示整流滤波稳压电路的仿真图，如图 2.16.4 所示。图中开关 S1 和 S2 使用一个按键控制，当按下大写字母“A”时，S1 和 S2 同时闭合；再次按下大写字母“A”时，S1 和 S2 同时断开。稳压管选用 NZH9V1B，稳压值为 9.1V，代替 B9K1V。

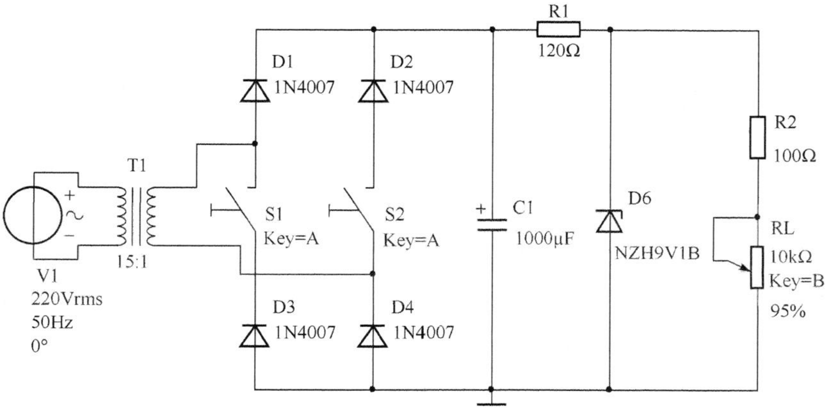

图 2.16.4　整流滤波二极管稳压电路 Multisim 仿真

仿照实验 2.4 的方法仿真整流滤波二极管稳压电路，重画表 2.16.1 和表 2.16.2，记录仿真结果。类似的方法，仿真图 2.16.3，重画表 2.16.3～表 2.16.5，记录仿真结果。

五、思考题

（1）对表 2.16.1 所测结果进行全面分析，总结半波整流、桥式整流、电容滤波电路的特点。

（2）在桥式整流电路实验中，能否用双踪示波器同时观察 U_2 和 U_L 波形，为什么？

(3) 在桥式整流电路中，如果某个二极管发生开路、短路或反接三种情况，将会出现什么问题？

(4) 比较仿真结果与实测结果，分析误差产生的原因。

六、实验报告要求

(1) 简述实验原理、方法与步骤；
(2) 整理测试数据，分析实验结果；
(3) 回答思考题；
(4) 实验总结与建议。

2.17　集成直流稳压电源实测与仿真实验

一、实验目的

(1) 加深理解集成三端稳压器的工作原理；
(2) 掌握集成三端稳压器的使用方法；
(3) 掌握集成三端稳压器主要技术指标的测试方法；
(4) 掌握使用 Multisim 14.0 进行电路仿真的方法。

二、原理说明

随着半导体工艺的发展，稳压电路也制成了集成器件。由于集成稳压器具有体积小、外接线路简单、使用方便、工作可靠和通用性等优点，因此在各种电子设备中应用十分普遍，基本上取代了由分立元件构成的稳压电路。集成稳压器的种类很多，应根据设备对直流电源的要求来进行选择。对于大多数电子仪器、设备和电子电路来说，通常是选用串联线性集成稳压器。而在这种类型的器件中，又以三端式稳压器应用最为广泛。

LM7800、LM7900 系列三端式集成稳压器的输出电压是固定的，在使用中不能进行调整。LM7800 系列三端式稳压器输出正极性电压，一般有 5V、6V、9V、12V、15V、18V、24V 七挡，输出电流 500mA，最大可达 1.5A(加散热片)。若要求负极性输出电压，则可选用 LM7900 系列稳压器，7900 系列其余参数与 7800 系列相同。图 2.17.1 为 LM7800 系列外形及接线图。图 2.17.2 为 LM7900 系列外形及接线图。

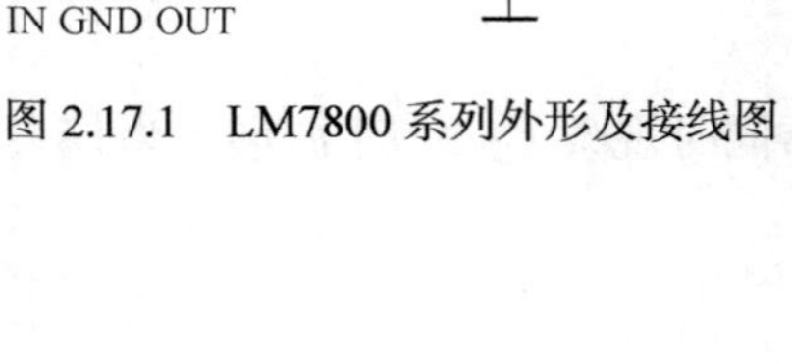

图 2.17.1　LM7800 系列外形及接线图

图 2.17.2　LM7900 系列外形及接线图

1. 三端固定稳压器

三端固定负稳压器 LM7905 的主要参数有：输出直流电压 U_O=−5V，输出电流 0.5A，最大可达 1.5A（加散热片），电压调整率 10mV/V，输出电阻 R_O=0.15Ω，输入电压 U_I 为 8～15V。因为一般 U_I 要比 U_O 大 3～5V，才能保证集成稳压器工作在线性区。

由 LM7905 构成的负电压输出串联型稳压电源实验电路如图 2.17.3 所示。

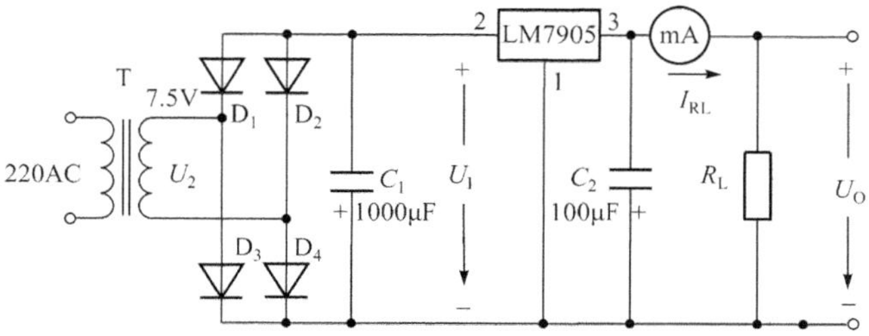

图 2.17.3　由 LM7905 构成的串联型稳压电源

在图 2.17.3 中，整流部分采用了由四个二极管组成的桥式整流器。

由 LM7805 构成的正电压输出串联型稳压电源实验电路如图 2.17.4 所示。

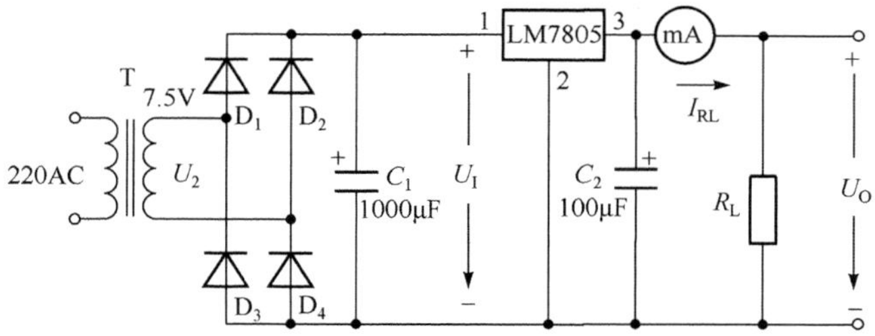

图 2.17.4　由 LM7805 构成的串联型稳压电源

2. 可调式三端稳压器

三端稳压器 LM317 的外形和典型应用电路如图 2.17.5 所示。

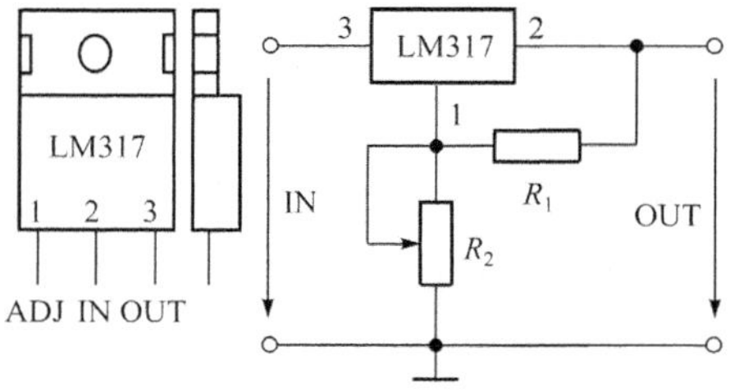

图 2.17.5　LM317 外形及接线图

LM317 可输出连续可调的直流电压，其输出电压为 1.25～37V，最大输出电流为 1.5A，稳压器内部含有过流、过热保护电路。

由 LM317 构成的可调式三端稳压电源实验电路如图 2.17.6 所示。

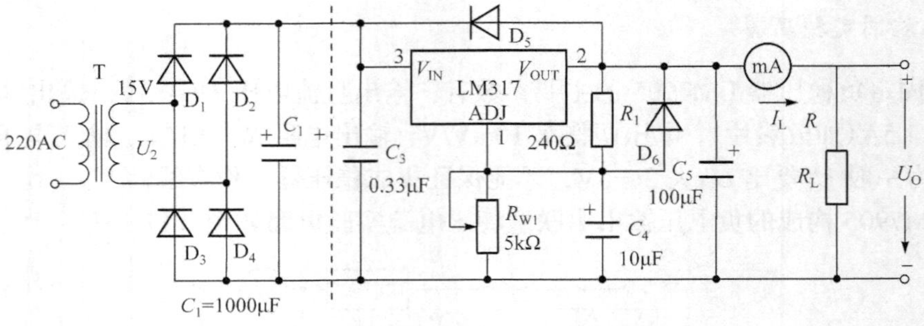

图 2.17.6　可调集成稳压电源电路

在图 2.17.6 中，C_1 为滤波电容，D_5 为保护二极管，以防稳压器输出端短路而损坏集成块。

输出电压计算公式：

$$U_O \approx 1.25\left(1+\frac{R_{W1}}{R_1}\right)$$

最大输入电压 $U_{Im}=40V$；输出电压 $U_O=1.2 \sim 37V$。

稳压系数和输出电阻的测试原理，详见实验 2.11。

三、实验设备与元器件

(1)模拟电子技术实验箱(SWU201407)1 台；

(2)双踪示波器(UTD2152)1 台；

(3)函数信号发生器(UTG2025A)1 台；

(4)数字万用表(MY60)1 只；

(5)计算机 1 台，Multisim 14.0 软件 1 套。

四、实验内容

1. 三端固定正负稳压器

集成三端稳压电路的测试按图 2.17.3 或图 2.17.4 所示电路接线，取 U_2=7.5V(注意：图 2.17.3 和图 2.17.4 中二极管的接法不一样)。

(1)负载开路，用数字万用表测出集成三端稳压器稳压值 U_O =______V。

(2)接上负载进行外特性测试及纹波电压的测试，使 R_L 为表中数据，并将测试数据记入表 2.17.1(注意：100Ω电阻使用 2W 水泥电阻)。

表 2.17.1　负载特性以及纹波测量(U_2=______V)

R_L/Ω	∞	1100	1000	500	100
U_O/V					
I_L/mA					
u_o(～)/mA					

2. 可调稳压电源电路测试

实验电路如图 2.17.6 所示，虚线右边稳压部分已在稳压系列模块连好线，只需输入滤波后的电压，输出带负载，打开变压器开关后进行如下操作。

1）LM317 电压调节范围测量

在图 2.17.6 实验电路中，改变 R_W(若 R_W 损坏，用电阻代替)，测量输出电压，填入表 2.17.2 中。

表 2.17.2 LM317 电压调节范围（U_2=15V）

R_W/Ω	0	100	500	1000	2000
U_O/V					

2）测量稳压系数 S

(1)调节负载电阻，使 R_L=1000Ω，R_{W1} 为 5.1kΩ，测量 U_2 和 U_O，记入表 2.17.3。

(2)改变交流变压器的输出电压，使 $U_I=U_2$=7.5V，测量此时的 U_O，记入表 2.17.3。

表 2.17.3 稳压系数测量

R_L/Ω	1000		稳压系数计算	
U_2/V			ΔU_I=_____V	$S=\left.\dfrac{\Delta U_O/U_O}{\Delta U_I/U_I}\right\|_{R_L=常数}$ = ________
U_O/V			ΔU_O=_____V	

3）测量输出电阻 R_O

取 U_2=15V，R_W 为 5.1kΩ，改变负载 R_L，使为空载、100Ω、1kΩ和 2kΩ，测量相应的 U_O 值和 $I_O=U_O/R_L$，记入表 2.17.4。

表 2.17.4 输出电阻测量

R_L	空载	100Ω	1kΩ	2kΩ
U_O/V				
I_O/mA				
R_O/Ω	$R_O=\left.\dfrac{\Delta U_O}{\Delta I_O}\right\|_{U_I=常数}$ = ________ （取 I_O 等于 0 的 U_O 值进行计算）			

3. 集成稳压电源 Multisim 仿真

在 Multisim 14.0 中画出图 2.17.4 所示 LM7805 构成的串联型稳压电源仿真图，如图 2.17.7 所示。

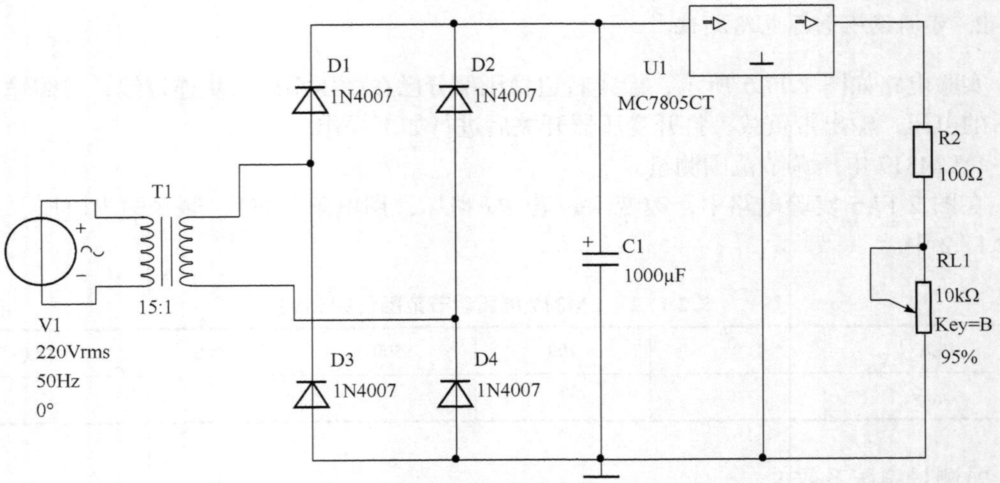

图 2.17.7 LM7805 构成的串联型稳压电源 Multisim 仿真

仿照实验 2.4 的方法仿真 LM7805 构成的串联型稳压电源，重画表 2.17.1，记录仿真结果。类似的方法，仿真图 2.17.3 和图 2.17.6，重画表 2.17.2～表 2.17.4，记录仿真结果。

五、思考题

(1)根据表 2.17.1 的数据描绘出稳压电源的外特性曲线。

(2)稳压电路的稳压系数 S 是越大越好还是越小越好？稳压电路的输出电阻 R_O 是越大越好还是越小越好？

六、实验报告要求

(1)简述实验原理、方法与步骤；

(2)整理测试数据，分析实验结果；

(3)回答思考题；

(4)实验总结与建议。

2.18 温度自动报警电路综合设计

一、实验目的

(1)掌握 LM35 温度传感器的使用方法；

(2)掌握继电器驱动电路的设计方法；

(3)掌握温度自动报警电路的设计与调试方法；

(4)了解利用单片机最小系统实现温度显示与设定；

(5)了解用 Multisim 14.0 进行仿真，用 Altium Designer 18.0 进行电路设计的方法。

二、设计要求

设计一个温度自动报警电路。设计原理框图如图 2.18.1 所示。

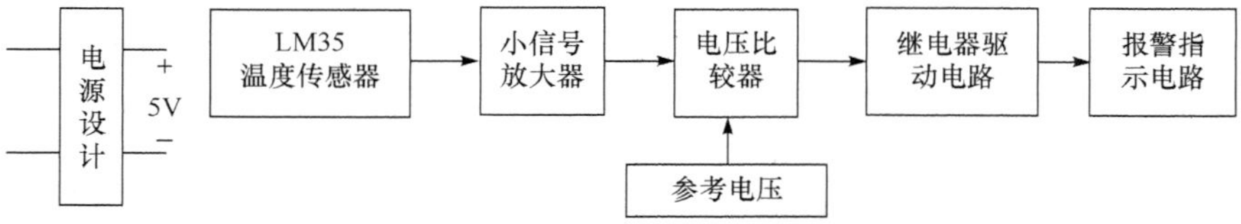

图 2.18.1　温度自动报警电路框图

基本要求如下：

(1) 利用模拟电子技术实验箱上的元件设计一个+5V 直流稳压电源。

(2) 当温度超过某一设定值时，继电器动作使指示灯亮。当温度低于这个值时，继电器再次动作使指示灯灭。

(3) 温度报警范围在+10～+100℃连续可调。

扩展要求如下：

(1) 利用 SWU201407 实验箱上的单片机最小系统，将当前的环境温度通过 LCD1602 显示出来，误差±1℃。

(2) 利用 SWU201407 实验箱上的单片机最小系统，实现报警温度可以通过键盘设置。

三、实验设备与元器件

(1) 模拟电子技术实验箱 (SWU201407) 1 台；

(2) 双踪示波器 (UTD2152) 1 台；

(3) 函数信号发生器 (UTG2025A) 1 台；

(4) 数字万用表 (MY60) 1 只；

(5) 计算机 1 台，Multisim 14.0 软件 1 套，Altium Designer 18.0 软件 1 套。

四、原理说明

1. LM35 温度传感器

LM35 是一种得到广泛使用的温度传感器。其输出电压与摄氏温标呈线性关系，转换公式如下：

$$U_{\text{out}} = 10\text{mV/℃} \times T\text{℃}$$

0℃时输出为 0V，每升高 1℃，输出电压增加 10mV。LM35 不需要额外的校准处理即可达到±1/4℃的准确率。其电源供应模式有单电源与正负双电源两种方式。LM35 温度传感器有不同的封装形式，图 2.18.2 所示为 TO-92 封装。由 LM35 构成的温度采样电路如图 2.18.3 所示。

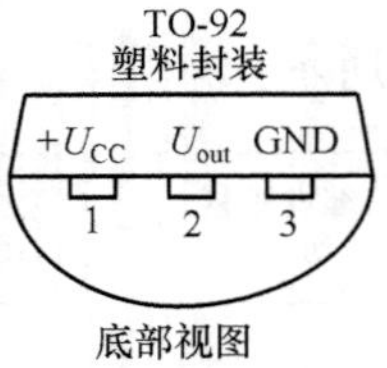

图 2.18.2 LM35 温度传感器的引脚

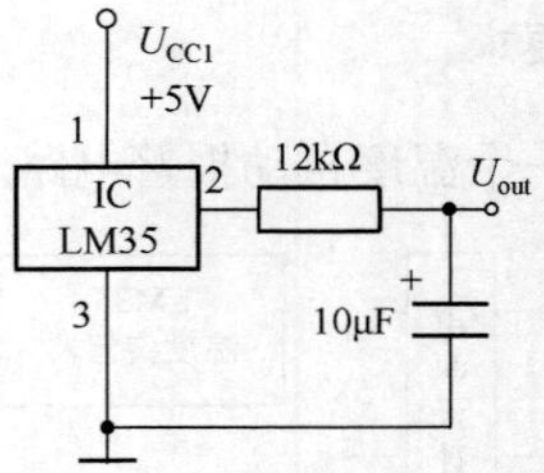

图 2.18.3 LM35 应用电路

2. 电压比较器设计

电压比较器电路如图 2.18.4 所示。比较器的反相端接两个电阻组成的固定分压电路，调节 R_2 可以改变反相端电压大小。比较器的同相端接 LM35 的输出端，室温下 LM35 的输出电压为 270mV。当用手握住 LM35 外壳时，由于人体体温高于环境温度，LM35 的输出电压会升高，大约为 330mV。因此调节 R_2 使反相端的电压为 300mV，这时在室温下比较器输出为低电平−10V；当用手握住 LM35 外壳时，比较器输出为高电平+10V。

3. 继电器驱动电路设计

继电器驱动电路参考如图 2.18.5 所示。当三极管基极输入+10V 电压时，三极管导通，继电器得电后动作，常开触点闭合，发光二极管 LED 亮。当三极管基极输入−10V 电压时，三极管截止，继电器断电后动作，常开触点断开，发光二极管 LED 灭。

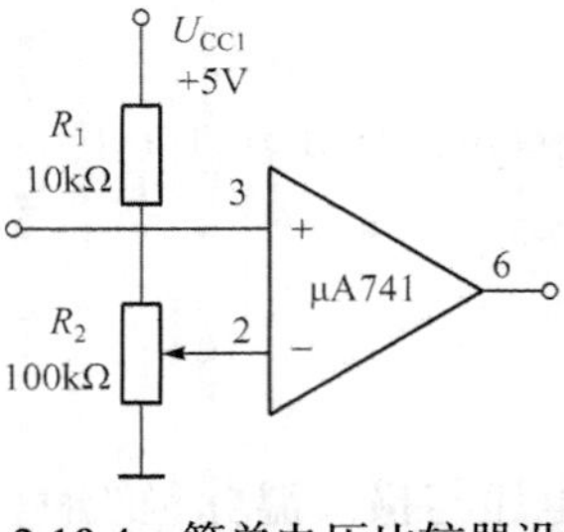

图 2.18.4 简单电压比较器设计

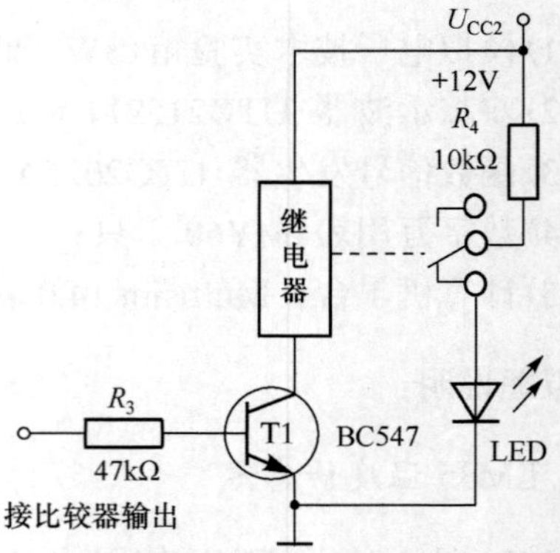

图 2.18.5 继电器驱动电路

4. 直流稳压电源设计

本设计中需要使用一个+5V 的直流稳压电压。直流稳压电源设计可以参考实验 2.17 集成稳压电源。

5. 小信号放大器设计

自行设计一个小信号放大器，提高温度检测的灵敏度。

6. 扩展要求部分设计

扩展部分要求利用 SWU201407 型实验箱上的单片机最小系统，将环境温度通过 LCD1602 显示出来，并且报警温度可以通过键盘设置。由于温度传感器输出的是模拟电压，所以需要将输出的模拟电压转换成数字。转换方案有两种：一是利用 A/D 转换芯片实现，如 ADC0832；二是在单片机选型时，可以直接选用带有 A/D 功能的单片机，如 STC15F2K08S2。SWU201407 型实验箱上使用的单片机是 STC15F2K08S2。STC15F2K08S2 的 P1 口可用作 8 个通道 10bit 的 A/D 转换器的输入口。所以可以将温度传感器 LM35 的输出端直接与 STC15F2K08S2 的 P1.0 相连，单片机系统连接电路如图 2.18.6 所示。

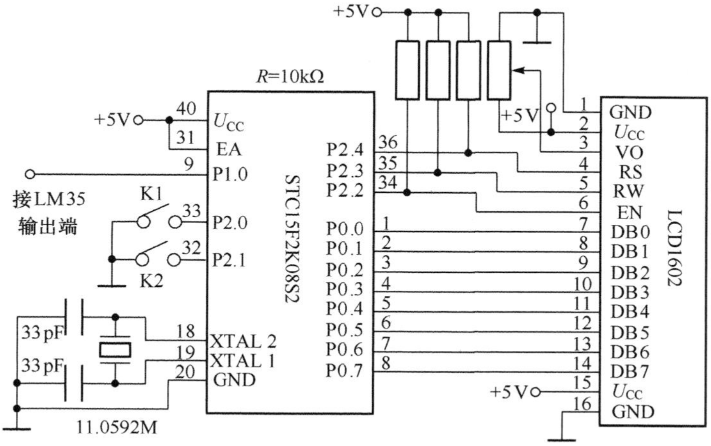

图 2.18.6　单片机系统连接电路

由于 STC15F2K08S2 是 10bit 的 A/D 转换器，当参考电压取 5V 的电源电压时，最小分辨率为 $5/2^{10}$=4.88(mV)，LM35 每升高 1℃，输出电压增加 10mV。故可以满足误差±1℃的要求；单片机 P2.0 和 P2.1 口分别接键盘 K1 和 K2。当按下 K1，温度增加；当按下 K2，温度减小。P0.0～P0.7 接 LCD1602 的数据端，P2.2～P2.4 接 LCD1602 的控制端。自行编写温度采集、键盘扫描、液晶显示的程序。

五、实验内容

(1)设计各单元电路，画出电路图；

(2)利用 Multisim 14.0 对电路进行仿真分析；

(3)编写温度采集、键盘扫描、液晶显示的程序。

六、实验报告要求

(1)利用 Multisim 14.0 画出仿真原理图，分析仿真结果，并打印出来；

(2)利用 Altium Designer 18.0 画出 PCB 板图，并打印出来；

(3)回答若要提高温度报警电路的抗干扰能力，应该怎么处理；

(4)撰写设计报告。

2.19 声光控制灯开关综合设计

一、实验目的

(1)掌握光敏传感器的使用方法；
(2)掌握驻极体传感器的使用方法；
(3)掌握继电器驱动电路的设计方法；
(4)掌握声光控制灯开关电路的设计与调试方法；
(5)了解利用单片机最小系统实现光照度显示和开关延时控制；
(6)了解用 Multisim 14.0 进行仿真，用 Altium Designer 18.0 进行电路设计的方法。

二、设计要求

设计声光控制灯开关电路。当环境光线较强时，灯自动关闭；当环境光线较弱，并且有声音振动时，灯打开。设计原理框图如图 2.19.1 所示。

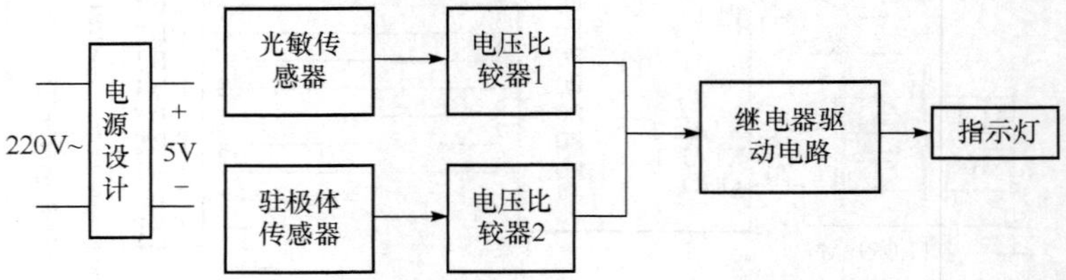

图 2.19.1　声光控制灯开关原理框图

基本要求如下：
(1)利用模拟电子技术实验箱上的元件设计一个+5V 直流稳压电源。
(2)设计光敏检测电路，能检测环境光线的强弱，并且光敏灵敏度可以调节。
(3)设计声音检测电路，能检测环境声音的强弱，并且灵敏度可以调节。
(4)实现当环境光线较强时，灯自动关闭；当环境光线较弱，并且有声音振动时，灯打开。

扩展要求如下：
(1)利用 SWU201407 实验箱上的单片机最小系统，将光敏传感器的输出电压通过 LCD1602 显示出来。
(2)利用 SWU201407 实验箱上的单片机最小系统，实现灯亮 20s 后自动关闭。

三、实验设备与元器件

(1)模拟电子技术实验箱(SWU201407)1 台；
(2)双踪示波器(UTD2152)1 台；
(3)函数信号发生器(UTG2025A)1 台；
(4)数字万用表(MY60)1 只；

(5) 计算机 1 台，Multisim 14.0 软件 1 套，Altium Designer 18.0 软件 1 套。

四、原理说明

1. 光敏传感器

光敏电阻属半导体光敏器件，除具有灵敏度高、反应速度快、光谱特性一致性好等特点外，在高温、多湿的恶劣环境下，还能保持高度的稳定性和可靠性。光敏电阻的工作原理是基于内光电效应。在半导体光敏材料两端装上电极引线，将其封装在带有透明窗的管壳里就构成光敏电阻，为了增加灵敏度，两电极常做成梳状。用于制造光敏电阻的材料主要是金属的硫化物、硒化物和碲化物等半导体。通常采用涂敷、喷涂、烧结等方法在绝缘衬底上制作很薄的光敏电阻体及梳状欧姆电极，接出引线，封装在具有透光镜的密封壳体内，以免受潮影响其灵敏度。入射光消失后，由光子激发产生的电子-空穴对将复合，光敏电阻的阻值也就恢复原值。在光敏电阻两端的金属电极加上电压，其中便有电流通过，受到一定波长的光线照射时，电流就会随光强的增大而变大，从而实现光电转换。光敏电阻没有极性，纯粹是一个电阻器件，使用时既可加直流电压，也可加交流电压。半导体的导电能力取决于半导体导带内载流子数目的多少。光敏传感器实物如图 2.19.2 所示。

光敏传感器典型应用电路如图 2.19.3 所示。随着光照的增强，光敏电阻阻值将随之减小。运算放大器组成一个电压比较器。当光照较弱时，光敏电压大于参考电压，比较器输出+10V 的高电平；当光照较强时，光敏电压小于参考电压，比较器输出−10V 的低电平；

图 2.19.2　光敏传感器实物图

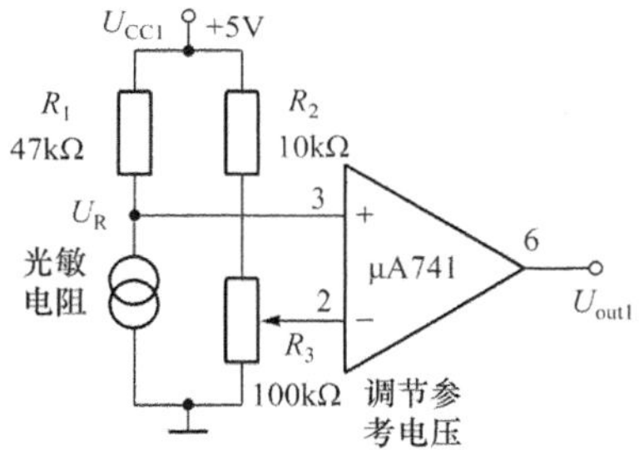

图 2.19.3　光敏传感器典型应用电路

调节 R_3 可以改变对环境光线的灵敏度。比较器输出的+10V 的电压可以作为驻极体传感器的电源，实现光照较弱时，驻极体传感器部分工作。当有环境声音时，驻极体传感器去驱动继电器，从而实现灯声光开关的控制。

2. 驻极体传感器

驻极体话筒由声电转换和阻抗变换两部分组成。声电转换的关键元件是驻极体振动膜。它是一片极薄的塑料膜片，在其中一面蒸发上一层纯金薄膜。然后经过高压电场驻极后，两面分别驻有异性电荷。膜片的蒸金面向外，与金属外壳相连通。驻极体话筒如图 2.19.4 所示。驻极体话筒电路的接法有两种：源极输出和漏极输出。源极输出有三根引出线，漏极 D 接电源正极，源极 S 经电阻接地，再经一电容作信号输出；漏极输出有两根引出线，漏极 D 经一电阻接至电源正极，再经一电容作信号输出，源极 S 直接接地。所以，在使用驻极体话筒之前首先要对其进行极性的判别。

驻极体话筒构成的声音检测电路如图 2.19.5 所示。没有声音时，比较器输出-10V 低电压，当有声音时，驻极体话筒输出电压将跟随声音的大小变化，当驻极体话筒输出电压低于参考电压时，比较器输出+10V 的高电平，并驱动继电器动作，使开关闭合。

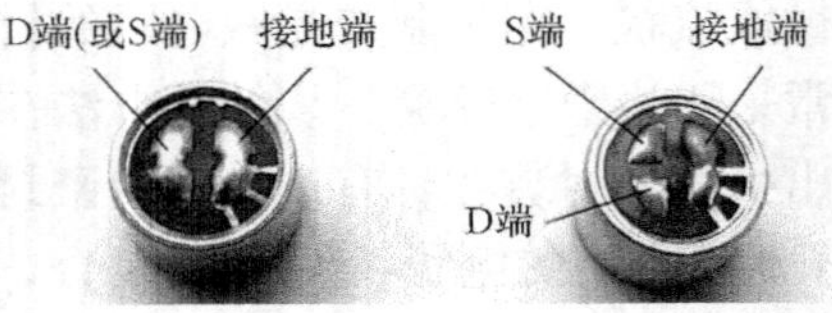

图 2.19.4　驻极体传感器

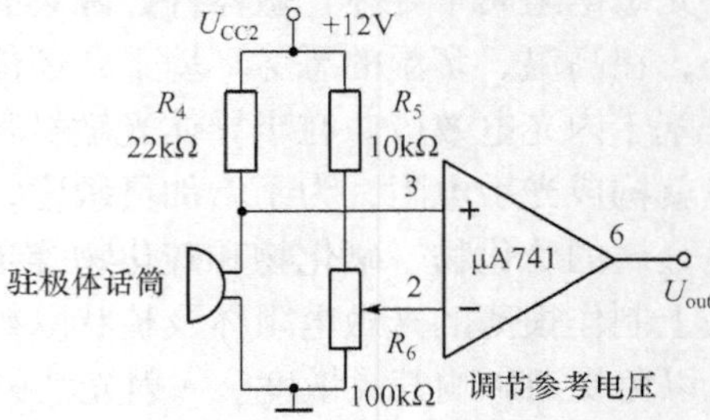

图 2.19.5　声音检测电路

3. 继电器驱动电路设计

继电器驱动电路如图 2.18.5 所示，当三极管基极输入+12V 电压时，三极管导通，继电器得电后动作，常开触点闭合，发光二极管 LED 亮。当三极管基极输入-12V 电压时，三极管截止，继电器断电后动作，常开触点断开，发光二极管 LED 灭。

4. 直流稳压电源设计

本设计中需要使用一个+5V 的直流稳压电压。直流稳压电源设计可以参考实验 2.17 集成稳压电源。

5. 小信号放大器设计

在驻极体话筒与比较器之间自行设计一个小信号放大器，提高语音检测的灵敏度。

6. 扩展要求部分设计

扩展部分要求利用 SWU201407 型实验箱上的单片机最小系统，将光敏传感器的输出电压通过 LCD1602 显示出来。电路如图 2.19.6 所示。

图 2.19.6 中，P1.0 接图 2.19.3 的光敏电阻的采集电压输出端 U_R，经单片机内部的 A/D 转换后，将电压值显示出来；图 2.19.5 中的输出电压 U_{out2} 经两个电阻分压后接 P2.0。当没有检测到声音信号时，P2.0 口电压为 0V；当检测到声音信号时，P2.0 口电压为 5V。因此单片机可以通过 P2.0 口电平的高低来判断是否要启动定时器。为了实现灯亮 20s 后自动关闭，需要利用单片机的定时功能。当检查到声光控制信号后，启动定时器，并通过 P2.1 口控制继电器打开灯开关。定时 20s 后，通过 P2.1 口控制继电器关闭灯开关。STC15F2K08S2 内部带有 16 位的定时器，通过软件很容易设计一个 20s 的定时器。自行编写光照度采集程序、20s 定时和液晶显示程序。

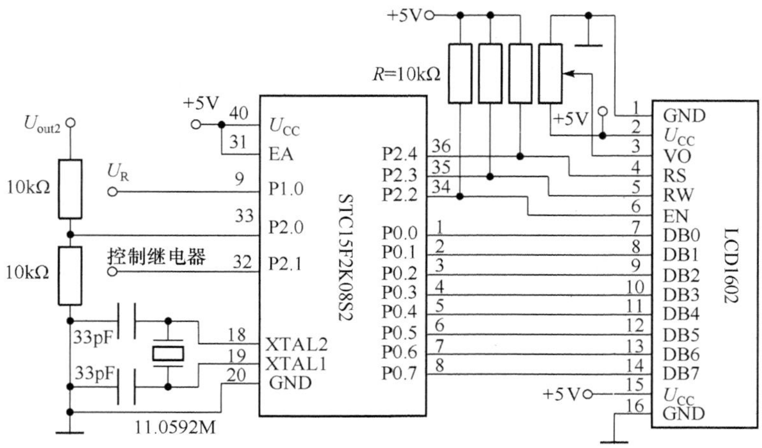

图 2.19.6　单片机控制电路

五、实验内容

(1)设计各单元电路；

(2)利用 Multisim 14.0 对电路进行仿真分析；

(3)在模拟电子技术实验箱上连接、调试各单元电路，完成设计任务要求。

六、实验报告要求

(1)利用 Multisim 14.0 画出仿真原理图，分析仿真结果，并打印出来；

(2)利用 Altium Designer 18.0 画出 PCB 板图，并打印出来；

(3)回答若要提高光敏检测的抗干扰能力，应该怎么处理；

(4)撰写设计报告。

2.20　语音滤波放大电路综合设计

一、设计目的

(1)掌握语音采集电路的设计；

(2)掌握语音滤波电路的设计；

(3)掌握语音放大电路的设计；

(4)了解利用单片机最小系统实现语音数字滤波；

(5)了解用 Multisim 14.0 进行仿真，用 Altium Designer 18.0 进行电路设计的方法。

二、设计要求

设计一个语音滤波放大电路，其原理框图如图 2.20.1 所示。

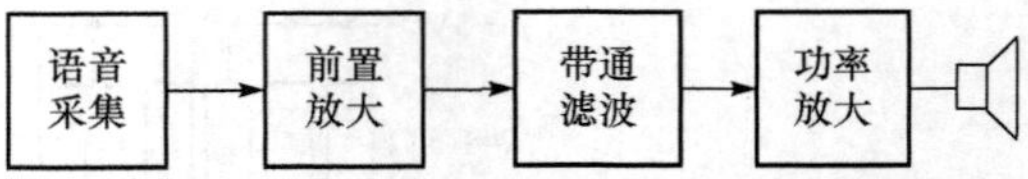

图 2.20.1　语音滤波放大电路原理框图

基本要求如下：

(1)设计一个语音采集与前置放大电路；

(2)设计语音滤波电路；

(3)设计语音功率放大电路。

性能指标如下：

(1)前置放大：输入信号<10mV；输入电阻>100kΩ。

(2)有源带通滤波：范围为 340～3400Hz，增益 $A_u=1$。

(3)功率放大器：输出功率 0.5W，负载电阻 8Ω。

扩展要求如下：

利用 SWU201407 实验箱上的单片机最小系统，实现语音数字滤波。

三、实验设备与元器件

(1)模拟电子技术实验箱(SWU201407)1 台；

(2)双踪示波器(UTD2152)1 台；

(3)函数信号发生器(UTG2025A)1 台；

(4)数字万用表(MY60)1 只；

(5)计算机 1 台，Multisim 14.0 软件 1 套，Altium Designer 18.0 软件 1 套。

四、原理说明

1. 语音采集与前置放大电路设计

语音采集驻极体话筒电路如图 2.20.2 所示。前置放大电路要求输入信号小于 10mV；输入电阻高于 100kΩ。可以采用反相比较运算电路构成。具体电路详见实验 2.6。

2. 语音滤波电路设计

语音滤波电路要求设计一个带通滤波电路，下限截止频率为 340Hz，上限截止频率为 3400Hz。可以采用有源带通滤波电路，电路原型如图 2.20.3 所示。这种滤波器的作用是只允许在某一个通频带范围的信号通过，而比通频带下限频率低和比上限频率高的信号都被阻断。图 2.20.3 电压传递函数为

$$A_u=\frac{U_o}{U_i}=\frac{\left(1+\frac{R_F}{R_1}\right)\left(\frac{1}{\omega_o RC}\right)\frac{S}{\omega_o}}{1+\frac{S}{\omega_o}\frac{B}{\omega_o}+\left(\frac{S}{\omega_o}\right)^2}$$

中心角频率

$$\omega_o = \sqrt{\frac{1}{R_2 C^2}\left(\frac{1}{R} + \frac{1}{R_3}\right)}$$

频率宽

$$B = \frac{1}{C}\left(\frac{1}{R} + \frac{2}{R_2} - \frac{R_F}{R_1 R_3}\right)$$

品质因素

$$Q = \frac{f_o}{B}$$

图 2.20.3 给出了有源带通滤波电路的草图，没有给出相应的元件参数，请分析该电路原理，自行设计选择相应的元件。

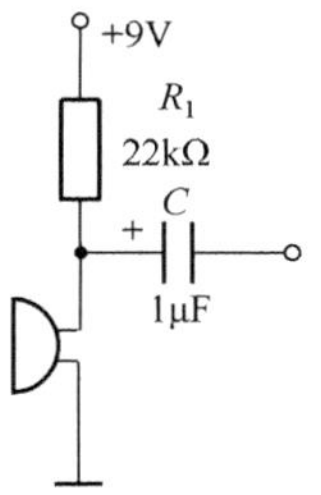

图 2.20.2　语音采集电路

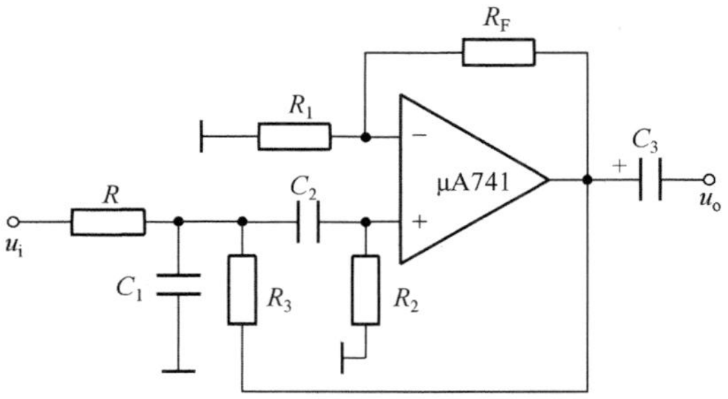

图 2.20.3　有源带通滤波电路

3. 语音功率放大电路设计

语音功率放大电路设计可以参考实验 2.14 或实验 2.15。

4. 扩展要求部分设计

参考实验 2.18，利用 SWU201407 型实验箱上单片机最小系统的 A/D 转换功能，实现语音采集，然后对采集的语音进行数字滤波处理。自行编写语音采集和数字滤波程序。

五、实验内容

(1) 设计各单元电路；
(2) 利用 Multisim 14.0 对电路进行仿真分析；
(3) 在模拟电子技术实验箱上连接、调试各单元电路，完成设计任务要求。

六、实验报告要求

(1) 利用 Multisim 14.0 画出仿真原理图，分析仿真结果，并打印出来；
(2) 利用 Altium Designer 18.0 画出 PCB 板图，并打印出来；

(3)实测有源带通滤波电路幅频特性，并与仿真结果进行比较；
(4)撰写设计报告。

2.21 超声波发射与接收电路综合设计

一、设计目的

(1)掌握超声波发射电路的设计；
(2)掌握超声波接收电路的设计；
(3)了解利用单片机最小系统实现超声波测距；
(4)了解用 Multisim 14.0 进行仿真，用 Altium Designer 18.0 进行电路设计的方法。

二、设计要求

设计一个超声波发射与接收电路，其原理框图如图 2.21.1 所示。

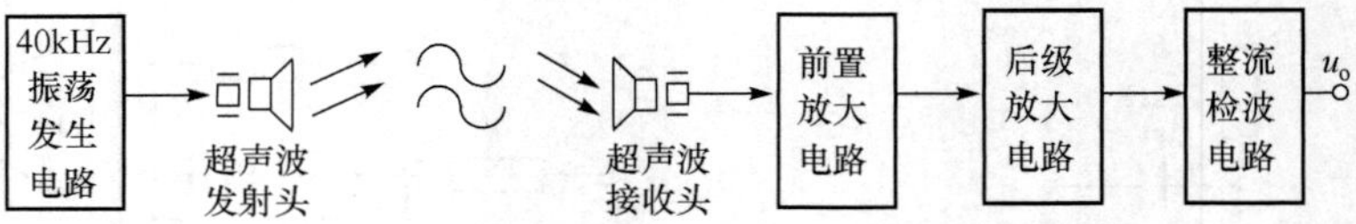

图 2.21.1 超声波发射与接收电路原理框图

基本要求如下：
(1)设计一个超声波发射电路；
(2)设计一个超声波接收放大电路；
(3)设计一个超声波检测电路。
性能指标如下：
(1)超声波发射电路：输出频率 40kHz±1Hz。
(2)超声波发射电路：要求在 2m 以内能检测到超声波信号。
(3)超声波检测电路：将接收到的超声波信号转换成高电平信号，以便后级单片机处理。
扩展要求如下：
利用 SWU201407 实验箱上的单片机最小系统，实现超声波测距。

三、实验设备与元器件

(1)模拟电子技术实验箱(SWU201407)1 台；
(2)双踪示波器(UTD2152)1 台；
(3)函数信号发生器(UTG2025A)1 台；
(4)数字万用表(MY60)1 只；
(5)计算机 1 台，Multisim 14.0 软件 1 套，Altium Designer 18.0 软件 1 套；

(6)超声波传感器接收头和发射头各一只。

四、原理说明

1. 超声波传感器

超声波类似于声波，它们都可以在介质中传播。超声波是人耳不能听见的声波，它的振动频率高于 20kHz。超声波传感器由超声波发射头和接收头两部分组成。图 2.21.2 中 T 为发射头，R 为接收头。利用超声波发射头将电信号转换成超声波信号，然后利用超声波接收头将超声波信号转换成电信号。声波在介质中以一定的速度进行传播，如在空气中声波速度为 344m/s(20℃)。根据发射声波到接收声波的时间差乘以声波的速度可以计算出声波的传播距离，因此超声波传感器常用于障碍物检测、测距和报警等领域。超声波传感器按其工作原理，可分为压电式、磁致伸缩式、电磁式等，常用的是压电式超声波发生器，是利用压电晶体的谐振来工作的。

图 2.21.2　超声波传感器

2. 超声波发射电路设计

如图 2.21.1 所示，超声波发射电路需要产生一个频率为 40Hz 的振荡信号。40Hz 的振荡电路参考实验 2.12 中方波发生器的设计或实验 2.13 中 *RC* 正弦波振荡器设计。自行设计振荡电路中电阻和电容的取值。

3. 超声波接收电路设计

超声波接收如图 2.21.3 所示。T_1引入电压并联负反馈，将超声波接收头传感器变化的电流信号转换成电压信号，T_2引入共射极放大电路，1N4148 构成检波电路。分析图 2.21.3 中各元件的作用，选择合理的元件参数。

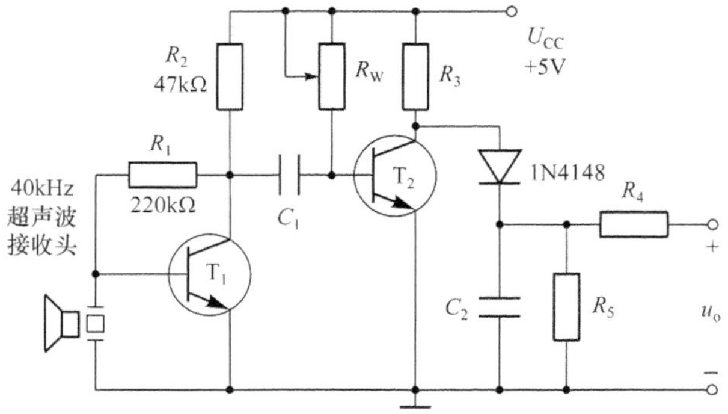

图 2.21.3　超声波接收电路

4. 扩展要求部分设计

参考实验 2.18，利用 SWU201407 型实验箱上单片机最小系统，实现超声波测距，并显示距离。

五、实验内容

(1) 设计各单元电路；
(2) 利用 Multisim 14.0 对电路进行仿真分析；
(3) 在模拟电子技术实验箱上连接、调试各单元电路，完成设计任务要求。

六、实验报告要求

(1) 利用 Multisim 14.0 画出仿真原理图，分析仿真结果，并打印出来；
(2) 利用 Altium Designer 18.0 画出 PCB 板图，并打印出来；
(3) 实测有源带通滤波电路幅频特性，并与仿真结果进行比较；
(4) 撰写设计报告。

第 3 章　数字电子技术实验

3.1　TTL 和 CMOS 门电路参数的测试

一、实验目的

(1) 掌握 TTL 集成与非门的主要参数的测试方法；
(2) 掌握 CMOS 或非门电压传输特性和平均传输延迟时间的测试方法。

二、原理说明

1. 数字电路实验箱的使用方法

在进行数字电路实验之前，首先应该熟悉实验箱以下几个部分。

(1) 电源。提供 TTL 和 CMOS 芯片工作合适的电源。一般数字电路使用+5V 的电源。

(2) 脉冲信号源。①连续脉冲：提供一定幅值、频率可调的脉冲信号，作为实验的输入信号使用。通常使用频率 1kHz、幅度 5V 的矩形波信号；此信号可以通过实验箱获得，也可以通过外接信号源获得。②单次脉冲：拨动一次开关，仅输出一个脉冲信号(注意：若选用信号输出矩形波信号，要选择 TTL 输出端口，这个接口通常在信号源背后)。

(3) 逻辑电平指示。即一组发光二极管，用其亮灭来显示输出电平的高低。

(4) 逻辑电平开关。即一组拨位开关，用来设定输入电平的高低。

(5) IC 插座。用来安装实验测试芯片。

(6) 电阻、电位器、电容在实验箱上的安装方法。

2. 芯片引脚编号方法

TTL 74 系列和 CMOS CD 或 CC 系列门电路芯片外形如图 3.1.1 所示，引脚编号方法：有圆形凹槽向左，引脚向下，以下排引脚从左往右顺序编号，上排从右往左顺序编号(通常在芯片圆形凹槽处为芯片第 1 脚)。常用的门电路芯片中，一般一块芯片内有若干个基本门电路。

芯片 74LS00 是二输入四与非门，其引脚排列如图 3.1.2(a)所示。芯片 CD4001 是二输入四或非门，其引脚排列如图 3.1.2(b)所示。

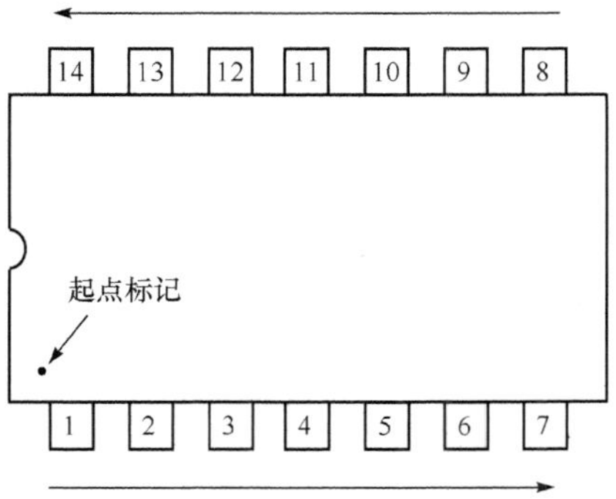

图 3.1.1　TTL 和 CMOS 系列芯片引脚排列方向

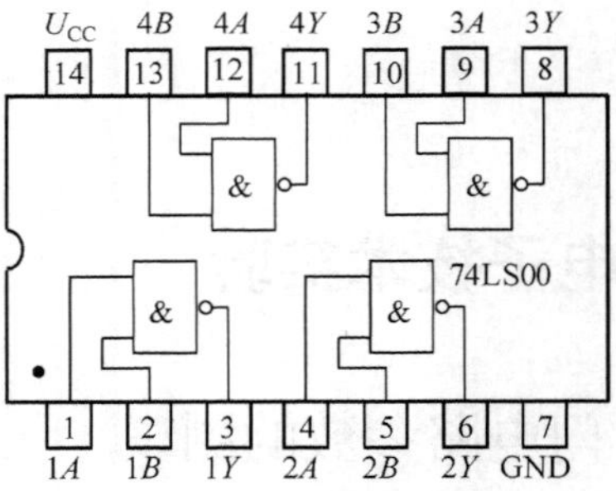

(a) 74LS00与非门

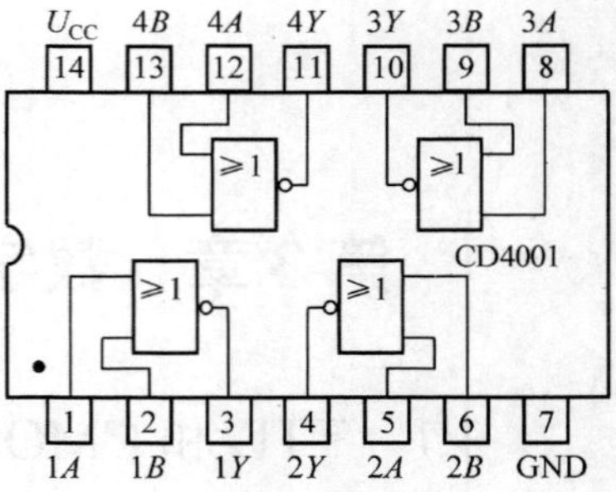

(b) CD4001或非门

图 3.1.2　74LS00 与 CD4001 引脚排列

门电路是数字电路设计中常用到的元件，不同功能的门电路或同一功能不同型号的门电路，其电路性能的好坏需要对其电路性能参数进行测量。门电路的性能参数通常分为静态参数和动态参数。静态参数指电路处于稳定的逻辑状态下测得的参数，而动态参数则指逻辑状态转换过程中与时间有关的参数。下面介绍门电路的主要参数及其测试方法。

3. TTL 与非门的主要参数

1）输出高电平 U_{OH}

输出高电平 U_{OH} 是指输出不接负载，当有一输入端为低电平时电路输出电压值。输出高电平 U_{OH} 的测试电路如图 3.1.3(a)所示。

2）输出低电平 U_{OL}

输出低电平 U_{OL} 是指所有输入端均接高电平时输出电压值。输出低电平 U_{OL} 的测试电路如图 3.1.3(b)所示。

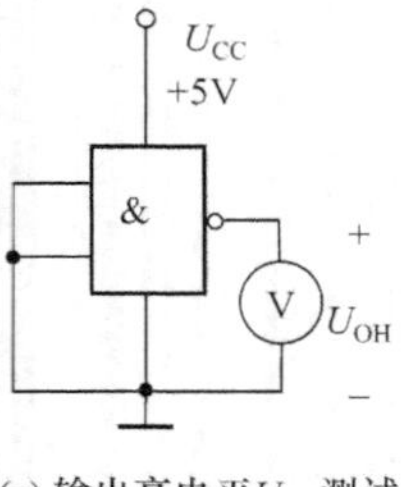

(a) 输出高电平U_{OH}测试

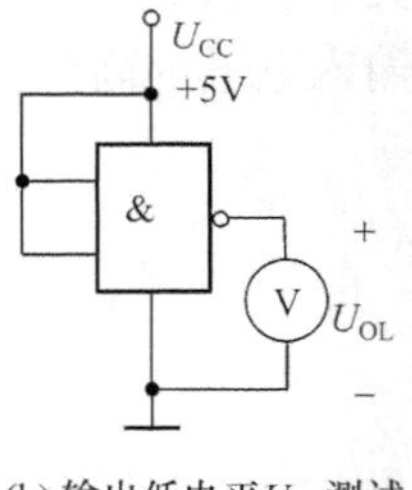

(b) 输出低电平U_{OL}测试

图 3.1.3　TTL 与非门输出电平测试

3）空载导通功耗 P_{ON} 和空载截止功耗 P_{OFF}

空载导通功耗 P_{ON} 是指输入全为高电平、输出为低电平且不接负载时的功率损耗，其测试电路如图 3.1.4(a)所示。

$$P_{ON}=U_{CC}I_{CCL}$$

空载截止功耗 P_{OFF} 是指输入端至少有一个为低电平、输出为高电平且不接负载时的功率损耗，其测试电路如图 3.1.4(b)所示。

$$P_{OFF}=U_{CC}I_{CCH}$$

以上两式中：U_{CC} 为电源电压；I_{CCL} 为导通电源电流；I_{CCH} 为截止电源电流。

注意：TTL 电路对电源电压要求较严，电源电压 U_{CC} 只允许在+5V±0.5V 的范围内工作，超过 5.5V 将损坏器件；低于 4.5V 器件的逻辑功能将不正常。

4）低电平输入电流 I_{IL}

低电平输入电流 I_{IL}（又称输入短路电流 I_{IS}）是指一个输入端接地，其他输入端悬空时，流过该接地输入端的电流。低电平输入电流 I_{IL} 的测试电路如图 3.1.5(a)所示。

5)高电平输入电流 I_{IH}

高电平输入电流 I_{IH}(又称输入漏电流)是指输入端一端接高电平,其余输入端接地时流过接高电平输入端的电流。高电平输入电流 I_{IH} 的测试电路如图 3.1.5(b)所示。

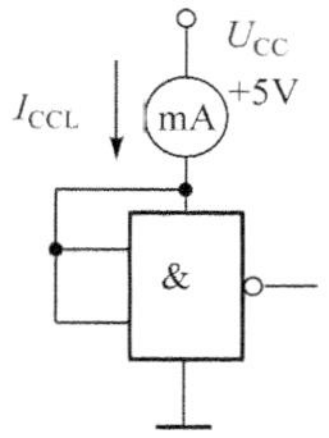

(a) P_{ON}功率测试　(b) P_{OFF}功率测试

图 3.1.4　TTL 与非门静态功率测试

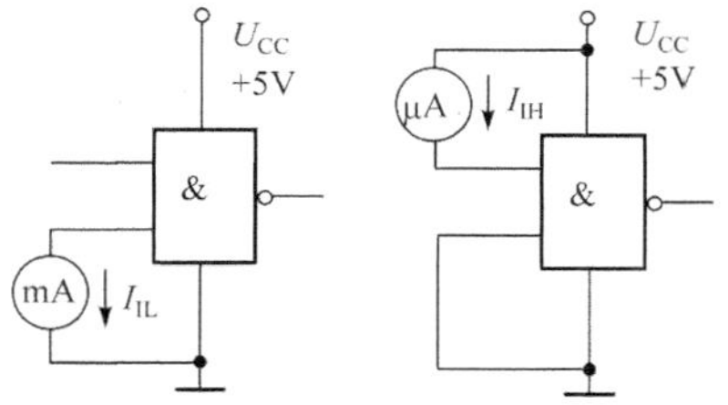

(a) 低电平输入电流I_{IL}　(b) 高电平输入电流I_{IH}

图 3.1.5　TTL 与非门输入电流测试

6)电压传输特性曲线

电压传输特性曲线是指 U_I-U_O 关系曲线，如图 3.1.6 所示。使输出电压 U_O 刚刚达到低电平 U_{OL} 时的最低输入电压，称为开门电平 U_{ON}。使输出电压 U_O 刚刚达到高电平 U_{OH} 时的最高输入电压 U_I，称为关门电平 U_{OFF}。电压传输特性测试电路如图 3.1.7 所示。

7)扇出系数 N_O

扇出系数 N_O 是指门电路能驱动同类门的个数，它是衡量门电路负载能力的一个参数，TTL 与非门有两种不同性质的负载，即灌电流负载和拉电流负载，因此有两种扇出系数，即低电平扇出系数 N_{OL} 和高电平扇出系数 N_{OH}。通常 $I_{IH}<I_{IL}$，则 $N_{OH}>N_{OL}$，故常以 N_{OL} 作为门的扇出系数。

N_{OL} 的测试电路如图 3.1.8 所示，与非门的输入端全部悬空，输出端接灌电流负载 R_L，调节 R_L 使 U_{OL} 增高，当 U_{OL} 达到 U_{OLM}(手册中规定低电平规范值 U_{OLM}=0.4V)时的 I_{OL} 就是允许灌入的最大负载电流 I_{OLmax}，则

$$N_{OL}=\frac{I_{OLmax}}{I_{IL}}\quad（通常 N_{OL}\geqslant 8）$$

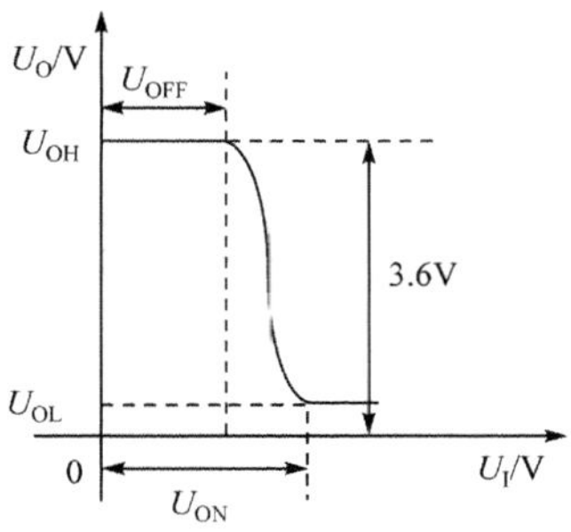

图 3.1.6　电压传输特性曲线

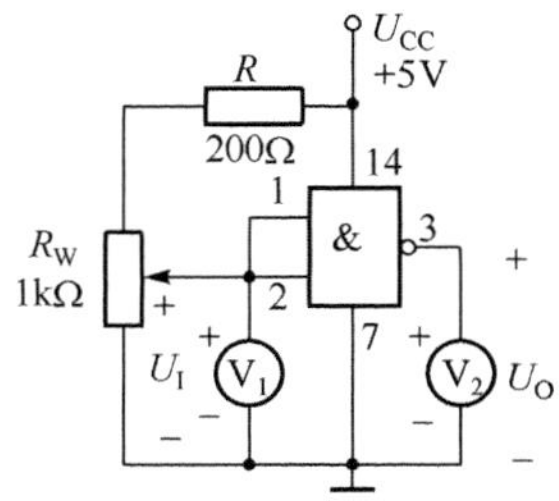

图 3.1.7　电压传输特性测试

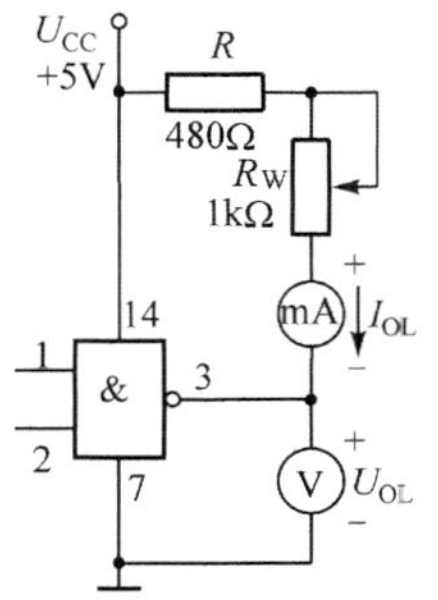

图 3.1.8　扇出系数 N_O 的测试

8) 平均传输延迟时间 t_{pd}

平均传输延迟时间波形图如图 3.1.9 所示，$t_{pd}=(t_{pdL}+t_{pdH})/2$，它是衡量开关电路速度的重要指标。一般情况下，低速组件 t_{pd} 为 40～160ns，中速组件 t_{pd} 为 15～40ns，高速组件 t_{pd} 为 8～15ns，超高速组件 t_{pd}<8ns。由于 TTL 门电路的延迟时间较短，直接测量时对函数发生器和示波器的性能要求较高，所以采用由奇数个与门首尾相连组成环形振荡器进行测量。平均传输延迟时间 t_{pd} 的测试电路如图 3.1.10 所示，平均传输延迟时间的近似计算方法为

$$t_{pd}=T/6$$

式中，T 为用三个门电路组成振荡器的周期。

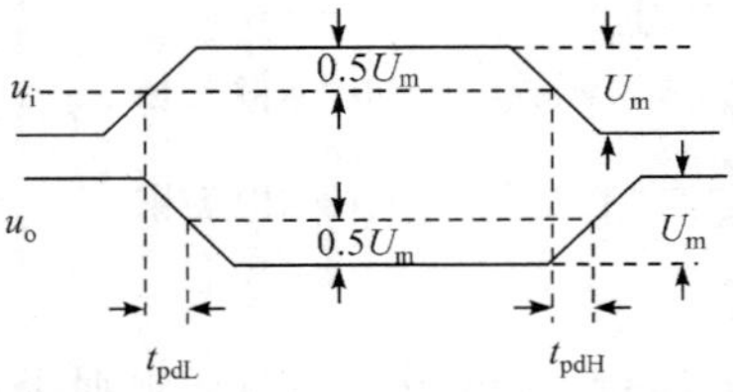

图 3.1.9 平均传输延迟时间 t_{pd}

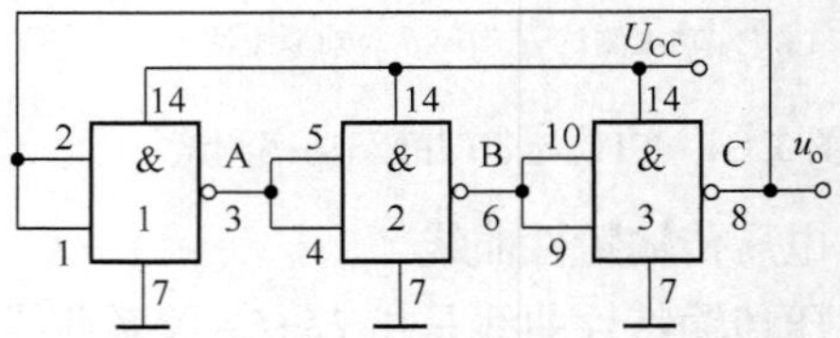

图 3.1.10 平均传输延迟时间 t_{pd} 的测试电路

4. CMOS 器件参数

CMOS 器件的各项参数的含义和测试方法与 TTL 器件相似，因此测试 CMOS 器件静态参数时的电路与测试 TTL 器件静态参数时的电路大体相同。但是要注意 CMOS 器件和 TTL 器件的使用规则各不相同，对各个引脚的处理要注意符合逻辑关系。

CMOS 电路有很高的输入阻抗，外来的干扰信号很容易在悬空输入端感应出很高的电压，造成器件的损坏，因此 CMOS 门电路的所有输入端一律不准悬空，按照逻辑关系，直接接电源或接地。另外，CMOS 器件的 I_{CCL} 和 I_{CCH} 值极小，仅几微安。

三、实验设备与元器件

(1) 数字逻辑电路实验箱及其扩展板 1 套；
(2) 双踪示波器 1 台；
(3) 数字万用表 1 块；
(4) 集成电路 (74LS00 × 1、CD4001 × 1)；
(5) 电阻 (200Ω × 1、480Ω × 1)；
(6) 电位器 (1kΩ × 1)。

四、实验内容

1. TTL 与非门参数测试

将 74LS00 安装到实验箱上，14 脚接 5V，7 脚接地。

1) 输出高电平 U_{OH}

输出高电平 U_{OH} 的测试电路如图 3.1.3(a)所示。按图接线，再合上电源开关，观察电压表上显示的电压值，记入表 3.1.1。

2) 输出低电平 U_{OL}

输出低电平 U_{OL} 的测试电路如图 3.1.3(b)所示。按图接线，再合上电源开关，观察电压表上显示的电压值，记入表 3.1.1。

3) 空载导通功耗 P_{ON}

空载导通功耗 P_{ON} 的测试电路如图 3.1.4(a)所示。按图接线，再合上电源开关，记录电流值 I_{CCL}，记入表 3.1.1。

4) 空载截止功耗 P_{OFF}

空载截止功耗 P_{OFF} 的测试电路如图 3.1.4(b)所示。按图接线，再合上电源开关，记录电流值 I_{CCH}，记入表 3.1.1。

5) 输入短路电流 I_{IS}(或低电平输入电流 I_{IL})

输入短路电流 I_{IS} 的测试电路如图 3.1.5(a)所示。按图接线，再合上电源开关，记录电流表上的显示电流值，记入表 3.1.1。

6) 高电平输入电流 I_{IH}

高电平输入电流 I_{IH} 的测试电路如图 3.1.5(b)所示。按图接线，再合上电源开关，记录电流表上的显示电流值，记入表 3.1.1。

7) 扇出系数 N_O

扇出系数 N_O 的测试电路如图 3.1.8 所示。按图接线，再合上电源开关，调节电位器 R_W，当电压表的值 U_{OL}=0.4V 时，读出此时的电流表值 I_{OL}，记入表 3.1.1 中，则扇出系数为 $N_O=I_{OL}/I_{IL}$。

8) 平均传输延迟时间 t_{pd}

平均传输延迟时间 t_{pd} 的测试电路如图 3.1.10 所示。按图接线，3 个与非门组成环形振荡器，从示波器上读出振荡周期 T，记入表 3.1.1 中，则平均传输延迟时间 $t_{pd}=T/6$。

表 3.1.1　TTL 器件参数测试

参数	U_{CC}	I_{CCL}	I_{CCH}	P_{ON}	P_{OFF}	U_{OH}	U_{OL}	I_{IL}	I_{IH}	I_{OL}	N_O	T	t_{pd}
测试值													

9) 电压传输特性测试

电压传输特性测试电路如图 3.1.7 所示。按图接线，旋转电位器 R_W 使 U_I 逐渐增大，同时读出 V_1 和 V_2 电压表中的数值，其中电压表 V_1 值为输入电压 U_I，电压表 V_2 值为输出电压 U_O。将 U_I 和 U_O 记入表 3.1.2 中，并绘出 U_I-U_O 曲线，即电压传输特性曲线。

2. CMOS 或非门参数测试

选用 CD4001 二输入四或非门，验证其逻辑功能正确后进行以下实验。

表 3.1.2　TTL 器件电压传输特性曲线

U_I/V	U_O/V	电压传输特性曲线
0		
0.3		
0.5		
0.8		
1		
1.2		
1.5		
2		
2.5		
3		
3.5		
4		

1) 电压传输特性曲线

电压传输特性曲线的测试电路如图 3.1.11 所示。按图接线，再合上电源开关，旋转电位器 R_W 使 U_I 逐渐增大，同时读出 V_1 和 V_2 电压表中的数值，其中电压表 V_1 值为输入电压 U_I，电压表 V_2 值为输出电压 U_O。将 U_I 和 U_O 记入表 3.1.3 中，并绘出 U_I-U_O 曲线。

断开电源开关，2 脚断开，1 脚和 2 脚相连。合上电源开关，重复上述调节电位器 R_W 的步骤，比较两种情况下电压传输特性曲线差异。

表 3.1.3　CMOS 器件电压传输特性曲线

2 脚接地			1 脚和 2 脚相连		
U_I/V	U_O/V	电压传输特性曲线	U_I/V	U_O/V	电压传输特性曲线
0		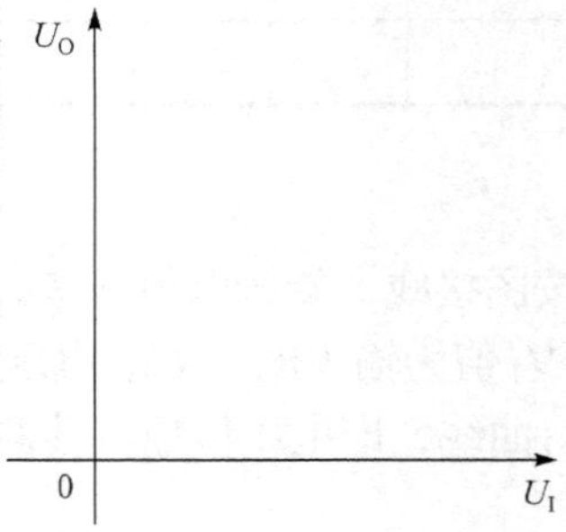	0		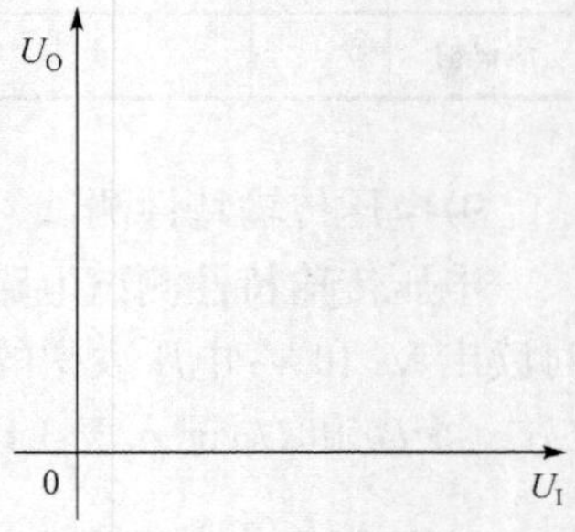
0.5			0.5		
1			1		
1.5			1.5		
2			2		
2.5			2.5		
3			3		
3.5			3.5		
4			4		
4.5			4.5		

2)平均传输延迟时间 t_{pd}

平均传输延迟时间 t_{pd} 的测试电路如图 3.1.12 所示。按图接线，合上电源开关，从示波器读出振荡周期 T，记入表 3.1.4 中，则平均传输延迟时间 $t_{pd}=T/6$。

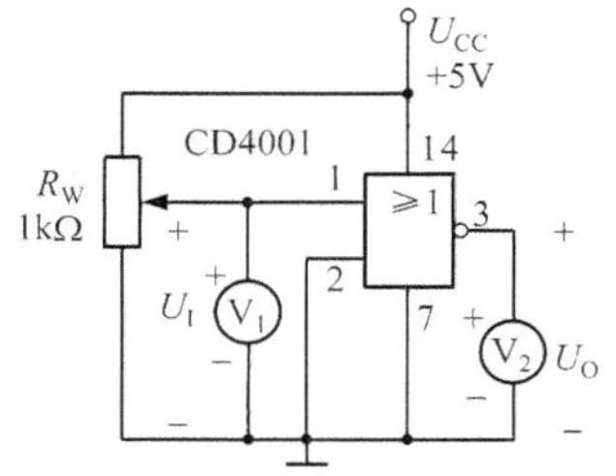

图 3.1.11　电压传输特性曲线的测试电路

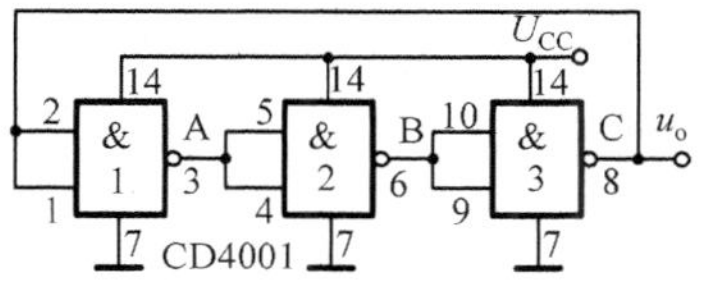

图 3.1.12　平均传输延迟时间 t_{pd} 的测试电路

表 3.1.4　CD4001 平均传输延迟时间 t_{pd}

参数	T	t_{pd}
测量值		

五、思考题

(1)根据表 3.1.2 中 TTL 器件电压传输特性曲线求出 TTL 器件输出的高电平、低电平和转折电压。

(2)根据表 3.1.3 中 CMOS 器件电压传输特性曲线求出 CMOS 器件输出的高电平、低电平和转折电压。

(3)根据测试所得数据，绘制电压传输特性曲线，并计算高电平抗干扰能力和低电平抗干扰能力。

六、实验报告要求

(1)简述实验原理、方法与步骤；
(2)整理测试数据，分析实验结果；
(3)回答思考题；
(4)实验总结与建议。

3.2　基本门电路的逻辑功能实测与仿真实验

一、实验目的

(1)掌握与门、或门、非门、与非门的逻辑功能；
(2)理解与门电路中逻辑电平对信号的控制作用；

(3)掌握使用 Multisim 14.0 仿真门电路逻辑功能的测试方法。

二、原理说明

1. 测试门电路逻辑功能的方法

(1)静态测试法。在门电路输入端加固定的高电平(H)或低电平(L)，然后用示波器、数字万用表测量输出电压，或用发光二极管显示门电路的输出响应。

(2)动态测试。在输入端加一串脉冲信号，用示波器观测输入、输出波形的同步关系。

2. TTL 门电路逻辑功能

(1)与门电路。74LS08 是二输入四与门电路，其引脚排列如图 3.2.1(a)所示。图 3.2.1(b)是其逻辑功能测试电路图。逻辑关系为 $Y=AB$。

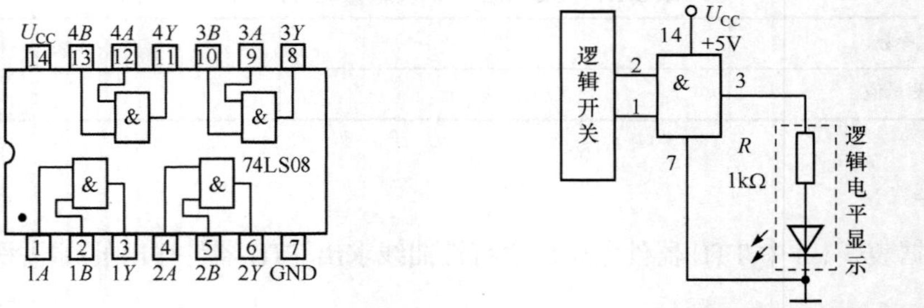

(a) 74LS08引脚排列　　(b) 与门逻辑功能测试电路

图 3.2.1　74LS08 引脚排列及与门逻辑功能测试电路

(2)或门电路。74LS32 是二输入四或门电路。其引脚排列如图 3.2.2(a)所示，图 3.2.2(b)为其逻辑功能测试电路图。逻辑关系为 $Y=A+B$。

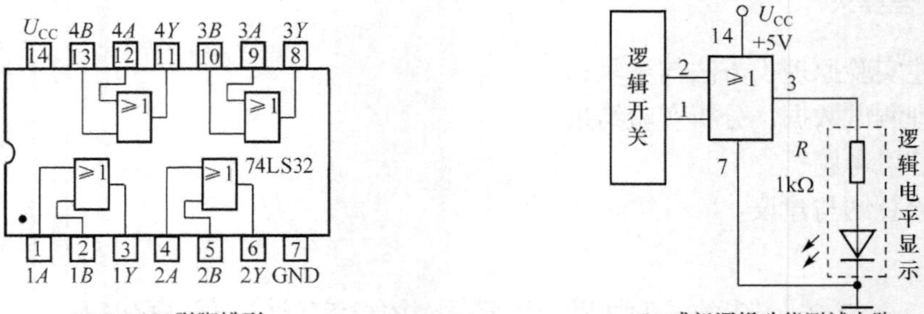

(a) 74LS32引脚排列　　(b) 或门逻辑功能测试电路

图 3.2.2　74LS32 引脚排列及或门逻辑功能测试电路

(3)非门电路。74LS04 是 6 反相器。其引脚排列如图 3.2.3(a)所示，图 3.2.3(b)为其逻辑功能测试电路图。逻辑关系为 $Y=\overline{A}$。

(4)与非门电路。74LS00 是二输入四与非门电路。其引脚排列如图 3.2.4(a)所示，图

3.2.4(b)为其逻辑功能测试电路图。逻辑关系为 $Y=\overline{AB}$ 。

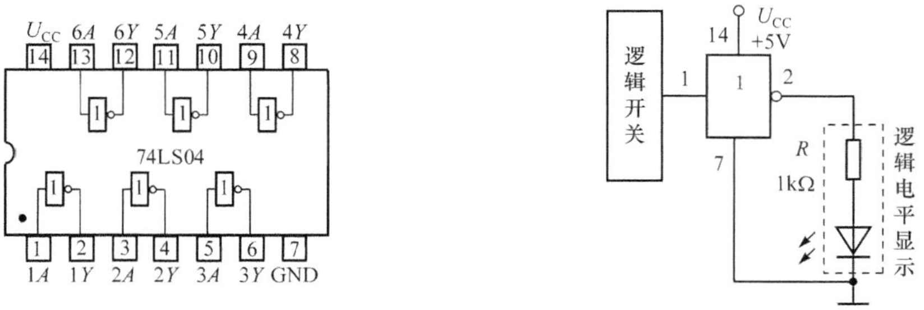

(a) 74LS04引脚排列　　(b) 非门逻辑功能测试

图 3.2.3　74LS04 引脚排列及非门逻辑功能测试电路

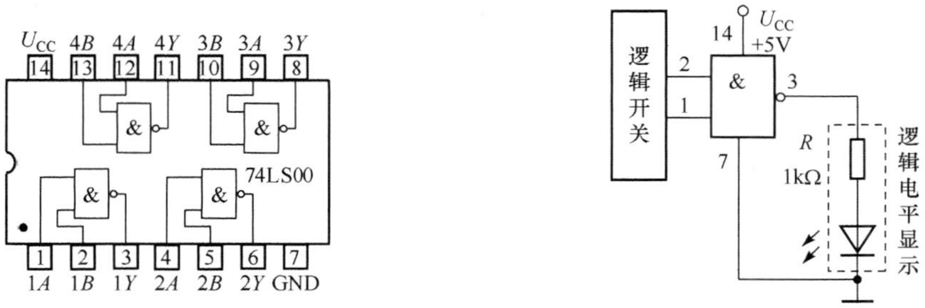

(a) 74LS00引脚排列　　(b) 与非门逻辑功能测试

图 3.2.4　74LS00 引脚排列及与非门逻辑功能测试电路

3. 门电路中逻辑电平对信号的控制

(1)与门(74LS08)实现逻辑电平对信号的控制如图 3.2.5 所示，当控制信号为低电平时，输出为低电平，不反映输入信号；当控制信号为高电平时，输出信号与输入信号同相。

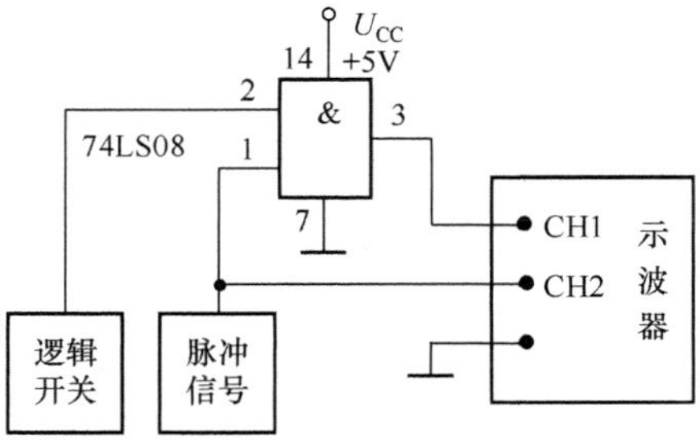

图 3.2.5　与门逻辑电平对信号的控制

(2)与非门(74LS00)实现逻辑电平对信号的控制如图 3.2.6 所示。当控制信号为低电平时，输出为高电平，不反映输入信号；当控制信号为高电平时，输出信号与输入信号反相。

(3)非门电路(74LS04)因为只有一个输入端，可以用示波器观察输入输出波形的变化。其电路如图 3.2.7 所示。

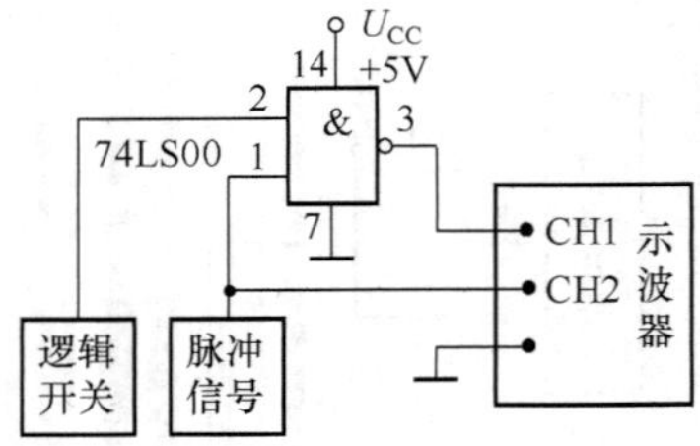

图 3.2.6　与非门逻辑电平对信号的控制

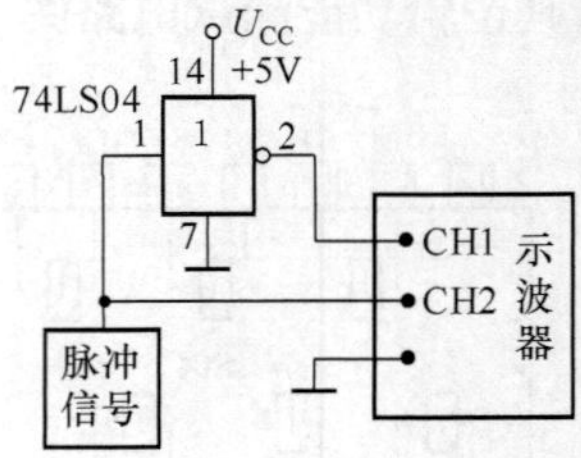

图 3.2.7　非门逻辑电平对信号的控制

三、实验设备与元器件

(1)数字逻辑电路实验箱及其实验箱扩展板 1 套；

(2)双踪示波器 1 台；

(3)数字信号发生器 1 台；

(4)数字万用表 1 块；

(5)集成电路(74LS00×1、74LS04×1、74LS08×1、74LS32×1)；

(6)计算机 1 台，Multisim 14.0 软件 1 套。

四、实验内容

1. TTL 门电路逻辑功能的测试

(1)将 74LS08 按图 3.2.1(b)所示接线，在输入端接逻辑电平开关，拨动逻辑电平开关，按测试要求输入高低电平，测试其电路的逻辑功能关系，将其测试结果记入表 3.2.1 中，判断其是否满足逻辑关系 $Y=AB$。

表 3.2.1　门电路逻辑功能测试

输入		输出			
		$Y=AB$	$Y=A+B$	$Y=\overline{A}$	$Y=\overline{AB}$
A	B	与门	或门	非门	与非门
0	0				
0	1				
1	0				
1	1				

(2)将 74LS32 按图 3.2.2(b)所示接线，在输入端接逻辑电平开关，拨动逻辑电平开关，按测试要求输入高低电平，测试其电路的逻辑功能关系，将其测试结果记入表 3.2.1 中，判断其是否满足逻辑关系 $Y=A+B$。

(3)将 74LS04 按图 3.2.3(b)所示接线，在输入端接逻辑电平开关，拨动逻辑电平开关，按测试要求输入高低电平，测试其电路的逻辑功能关系，将其测试结果记入表 3.2.1 中，判断其是否满足逻辑关系 $Y=\overline{A}$。

(4)将 74LS00 按图 3.2.4(b)所示接线，在输入端接逻辑电平开关，拨动逻辑电平开关，按测试要求输入高低电平，测试其电路的逻辑功能关系，将其测试结果记入表 3.2.1 中，判断其是否满足逻辑关系 $Y=\overline{AB}$。

2. 门电路中逻辑电平对信号的控制

(1)将 74LS08 按图 3.2.5 接线，在 1 脚接入 1kHz 脉冲信号，2 脚接逻辑电平开关，拨动逻辑电平开关，3 脚接示波器 CH1 通道，为了对比，1 脚的输入信号端也接示波器的 CH2 通道。合上电源开关，将 2 脚的逻辑电平分别置于 0、1 位，记录输出波形。

(2)将 74LS00 按图 3.2.6 接线，在 1 脚接入 1kHz 脉冲信号，2 脚接逻辑电平开关，拨动逻辑电平开关，3 脚接示波器 CH1 通道，为了对比，1 脚的输入信号端也接示波器的 CH2 通道。合上电源开关，将 2 脚的逻辑电平分别置于 0、1 位，记录输出波形。

(3)将 74LS04 按图 3.2.7 接线，在 1 脚接入 1kHz 脉冲信号，2 脚接示波器 CH1 通道，为了对比，1 脚的输入信号端也接示波器的 CH2 通道。合上电源开关，记录输出波形。

3. Multisim 仿真

1)Multisim 仿真 TTL 门电路逻辑功能的测试

在 Multisim 中找到图 3.2.1(b)中所需要的元件,逻辑电平开关用两个单刀两掷开关代替，然后连接实验线路如图 3.2.8 所示。在 Multisim 中双击 LED 元件，弹出 LED 元件属性对话框图，将 Value 选项卡中的 on current(I_{on})值改为 3mA(LED 的默认值为 5mA，当 TTL 输出高电平时 LED 不会点亮)。双击 K1 开关，弹出 K1 开关属性对话框，在 Value 选项卡中的 key fot toggle 下拉菜单中选择 A；同样在 K2 开关的 key fot toggle 下拉菜单中选择 B，然后单击“运行”按钮 ▶ (或按快捷键 F5)，改变开关 K1、K2 的状态，观察 LED 灯颜色的变化。重画表 3.2.1，将结果记录下来。

按照上述步骤，在 Multisim 中仿真图 3.2.2(b)、图 3.2.3(b)、图 3.2.4(b)中的相关电路。

2)Multisim 仿真门电路中逻辑电平对信号的控制

在 Multisim 中找到图 3.2.5 中所需要的元件，信号源选择时钟电压源，频率 1kHz，幅度 5V。连接实验线路如图 3.2.9 所示，然后单击“运行”按钮 ▶ (或按快捷键 F5)。改变开关 K1 的状态，对比观察示波器上输入信号和输出信号的关系。

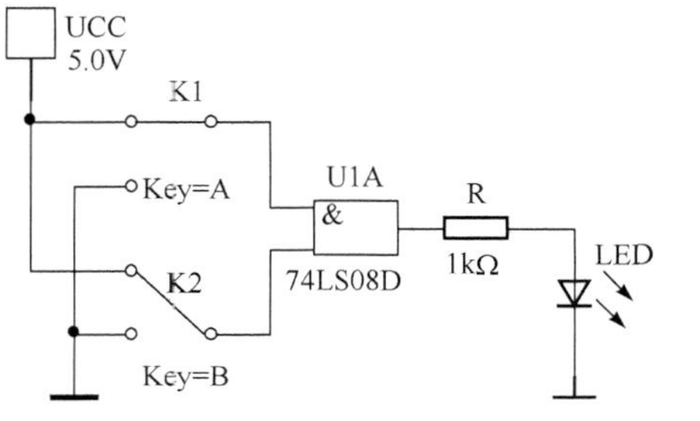

图 3.2.8　Multisim 仿真与门逻辑功能测试

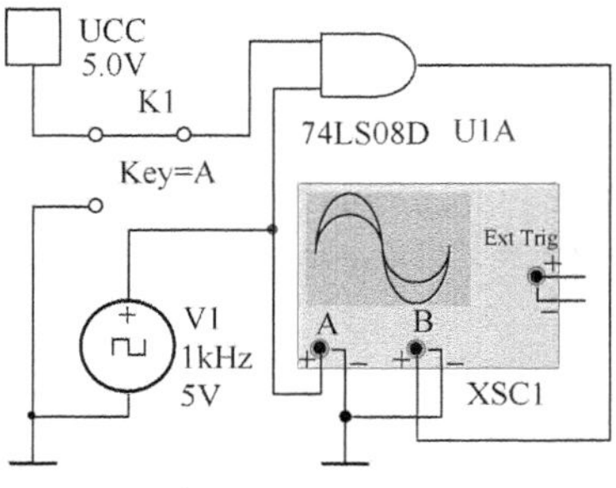

图 3.2.9　Multisim 仿真与门对信号的控制

按照上述步骤，在 Multisim 中仿真图 3.2.6、图 3.2.7 中的相关电路。

五、思考题

(1)简述利用逻辑电平法测试异或门功能的方法。

(2)比较 Multisim 仿真结果与实测结果。

(3)归纳或门、与门、非门、与非门分别在什么输入情况下输出低电平，什么情况下输出高电平。

六、实验报告要求

(1)简述实验原理、方法与步骤；

(2)整理测试数据，分析实验结果；

(3)回答思考题；

(4)实验总结与建议。

3.3　TTL 集电极开路门与三态输出门的实测与仿真实验

一、实验目的

(1)掌握 TTL 集电极开路门(OC 门)的逻辑功能及应用；

(2)了解集电极负载电阻 R_L 对集电极开路门的影响；

(3)掌握 TTL 三态输出门(TS 门)的逻辑功能及应用；

(4)掌握使用 Multisim 14.0 仿真集电极开路门和三态输出门的方法。

二、原理说明

通常情况下，不允许将普通的 TTL 门电路的输出端并接在一起使用。集电极开路门和三态输出门是两种特殊的 TTL 门电路，它们允许把输出端直接并接在一起使用。集电极开路门并联时可以实现线与功能；三态输出门并联时数据可以在总线上传输。

1. TTL 集电极开路门

芯片 74LS03 是二输入四 OC 与非门，其内部逻辑如图 3.3.1(a)所示，引脚排列如图 3.3.1(b)所示。OC 与非门的输出管 T_3 的集电极是悬空的，工作时输出端必须通过一只外接电阻 R_L 和电源 E_{CC} 相连接(在实验中可以使用 U_{CC} 代替 E_{CC})，以保证输出电平符合电路要求，如图 3.3.1(c)所示。

OC 门的应用主要有下列三个方面。

(1)利用电路的“线与”特性方便地完成某些特定的逻辑功能。所谓“线与”，就是将两

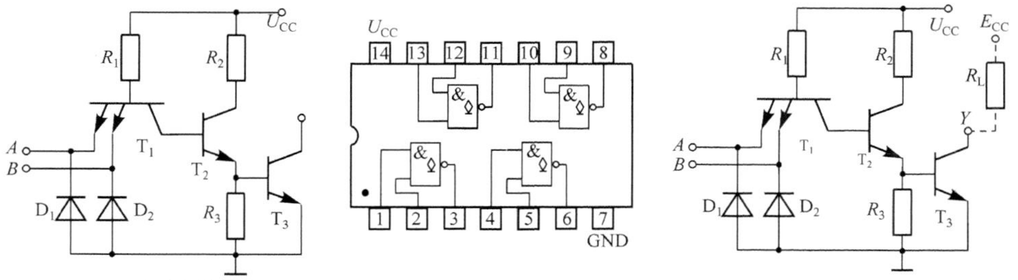

(a) 74LS03内部结构　　(b) 74LS03引脚排列　　(c) 74LS03外接电阻和电源

图 3.3.1　74LS03 内部结构及引脚排列

个 OC 门输出端直接并接在一起，如图 3.3.2 所示，则它们的输出为

$$F = F_A F_B = \overline{A_1 A_2} \cdot \overline{B_1 B_2} = \overline{A_1 A_2 + B_1 B_2}$$

即把两个(或两个以上)OC 与非门“线与”可完成“与或非”的逻辑功能。

(2)实现多路信息采集，使两路以上的信息共用一个传输通道(总线)。

(3)实现逻辑电平的转换，以推动荧光数码管、继电器、MOS 器件等多种数字集成电路。

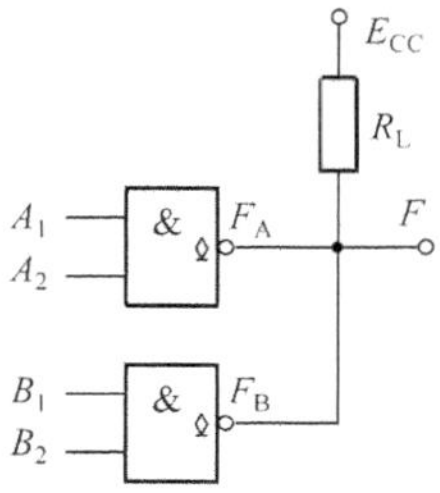

图 3.3.2　OC 与非门“线与”电路

下面讨论运用 OC 门并联输出时负载电阻 R_L 的选择方法。

图 3.3.3 所示电路由 n 个 OC 与非门“线与”驱动有 m 个输入端的 N 个 TTL 与非门，要求：

① OC 门输出管全部截止时，$U_O > U_{OH}$，这时 R_L 不能太大，由此得到 R_L 的上限；

② OC 门仅有一个输出管导通时，$U_O < U_{OL}$，这时 R_L 不能太小，由此得到 R_L 的下限。

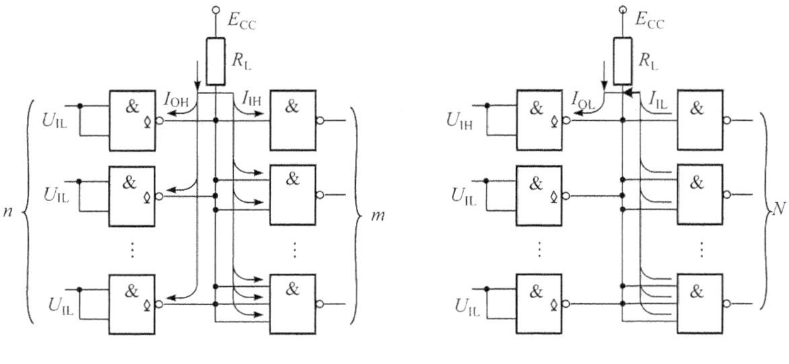

(a) R_L最大值的计算　　(b)R_L最小值的计算

图 3.3.3　OC 与非门负载电阻 R_L 的确定

因此，为保证 OC 与非门输出电平符合逻辑要求，负载 R_L 阻值的选择范围为

$$R_{L\max} = \frac{E_{CC} - U_{OH}}{nI_{OH} + mI_{IH}}, \qquad R_{L\min} = \frac{E_{CC} - U_{OL}}{I_{LM} - NI_{IL}}$$

式中，I_{OH} 为 OC 门输出管截止时(输出高电平 U_{OH})的漏电流(约 50μA)；I_{IH} 为负载门高电平输入电流(<50μA)；I_{LM} 为 OC 门输出低电平 U_{OL} 时允许最大灌入负载电流(约 20mA)；I_{IL} 为负载门低电平输入电流(<1.6mA)；E_{CC} 为 R_L 外接电源电压；n 为 OC 门个数；N 为负载门个数；m 为接入电路的负载门输入端总个数。

R_L值须小于 R_{Lmax}，否则 U_{OH}将下降，R_L值须大于 R_{Lmin}，否则 U_{OL}将上升。R_L的大小会影响输出波形的边沿时间，在工作速度较高时，R_L应尽量选取接近 R_{Lmin}。

除了 OC 与非门外，还有其他类型的 OC 器件，R_L的选取方法也与此类同。

2. TTL 三态输出门

TTL 三态输出门是一种特殊的门电路，它与普通的 TTL 门电路结构不同，它的输出端除了通常的高电平、低电平两种状态外，还有第三种输出状态——高阻状态，处于高阻状态时，电路与负载之间相当于开路。三态输出门按逻辑功能及控制方式的不同可分为多种不同类型，其中三态缓冲逻辑门的逻辑符号如图 3.3.4(a)所示，它有一个控制端$\overline{E}$，$\overline{E}=0$为正常工作状态，实现 $Y=A$ 的逻辑功能；$\overline{E}=1$为禁止状态，输出 Y 呈现高阻状态。因此这个电路为控制端低电平有效。

芯片 74LS125 是一个三态输出四总线缓冲器，其引脚排列如图 3.3.4(b)所示，一块芯片中包括四个三态传输门，故称为四总线缓冲器，表 3.3.1 为其功能表。

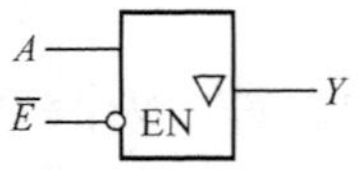

(a) 三态门逻辑符号

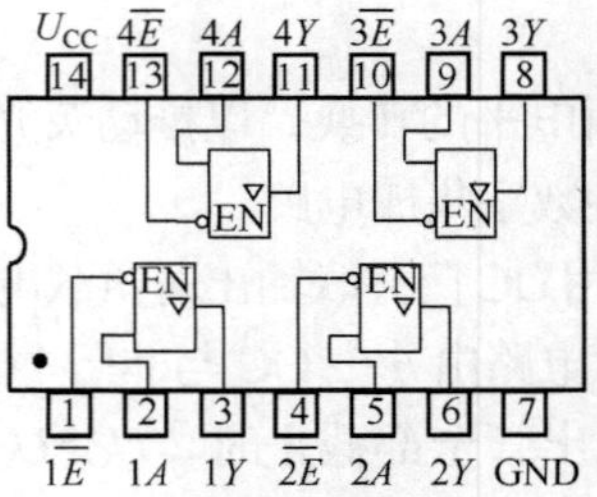

(b) 74LS125引脚排列

图 3.3.4　74LS125 三态四总线缓冲器逻辑符号及引脚排列

表 3.3.1　74LS125 功能表

输入		输出
$\overline{E}$	A	Y
0	0	0
0	1	1
1	0	高阻态
1	1	高阻态

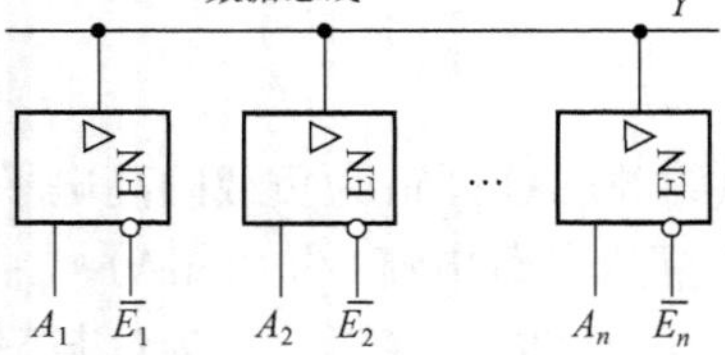

图 3.3.5　三态输出门实现总线传输

三态电路主要用途之一是实现总线传输，即用一个传输通道(称总线)，以选通方式传送多路信息。如图 3.3.5 所示，电路中把若干个三态 TTL 电路输出端直接连接在一起构成三态门总线，使用时，要求只有需要传输信息的三态门控制端处于有效状态($\overline{E}=0$)，其余各控制端处于禁止状态($\overline{E}=1$)。由于三态门输出电路结构与普通 TTL 电路相同，显然，若同时有两个或两个以上三态门的控制端处于使能态，将出现与普通 TTL 门“线与”运用时同样的问题，因而是绝对不允许的。

三、实验设备与元器件

(1)数字逻辑电路实验箱及其实验箱扩展板 1 套；
(2)双踪示波器 1 台；
(3)数字万用表 1 块；
(4)集成电路(74LS03 × 1、74LS04 × 1、74LS125 × 1)；
(5)电阻(200Ω × 1)；
(6)电位器(10kΩ × 1)；
(7)计算机 1 台，Multisim 14.0 软件 1 套。

四、实验内容

1. TTL 集电极开路与非门 74LS03 负载电阻 R 的确定

在实验箱上，找一个 14PIN 的插座插上芯片 74LS03，并在 14PIN 插座的第 7 脚接上实验箱的地(GND)，第 14 脚接上电源（U_{CC})，逻辑电平接拨位开关。74LS03 芯片的引脚排列请参考图 3.3.1(b)。74LS04 引脚排列参考图 3.2.3(a)。

用两个集电极开路与非门“线与”驱动一个 TTL 非门，按图 3.3.6 连接实验电路。负载电阻由一个 200Ω 电阻和一个 10kΩ 电位器串联而成，取 E_{CC}=5V，U_{OH}=3.5V，U_{OL}=0.3V。接通电源，用逻辑开关改变两个 OC 门的输入状态，先使 OC 门“线与”输出高电平，调节 R_W 使 U_{OH}=3.5V，测得此时的 R_L 即为 R_{Lmax}。再改变两个 OC 门的输入状态，使 OC 门“线与”输出低电平，调节 R_W 使输出低电平 U_{OL}=0.3V，测得此时的 R_L 即为 R_{Lmin}。

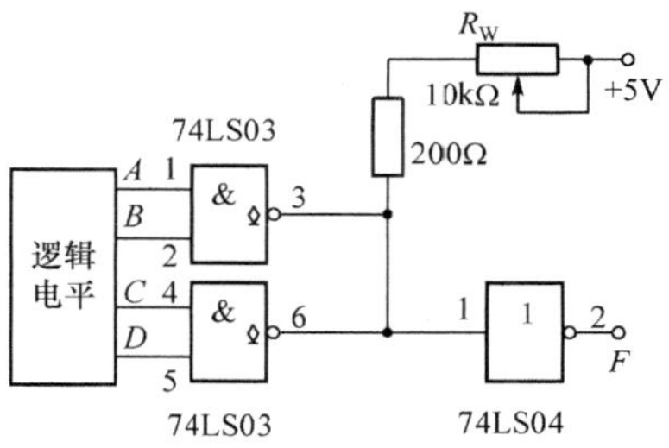

图 3.3.6　74LS03 负载电阻的确定

2. 集电极开路门的应用

用 OC 门实现 $F=AB+CD$，实验时输入变量允许用原变量和反变量，外接负载电阻 R_L 取合适的值($R_{Lmin}<R_L<R_{Lmax}$)。具体的连线方法同实验内容 1，列表测试。

3. 三态输出门

(1)测试 74LS125 三态输出门的逻辑功能：在实验箱上，找一个 14PIN 的插座插上芯片 74LS125，并在 14PIN 插座的第 7 脚接上实验箱的地(GND)，第 14 脚接上电源(U_{CC})，三态门输入端接逻辑开关，控制端接单次脉冲源，输出接发光二极管(逻辑电平显示)。逐个测试集成块中四个门的逻辑功能，记入表 3.3.2 中。

表 3.3.2　74LS125 三态输出门的逻辑功能

输入		输出			
$\overline{E}$	A	1Y	2Y	3Y	4Y
0	0				
	1				
1	0				
	1				

(2) 三态输出门的应用：将四个三态缓冲器按图 3.3.7 接线，输入端按图示加输入信号，控制端接逻辑开关，输出端接 LED，先使四个三态门的控制端均为高电平“1”，即处于禁止状态。注意，应先使工作的三态门转换为禁止状态，再让另一个门开始传递数据。记录实验结果。

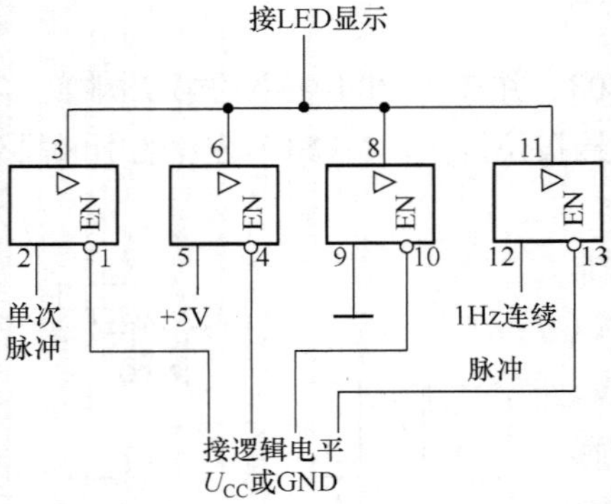

图 3.3.7　用 74LS125 实现总线传输实验电路

4. Multisim 仿真三态输出门

在 Multisim 中找到图 3.3.7 中所需要的元件，逻辑电平开关用两个单刀两掷开关代替，然后连接实验线路如图 3.3.8 所示。按照实验 3.2 中 Multisim 元件属性设置方法，设置 LED 和开关的属性。图 3.3.8 中用开关 K5 模拟单次脉冲信号。然后单击“运行”按钮 ▷（或按快捷键 F5），改变开关 K1、K2、K3、K4 的状态，观察 LED 灯颜色的变化。记录实验结果。

五、思考题

(1) OC 门和三态门有什么区别？
(2) OC 门能否实现总线传输？
(3) 比较 Multisim 仿真结果与实测结果。

六、实验报告要求

(1) 整理实验数据，并进行分析；
(2) 回答思考题；
(3) 撰写实验报告。

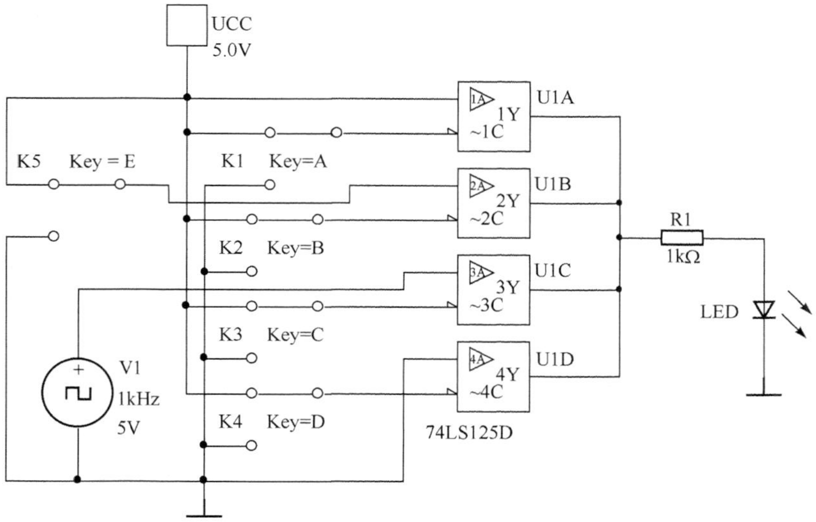

图 3.3.8 Multisim 仿真三态输出门

3.4 集成逻辑电路的连接和驱动实验

一、实验目的

(1)掌握 TTL、CMOS 集成电路输入电路与输出电路的性质；

(2)掌握集成逻辑电路相互衔接时应遵守的规则和实际衔接方法。

二、原理说明

1. TTL 电路输入输出特性

当 TTL 电路输入端为高电平时，输入电流极小，为反向二极管的漏电流，其方向是从外部流入输入端；当 TTL 电路输入端处于低电平时，电流较大，其方向是从电路内部流出输入端，当与上一级电路衔接时，将决定上级电路应具有的负载能力。

TTL 电路高电平输出电压在负载不大时为 3.6V 左右，低电平输出电压为 0.3V 左右。低电平输出时，允许后级电路灌入电流，随着灌入电流的增加，输出低电平将升高，一般 LS 系列 TTL 电路允许灌入 8mA 电流，即可吸收后级 20 个 LS 系列标准门的灌入电流。最大允许低电平输出电压为 0.4V。

2. CMOS 电路输入输出特性

CMOS 电路输入高电平通常要求在 3.5V 以上，输入低电平通常为 1.5V 以下。因 CMOS 电路的输出结构具有对称性，故对高低电平具有相同的输出能力，输出高电平接近电源电压，输出低电平时将十分接近地电位。一般 CMOS CC 系列的输入阻抗可高达 $10^{10}\Omega$，输入电容在 5pF 以下。

在高速 CMOS 电路 54/74HC 系列中的一个子系列 54/74HCT，其输入电平与 TTL 电路完全相同，因此在相互取代时，不需要考虑电平的匹配问题。

3. 集成逻辑电路的衔接

在实际的数字电路系统中，总是将一定数量的集成逻辑电路按需要前后连接起来。这时，前级电路的输出将与后级电路的输入相连并驱动后级电路工作。这就存在着电平的配合和负载能力两个需要妥善解决的问题。

可用下列几个表达式来说明连接时所要满足的条件（n 为后级门的数目）：

$$U_{OH}(\text{前级}) \geqslant U_{IH}(\text{后级}), \quad U_{OL}(\text{前级}) \leqslant U_{IL}(\text{后级})$$

$$I_{OH}(\text{前级}) \geqslant n \times I_{IH}(\text{后级}), \quad I_{OL}(\text{前级}) \geqslant n \times I_{IL}(\text{后级})$$

1）TTL 与 TTL 的连接

TTL 集成逻辑电路的所有系列，由于电路结构形式相同，电平配合比较方便，不需要外接元件即可直接连接，不足之处是受低电平时负载能力的限制。表 3.4.1 列出了 74 系列 TTL 电路的扇出系数。

表 3.4.1　TTL 电路的扇出系数

	74LS00	74AL00	7400	74L00	74S00
74LS00	20	40	5	40	5
74AL00	20	40	5	40	5
7400	40	80	10	40	10
74L00	10	20	2	20	1
74S00	50	100	12	100	12

2）TTL 驱动 CMOS 电路

TTL 电路驱动 CMOS 电路时，由于 CMOS 电路的输入阻抗高，故此驱动电流一般不会受到限制，但在电平配合问题上，低电平是可以的，高电平时有困难，因为 TTL 电路在满载时，输出高电平通常低于 CMOS 电路对输入高电平的要求，因此，为保证 TTL 输出高电平时后级的 CMOS 电路能可靠工作，通常要外接一个上拉电阻 R，如图 3.4.1 所示，使输出高电平达到 3.5V 以上，R 的取值为 2～6.2kΩ 较合适，这时 TTL 后级的 CMOS 电路的数目实际上是没有什么限制的。74LS00 与 CD4001 引脚图如图 3.1.2 所示。

3）CMOS 驱动 TTL 电路

CMOS 的输出电平能满足 TTL 对输入电平的要求，而驱动电流将受限制，主要是低电平时的带负载能力。表 3.4.2 列出了一般 CMOS 电路驱动 TTL 电路时的扇出系数，从表 3.4.2 中可见，除了 74HC 系列外的其他 CMOS 电路驱动 TTL 的能力都较低。CMOS 驱动 TTL 电路如图 3.4.2 所示。

表 3.4.2 CMOS 电路驱动 TTL 电路时的扇出系数

	LS-TTL	L-TTL	TTL	ASL-TTL
CD4001B 系列	1	2	0	2
MC14001B 系列	1	2	0	2
MM74HC 及 74HCT 系列	10	20	2	20

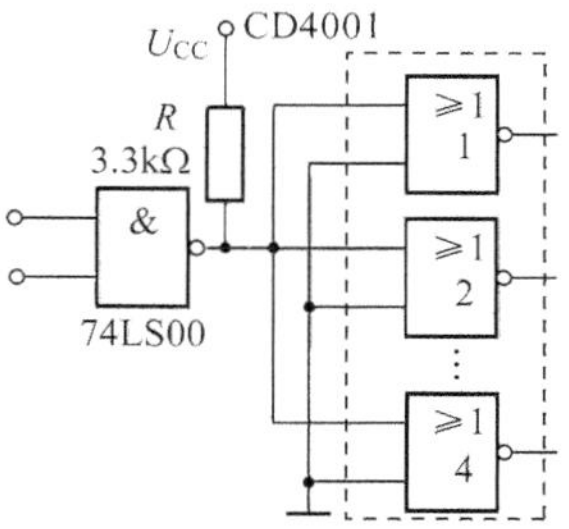

图 3.4.1 TTL 电路驱动 CMOS 电路

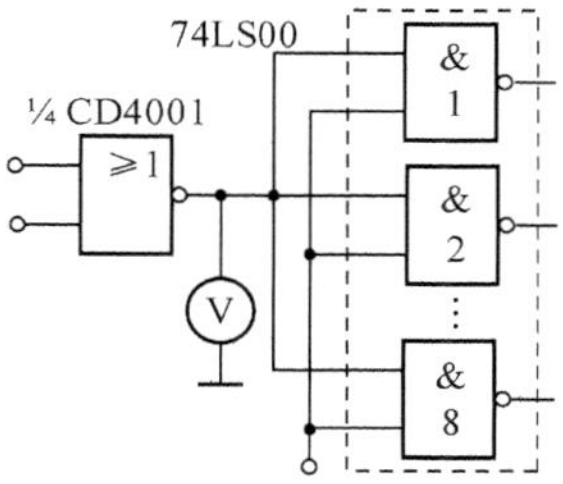

图 3.4.2 CMOS 驱动 TTL 电路

既要使用此系列又要提高其驱动能力时，可采用以下两种方法。

(1)采用 CMOS 驱动器，如 CD4049、CD4050 是专为给出较大驱动能力而设计的 CMOS 电路。

(2)几个同功能的 CMOS 电路并联使用，即将其输入端并联，输出端并联(TTL 电路是不允许并联的)。

4)CMOS 与 CMOS 的衔接

CMOS 电路间的连接十分方便，不需另加外接元件。对直流参数来讲，一个 CMOS 电路可带动的 CMOS 电路数量是不受限制的，但实际使用时，应当考虑后级门输入电容对前级门的传输速度的影响，电容太大时，传输速度要下降，故在高速使用时要从负载电容来考虑，如 CD4000T 系列。CMOS 电路在 10MHz 以上速度运用时应限制在 20 个门以下。

三、实验设备与元器件

(1)数字逻辑电路实验箱及实验箱扩展板 1 套；

(2)双踪示波器 1 台；

(3)数字万用表 1 块；

(4)集成电路(74LS00 × 2、CD4001 × 1)；

(5)电阻(100Ω × 1、3.3kΩ × 1)；

(6)电位器(10kΩ × 1)。

四、实验内容

1. 测试 TTL 电路 74LS00 及 CMOS 电路 CD4001 的输出特性

测试电路如图 3.4.3 所示，改变电位器 R_W 的阻值，从而获得输出特性曲线，R 为限流电阻(注意：电流可能通过测量电阻 R 上的压降来测量)。

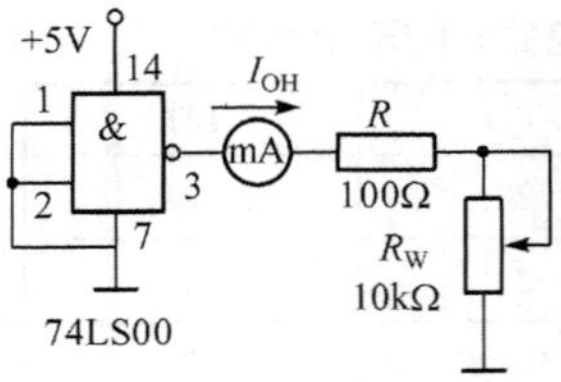

(a) 高电平输出

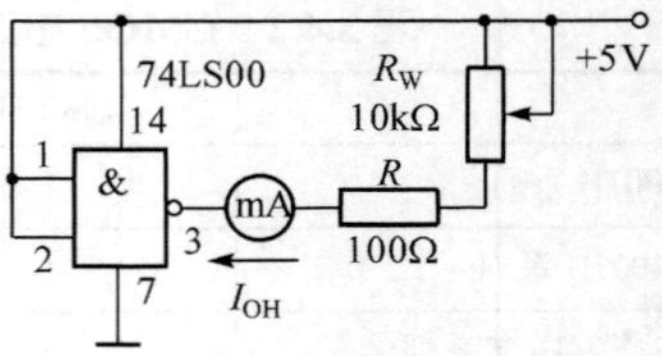

(b) 低电平输出

图 3.4.3　与非门电路输出特性测试电路

1)测试 TTL 电路 74LS00 的输出特性

在实验装置的合适位置选取一个 14PIN 插座。插入 74LS00，按图 3.4.3 连接电路。高电平测试时应测量空载到最小允许高电平(2.7V)之间的一系列点；低电平测试时应测量空载到最大允许低电平(0.4V)之间的一系列点。列表记录。

2)测试 CMOS 电路 CD4001 的输出特性

测试电路如图 3.4.4 所示。高电平测试时应测量从空载到输出电平降到 4.6V 为止的一系列点；低电平测试时应测量从空载到输出电平升到 0.4V 为止的一系列点。列表记录。

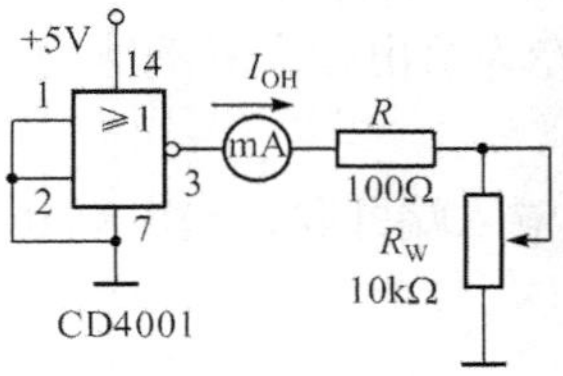

(a) 高电平输出

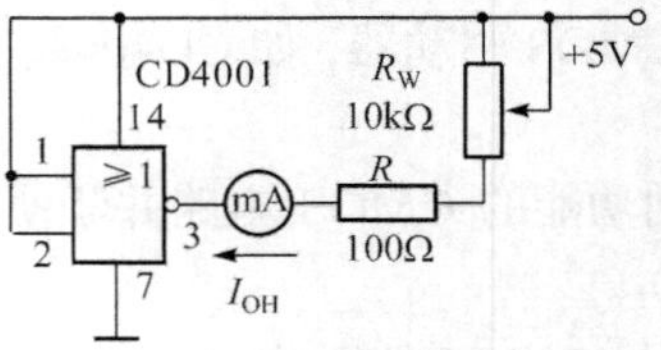

(b) 低电平输出

图 3.4.4　或非门电路输出特性测试电路

2. TTL 电路驱动 CMOS 电路

用 74LS00 的一个门来驱动 CD4001 的四个门，实验电路如图 3.4.1 所示，*R* 取 3.3kΩ。测量连接 3.3kΩ 电阻与不连接 3.3kΩ 电阻时 74LS00 的输出高低电平，并测试 CD4001 的逻辑功能，测试逻辑功能时可用逻辑电平指示。

3. CMOS 电路驱动 TTL 电路

电路如图 3.4.2 所示，被驱动的电路用两片 74LS00 的八个与非门并联。电路的输入端接逻辑开关输出插口，八个输出端分别接逻辑电平显示的输入插口。先用 CD4001 的一个门来驱动，观测 CD4001 的输出电平和 74LS00 的逻辑功能。然后将 CD4001 的其余三个门，一个个并联到第一个门上(输入与输入、输出与输出并联)，分别观察 CMOS 的输出电平及 74LS00 的逻辑功能。

五、思考题

(1)集成逻辑电路的衔接应该考虑什么问题?

(2)TTL 电路能否直接驱动 CMOS 电路?

六、实验报告要求

(1) 简述实验原理、方法与步骤；
(2) 整理测试数据，分析实验结果；
(3) 回答思考题；
(4) 实验总结与建议。

3.5 半加器、加法器及组合逻辑电路实测与仿真实验

一、实验目的

(1) 了解半加器和全加器的逻辑功能；
(2) 掌握组合逻辑电路的测试方法；
(3) 掌握使用 Multisim 14.0 进行组合逻辑电路仿真的方法。

二、原理说明

半加器和全加器是算术运算电路中的基本单元，是完成二进制数相加的一种组合逻辑电路。只考虑两个加数本身，没有考虑由低位来的进位，称为半加器。半加器真值表如表 3.5.1 所示。

表 3.5.1 半加器真值表

输入		输出	
加数	加数	和数	进位数
A	*B*	*S*	CO
0	0	0	0
0	1	1	0
1	0	1	0
1	1	0	1

逻辑式为

$$S = A \oplus B, \quad \mathrm{CO} = A \cdot B$$

全加器能进行加数、被加数和低位来的进位信号相加，并根据求和结果给出该位的进位信号。全加器真值表如表 3.5.2 所示。

A、B 为加数和被加数(两加数)；CO 为低位来的进位；CI 为向高位的进位；S 为和数。

逻辑式为

$$S = \overline{\overline{\overline{AB}\mathrm{CI}} + \overline{A}B \cdot \mathrm{CI} + A\overline{B}\mathrm{CI} + AB\overline{\mathrm{CI}}} = A \oplus B \oplus \mathrm{CI}$$

$$\mathrm{CO} = \overline{\overline{AB} + \overline{B\mathrm{CI}} + \overline{A\mathrm{CI}}} = (A \oplus B)\mathrm{CI} + AB$$

表 3.5.2　全加器真值表

输入			输出	
CI	A	B	S	CO
0	0	0	0	0
0	0	1	1	0
0	1	0	1	0
0	1	1	0	1
1	0	0	1	0
1	0	1	0	1
1	1	0	0	1
1	1	1	1	1

若有多位数相加，则可采用并行相加串行进位的方式来完成。

1. 74LS86 和 74LS00 组成半加器

用一个异或门(74LS86)和与非门(74LS00)可以组成半加器，如图 3.5.1 所示。74LS86 引脚排列如图 3.5.2 所示，74LS00 引脚排列如图 3.1.2(a)所示，通过改变 A、B 状态，测试其功能。

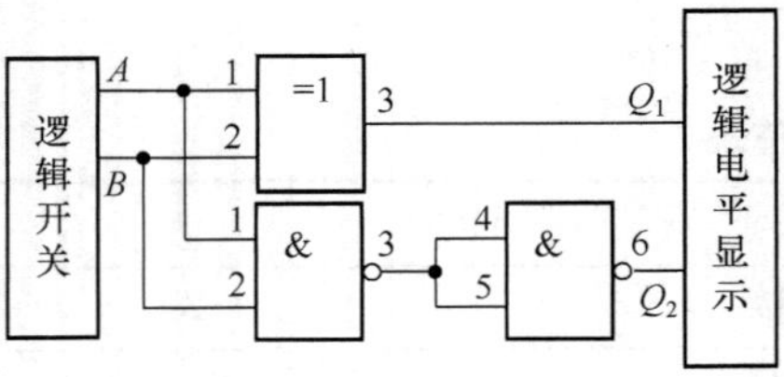

图 3.5.1　半加器电路

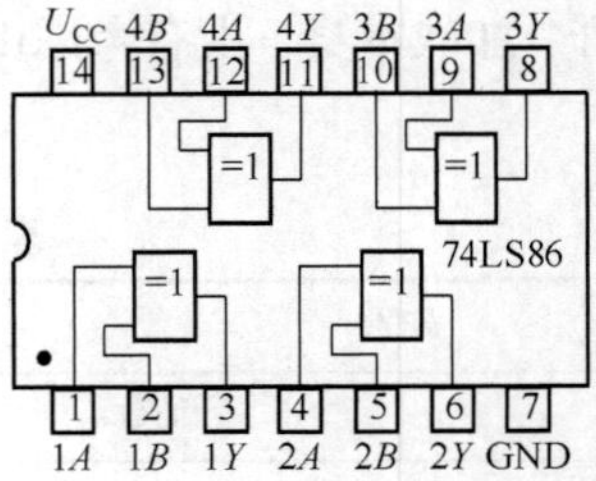

图 3.5.2　74LS86 引脚排列

2. 74LS00 组成全加器

用与非门连接成全加器，如图 3.5.3 所示。改变 A、B、C 的状态可测试其逻辑功能。

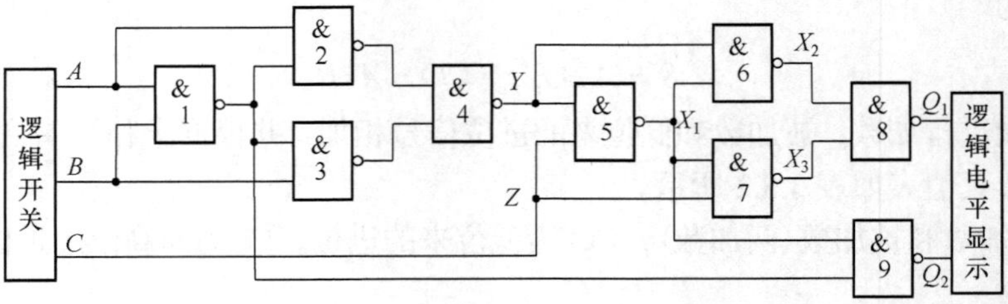

图 3.5.3　74LS00 组成全加器

3. 异或门、与或非门、非门组成全加器

由异或门、与或非门、非门组成的全加器如图 3.5.4 所示，芯片分别为 74LS86、74LS54、74LS00。连接电路时，与或非门中不用的与门输入端接地，74LS54 引脚排列如图 3.5.5 所示。

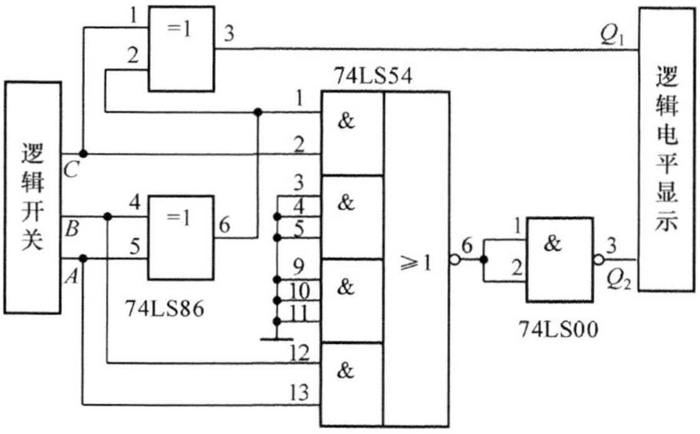

图 3.5.4　全加器电路

图 3.5.5 所示 74LS54 芯片内部逻辑式为

$$Y=\overline{AB+CDE+FGH+IJ}$$

4. 74LS00 组成的组合逻辑电路

用 74LS00 连接成如图 3.5.6 所示组合逻辑电路，改变输入端 *A*、*B*、*C* 的状态，测试其结果。

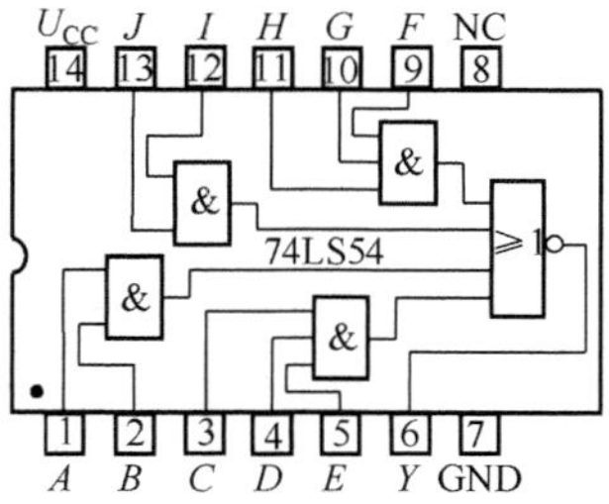

图 3.5.5　74LS54 引脚排列

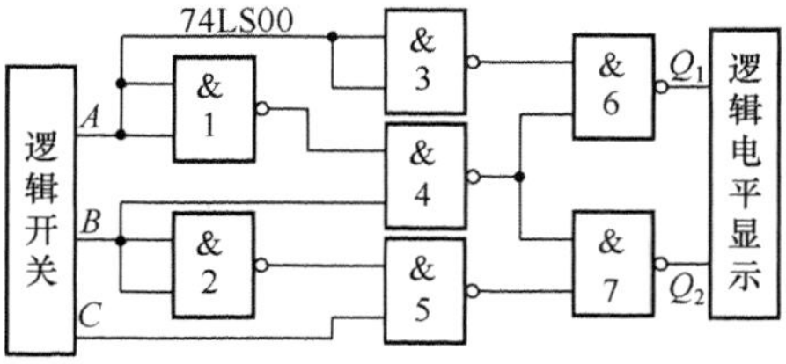

图 3.5.6　74LS00 组成的组合逻辑电路

三、实验设备与元器件

(1) 数字逻辑电路实验箱及实验箱扩展板 1 套；

(2) 双踪示波器 1 台；

(3) 数字万用表 1 块；

(4) 集成电路(74LS86 × 1、74LS54 × 1、74LS00 × 3)；

(5) 计算机 1 台，Multisim 14.0 软件 1 套。

四、实验内容

1. 74LS86和74LS00组成半加器

将74LS86、74LS00按图3.5.1所示电路图接线，在输入端接逻辑电平开关，拨动逻辑电平开关，按测试要求输入高低电平，观察半加器输出端逻辑电平显示情况，并测试其电路的逻辑功能关系，将测试结果记入表3.5.3中。(注意：检查芯片的电源和地线是否正确连接)

表3.5.3　半加器电路测试

输入		输出	
A	B	Q_1	Q_2
0	0		
0	1		
1	0		
1	1		

2. 74LS00组成全加器

将3只74LS00按图3.5.3所示电路图接线，在输入端接逻辑电平开关，拨动逻辑电平开关，按测试要求输入高低电平，观察全加器输出端逻辑电平显示情况，并测试其电路的逻辑功能关系，将测试结果记入表3.5.4中。

表3.5.4　74LS00组成的全加器电路测试

输入			输出						
A	B	C	Y	Z	X_1	X_2	X_3	Q_1	Q_2
0	0	0							
0	0	1							
0	1	0							
0	1	1							
1	0	0							
1	0	1							
1	1	0							
1	1	1							

3. 异或门、与或非门、非门组成全加器

将74LS86、74LS54、74LS00按图3.5.4所示电路图接线，在输入端接逻辑电平开关，拨动逻辑电平开关，按测试要求输入高低电平，观察全加器输出端逻辑电平显示情况，并测试其电路的逻辑功能关系，将测试结果记入表3.5.5中。

表 3.5.5　全加器电路测试

输入			输出	
A	*B*	*C*	Q_1	Q_2
0	0	0		
0	0	1		
0	1	0		
0	1	1		
1	0	0		
1	0	1		
1	1	0		
1	1	1		

4. 74LS00 组成的组合逻辑电路

将 74LS00 按图 3.5.6 所示电路图接线，在输入端接逻辑电平开关，拨动逻辑电平开关，按测试要求输入高低电平，观察组合逻辑电路输出端逻辑电平显示情况，并测试其电路的逻辑功能关系，将测试结果记入表 3.5.6 中。

表 3.5.6　组合逻辑电路测试

输入			输出	
A	*B*	*C*	Q_1	Q_2
0	0	0		
0	0	1		
0	1	0		
0	1	1		
1	0	0		
1	0	1		
1	1	0		
1	1	1		

5. Multisim 仿真

在 Multisim 中找到图 3.5.1 中所需要的元件，逻辑电平开关用两个单刀两掷开关代替，然后连接实验线路如图 3.5.7 所示。按照实验 3.2 中 Multisim 元件属性设置方法，设置 LED 和开关的属性。然后单击“运行”按钮 ▷（或按快捷键 F5），改变开关 K1、K2 的状态，观察 LED 灯颜色的变化。重画表 3.5.3，记录实验结果。

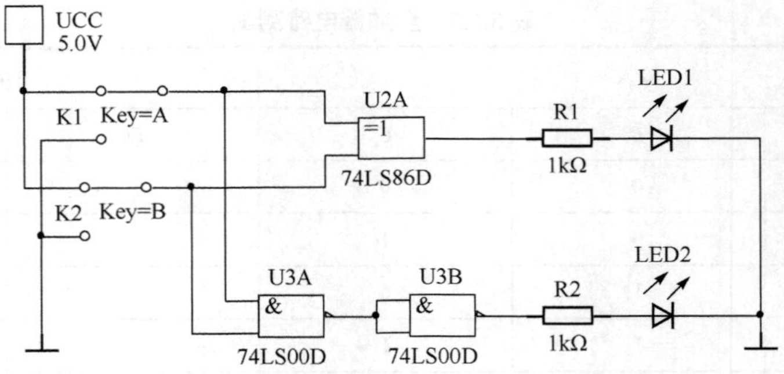

图 3.5.7 Multisim 仿真半加器电路

同样按照上述方法，仿真图 3.5.3、图 3.5.4 和图 3.5.6 中的相关电路，记录实验结果。

五、思考题

(1) 推导图 3.5.3 和图 3.5.4 中 Q_1 和 Q_2 的逻辑式。

(2) 比较 Multisim 仿真结果与实测结果。

六、实验报告要求

(1) 简述实验原理、方法与步骤；

(2) 整理测试数据，分析实验结果；

(3) 回答思考题；

(4) 实验总结与建议。

3.6 编码器实测与仿真实验

一、实验目的

(1) 加深理解编码和编码器的概念，熟悉集成编码器的控制功能；

(2) 掌握不同编码器的使用方法；

(3) 掌握使用 Multisim 14.0 进行编码器电路仿真的方法。

二、原理说明

数字系统只能处理二进制，而人们习惯采用的是十进制数，因此需要一种电路，将人们熟悉的十进制数或字符转换为二进制代码，这种电路称为编码器。编码器分为优先编码器和普通编码器。优先编码器的特点是允许编码器同时输入两个以上的编码信号而只对优先级别最高信号进行编码。各信号的优先级别在设计编码器时已被确定。

在数字电路中，二进制的编码过程是通过编码器来实现的。其中最常用的是二进制编码器和二-十进制编码器。

1. 用门电路组成二进制编码器

二进制编码器的真值表如表 3.6.1 所示。

表 3.6.1　二进制编码器的真值表

输入								输出		
I_0	I_1	I_2	I_3	I_4	I_5	I_6	I_7	Y_2	Y_1	Y_0
1	0	0	0	0	0	0	0	0	0	0
0	1	0	0	0	0	0	0	0	0	1
0	0	1	0	0	0	0	0	0	1	0
0	0	0	1	0	0	0	0	0	1	1
0	0	0	0	1	0	0	0	1	0	0
0	0	0	0	0	1	0	0	1	0	1
0	0	0	0	0	0	1	0	1	1	0
0	0	0	0	0	0	0	1	1	1	1

利用无关项化简逻辑式为

$$Y_2 = I_4 + I_5 + I_6 + I_7 = \overline{\overline{I_4} \cdot \overline{I_5} \cdot \overline{I_6} \cdot \overline{I_7}}$$
$$Y_1 = I_2 + I_3 + I_6 + I_7 = \overline{\overline{I_2} \cdot \overline{I_3} \cdot \overline{I_6} \cdot \overline{I_7}}$$
$$Y_0 = I_1 + I_3 + I_5 + I_7 = \overline{\overline{I_1} \cdot \overline{I_3} \cdot \overline{I_5} \cdot \overline{I_7}}$$

用与非门 74LS20 可以组成二进制编码器电路，与非门 74LS20 引脚排列如图 3.6.1(a)所示，二进制编码器电路如图 3.6.1(b)所示。

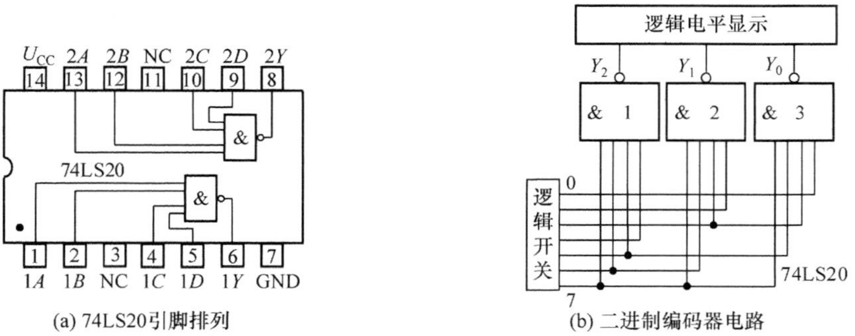

(a) 74LS20引脚排列　　(b) 二进制编码器电路

图 3.6.1　74LS20 引脚排列及二进制编码器电路

2. 8-3 线优先编码器

74LS148 是 8-3 线优先编码器。74LS148 的引脚排列如图 3.6.2(a)所示。74LS148 编码器功能测试电路如图 3.6.2(b)所示。

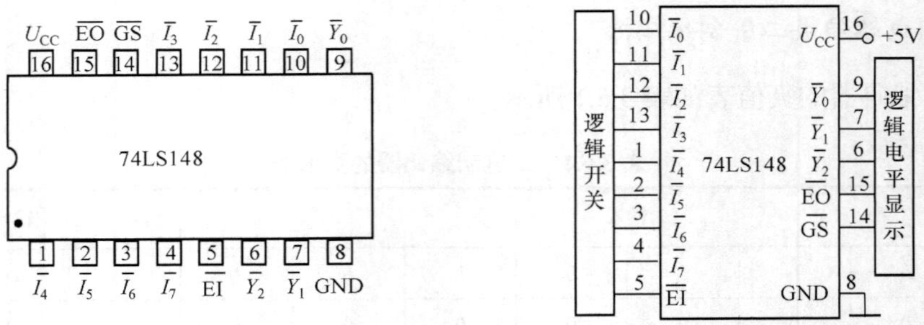

(a) 74LS148的引脚排列　　(b) 74LS148逻辑功能测试

图 3.6.2　74LS148 的引脚排列及逻辑功能测试电路

74LS148 的功能表如表 3.6.2 所示(74LS148 输入和输出均以低电平为有效信号)。

表 3.6.2　74LS148 编码器真值表

输入									输出				
$\overline{EI}$	$\overline{I}_0$	$\overline{I}_1$	$\overline{I}_2$	$\overline{I}_3$	$\overline{I}_4$	$\overline{I}_5$	$\overline{I}_6$	$\overline{I}_7$	$\overline{Y}_2$	$\overline{Y}_1$	$\overline{Y}_0$	$\overline{EO}$	$\overline{GS}$
1	×	×	×	×	×	×	×	1	1	1	1	1	1
0	1	1	1	1	1	1	1	1	1	1	1	0	1
0	×	×	×	×	×	×	×	0	0	0	0	1	0
0	×	×	×	×	×	×	0	1	0	0	1	1	0
0	×	×	×	×	×	0	1	1	0	1	0	1	0
0	×	×	×	×	0	1	1	1	0	1	1	1	0
0	×	×	×	0	1	1	1	1	1	0	0	1	0
0	×	×	0	1	1	1	1	1	1	0	1	1	0
0	×	0	1	1	1	1	1	1	1	1	0	1	0
0	0	1	1	1	1	1	1	1	1	1	1	1	0

$\overline{I}_0 \sim \overline{I}_7$ 是 8 个信号输入端，输入端为低电平时表示有编码信号输入，为高电平时表示无编码信号输入；$\overline{Y}_0 \sim \overline{Y}_2$ 是 3 个输出端，输出三位二进制代码。编码器有一个选通(使能)输入端 $\overline{EI}$ ，只有当其为低电平时编码器才能正常工作；两个扩展输出端 $\overline{GS}$ 、$\overline{EO}$ ，用于扩展编码功能。$\overline{GS}$ 为 0 表示编码器处于工作状态，且至少有一个信号输入，$\overline{EO}$ 为 0 表示编码器处于工作状态，且没有信号输入。

3. 二-十进制编码器

用得较多的是采用 8421 编码方式的二-十进制编码器。74LS147 就是一种采用 8421 编码方式的集成二-十进制优先权编码器。74LS147 的引脚排列如图 3.6.3(a)所示，有 9 个输入变量 $\overline{I}_1 \sim \overline{I}_9$ ，4 个输出端 $\overline{Y}_0 \sim \overline{Y}_3$ ，它们都是反变量。输入的反变量对低电平有效，即有信号时，输入为 0。输出的反变量组成反码，对应 0～9 十个十进制数码。输入信号的优先次序，从高到低为 $\overline{I}_9$～$\overline{I}_1$。当输入端 $\overline{I}_9=0$ 时，无论其他输入端是 0 或 1，输出端只对 $\overline{I}_9$ 编码，输出为 0110；当 $\overline{I}_9=1$，$\overline{I}_8=0$ 时，无论其他输入端是 0 或 1，输出端只对 $\overline{I}_8$ 编码，输出为 0111；以此类推。

74LS147 逻辑功能测试电路如图 3.6.3(b)所示。

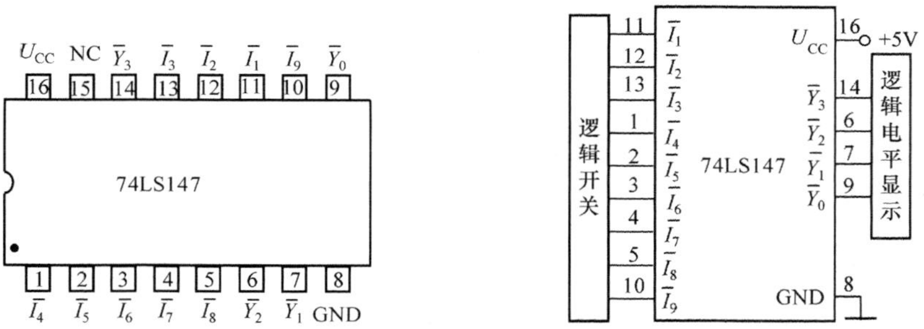

(a) 74LS147引脚排列　　(b) 74LS147逻辑功能测试

图 3.6.3　74LS147 引脚排列及逻辑功能测试电路

74LS147 的功能表如表 3.6.3 所示，74LS147 输入和输出均以低电平为有效信号。

表 3.6.3　74LS147 编码器真值表

输入									输出			
$\overline{I}_9$	$\overline{I}_8$	$\overline{I}_7$	$\overline{I}_6$	$\overline{I}_5$	$\overline{I}_4$	$\overline{I}_3$	$\overline{I}_2$	$\overline{I}_1$	$\overline{Y}_3$	$\overline{Y}_2$	$\overline{Y}_1$	$\overline{Y}_0$
1	1	1	1	1	1	1	1	1	1	1	1	1
0	×	×	×	×	×	×	×	×	0	1	1	0
1	0	×	×	×	×	×	×	×	0	1	1	1
1	1	0	×	×	×	×	×	×	1	0	0	0
1	1	1	0	×	×	×	×	×	1	0	0	1
1	1	1	1	0	×	×	×	×	1	0	1	0
1	1	1	1	1	0	×	×	×	1	0	1	1
1	1	1	1	1	1	0	×	×	1	1	0	0
1	1	1	1	1	1	1	0	×	1	1	0	1
1	1	1	1	1	1	1	1	0	1	1	1	0

4. 74LS148 扩展

用两片 74LS148 可以扩展成 16-4 线优先编码，如图 3.6.4 所示。

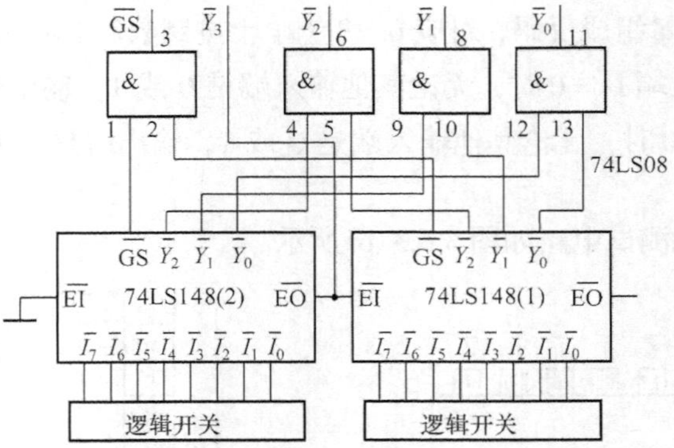

图 3.6.4　8-3 线编码器的扩展图

三、实验设备与元器件

(1) 数字逻辑电路实验箱及实验箱扩展板 1 套；
(2) 双踪示波器 1 台；
(3) 数字万用表 1 块；
(4) 集成电路(74LS08 × 1、74LS20 × 2、74LS147 × 1、74LS148×2)；
(5) 计算机 1 台，Multisim 14.0 软件 1 套。

四、实验内容

1. 用门电路组成二进制编码器功能测试

将 74LS20 按图 3.6.1(b)所示接线，在输入端接逻辑电平开关，拨动逻辑电平开关，使 0～7 端依次接地，测试其三个输出端，将测试结果记入表 3.6.4 中。

表 3.6.4　门电路组成二进制编码器测试

开关 K	输出		
	Y_2	Y_1	Y_0
0			
1			
2			
3			
4			
5			
6			
7			

2. 8-3 线优先编码器功能测试

74LS148 按图 3.6.2(b)所示接线，按表 3.6.2 中所列的逻辑状态将输入端接入高电平或低电平，将测试结果记入表 3.6.5 中。

表 3.6.5　8-3 线优先编码器测试

输入									输出				
$\overline{EI}$	$\overline{I}_0$	$\overline{I}_1$	$\overline{I}_2$	$\overline{I}_3$	$\overline{I}_4$	$\overline{I}_5$	$\overline{I}_6$	$\overline{I}_7$	$\overline{Y}_2$	$\overline{Y}_1$	$\overline{Y}_0$	$\overline{EO}$	$\overline{GS}$
1	×	×	×	×	×	×	×	×					
0	1	1	1	1	1	1	1	1					
0	×	×	×	×	×	×	×	0					
0	×	×	×	×	×	×	0	1					
0	×	×	×	×	×	0	1	1					
0	×	×	×	×	0	1	1	1					
0	×	×	×	0	1	1	1	1					
0	×	×	0	1	1	1	1	1					
0	×	0	1	1	1	1	1	1					
0	0	1	1	1	1	1	1	1					

3. 二-十进制优先权编码器功能测试

取集成二-十进制优先权编码器 74LS147。按图 3.6.3(b)连接。将 9 个输入端$\overline{I}_9$～$\overline{I}_1$依次接逻辑电平开关。4 个输出端$\overline{Y}_0$～$\overline{Y}_3$依次接逻辑电平显示器。按表 3.6.6 给定的输入状态，观察对应的输出状态。将实验数据记入表 3.6.6 中。注意表中的“×”为任意状态。

表 3.6.6　二-十进制优先权编码器测试

$\overline{I}_9$	$\overline{I}_8$	$\overline{I}_7$	$\overline{I}_6$	$\overline{I}_5$	$\overline{I}_4$	$\overline{I}_3$	$\overline{I}_2$	$\overline{I}_1$	$\overline{Y}_3$	$\overline{Y}_2$	$\overline{Y}_1$	$\overline{Y}_0$
1	1	1	1	1	1	1	1	1				
0	×	×	×	×	×	×	×	×				
1	0	×	×	×	×	×	×	×				
1	1	0	×	×	×	×	×	×				
1	1	1	0	×	×	×	×	×				
1	1	1	1	0	×	×	×	×				
1	1	1	1	1	0	×	×	×				
1	1	1	1	1	1	0	×	×				
1	1	1	1	1	1	1	0	×				
1	1	1	1	1	1	1	1	0				

4. 74LS148 的扩展

将 74LS08 和两片 8-3 线优先编码器 74LS148 按图 3.6.4 接线，测试其逻辑功能。测试记录表格自拟。

5. Multisim 仿真

在 Multisim 中找到图 3.6.3(b)中所需的元件，逻辑电平开关由拨码开关 S1 和排阻 R1 构成，然后连接实验线路如图 3.6.5 所示。按照实验 3.2 中 Multisim 元件属性设置方法，设置 LED 的属性。然后单击“运行”按钮 （或按快捷键 F5），改变拨码开关 S1 的状态，观察 LED 灯颜色的变化。重画表 3.6.6，记录实验结果。

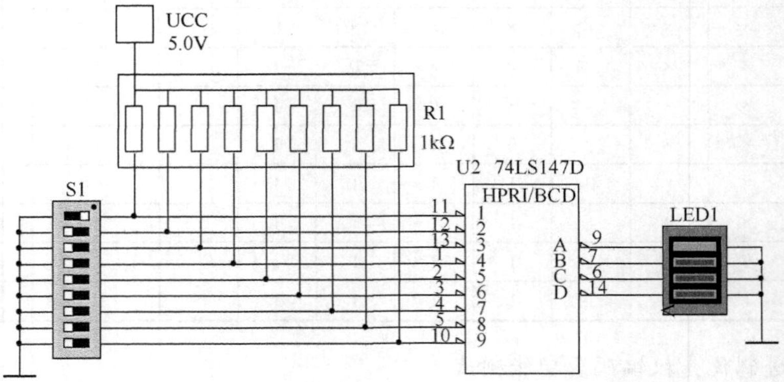

图 3.6.5 Multisim 仿真 74LS147 优先编码器

按照同样的方法，仿真图 3.6.1(b)、图 3.6.2(b)及图 3.6.4 中的相关电路，记录实验结果。

五、思考题

(1) 如何用与非门组成 4-2 线编码器?

(2) 比较用门电路组合编码电路和用专用集成编码器电路各有什么优缺点。

(3) 比较 Multisim 仿真结果与实测结果。

六、实验报告要求

(1) 简述实验原理、方法与步骤；

(2) 整理测试数据，分析实验结果；

(3) 回答思考题；

(4) 实验总结与建议。

3.7 译码器实测与仿真实验

一、实验目的

(1) 学习用门电路组成简单二进制译码器；

(2) 掌握集成译码器的逻辑功能测试，熟悉常用译码器的典型应用；

(3) 掌握使用 Multisim 14.0 进行译码器电路仿真的方法。

二、原理说明

译码器是一个多输入、多输出的组合逻辑电路。其作用是把给定的代码进行“翻译”，变成相应的状态，使输出通道中相应的一路有信号输出。译码器有广泛的用途，不仅用于代码的转换、终端的数字显示，还用于数据分配、存储器寻址和组合控制信号等。译码器可分为通用译码器和显示译码器两类。前者又分为变量译码器和代码变换译码器。译码和编码的过程相反。编码是将某种信号或十进制的十个数码(输入)编成二进制代码(输出)，译码是将二进制代码(输入)按其编码时的原意译成对应的信号或十进制数码(输出)。

1. 二进制译码器

以 2-4 线译码器为例。与 4-2 线编码器相对应，2-4 线译码器的状态表如表 3.7.1 所示。

表 3.7.1　2-4 线译码器

输入		输出			
A	B	Y_3	Y_2	Y_1	Y_0
0	0	0	0	0	1
0	1	0	0	1	0
1	0	0	1	0	0
1	1	1	0	0	0

由状态表可列出逻辑式为

$$Y_0=\overline{A}\,\overline{B},\quad Y_1=\overline{A}B,\quad Y_2=A\overline{B},\quad Y_3=AB$$

二进制译码器可用门电路组合，也有专用二进制译码器。74LS10 引脚排列如图 3.7.1 所示。用非门 74LS04 和与非门 74LS10 组成 2-4 线译码器电路，如图 3.7.2 所示。74LS04 引脚排列如图 3.2.3 所示。

图 3.7.3 为 3-8 线译码器引脚排列。从 3-8 线译码器 74LS138 排列情况可知，A_2、A_1、A_0 为地址输入端，$\overline{Y}_7\sim\overline{Y}_0$ 为译码输出端，S_1、$\overline{S}_2$、$\overline{S}_3$ 为使能端。

当 $S_1=1$，$\overline{S}_2+\overline{S}_3=0$ 时，器件使能，地址码所指定的输出端有信号(为 0)输出，其他所有输出端均无信号(全为 1)输出。当 $S_1=0$，$\overline{S}_2+\overline{S}_3=X$ 时(X 为任意状态)，或 $S_1=X$，$\overline{S}_2+\overline{S}_3=1$ 时，译码器被禁止，所有输出同时为 1。

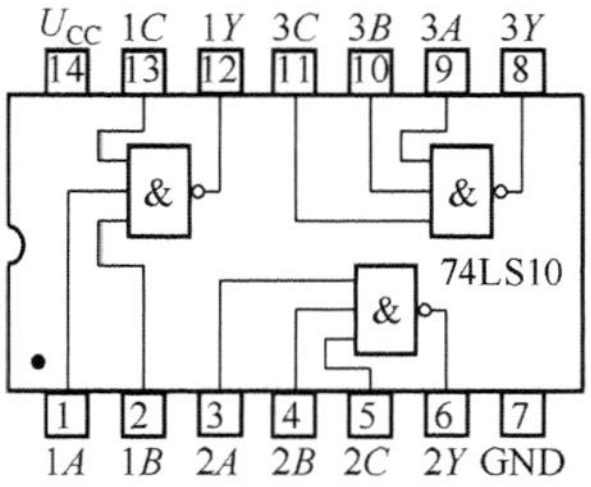

图 3.7.1　74LS10 引脚排列

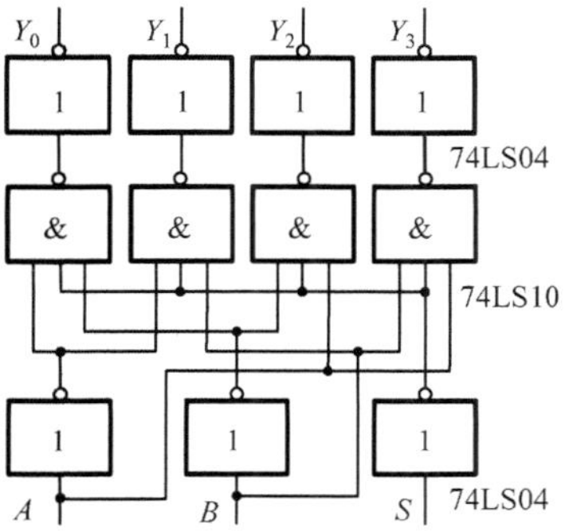

图 3.7.2　门电路组合 2-4 线译码器

另外，利用使能端可以方便地将两个 3-8 线译码器组合成一个 4-16 线译码器，如图 3.7.4 所示。

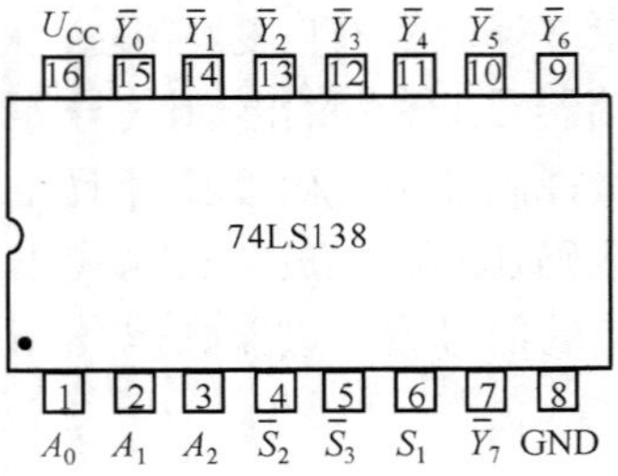

图 3.7.3　74LS138 引脚排列

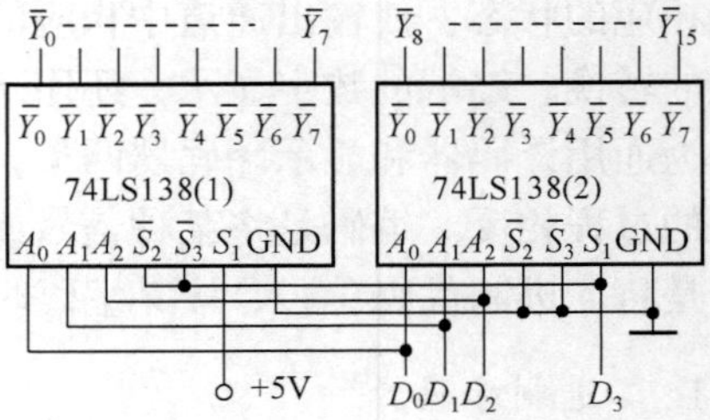

图 3.7.4　4-16 线译码器

常用的 3-8 线译码器 74LS138 的真值表如表 3.7.2 所示。

表 3.7.2　3-8 线译码器 74LS138 真值表

输入						输出							
S_1	$\overline{S}_2$	$\overline{S}_3$	A_2	A_1	A_0	$\overline{Y}_7$	$\overline{Y}_6$	$\overline{Y}_5$	$\overline{Y}_4$	$\overline{Y}_3$	$\overline{Y}_2$	$\overline{Y}_1$	$\overline{Y}_0$
0	×	×	×	×	×	1	1	1	1	1	1	1	1
×	1	×	×	×	×	1	1	1	1	1	1	1	1
×	×	1	×	×	×	1	1	1	1	1	1	1	1
1	0	0	0	0	0	1	1	1	1	1	1	1	0
1	0	0	0	0	1	1	1	1	1	1	1	0	1
1	0	0	0	1	0	1	1	1	1	1	0	1	1
1	0	0	0	1	1	1	1	1	1	0	1	1	1
1	0	0	1	0	0	1	1	1	0	1	1	1	1
1	0	0	1	0	1	1	1	0	1	1	1	1	1
1	0	0	1	1	0	1	0	1	1	1	1	1	1
1	0	0	1	1	1	0	1	1	1	1	1	1	1

2. 二-十进制译码器

与二-十进制编码器相反，二-十进制译码器的逻辑功能是将输入 BCD 码的十个代码译成十个高、低电平输出信号。常用的集成二-十进制译码器 74LS42 引脚排列如图 3.7.5 所示，其真值表如表 3.7.3 所示。

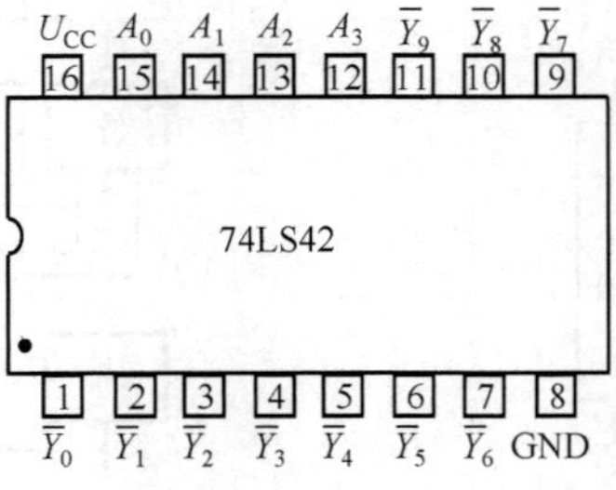

图 3.7.5　74LS42 引脚排列

表 3.7.3　二-十进制译码器 74LS42 真值表

序号	输入				输出									
	A_3	A_2	A_1	A_0	$\overline{Y}_9$	$\overline{Y}_8$	$\overline{Y}_7$	$\overline{Y}_6$	$\overline{Y}_5$	$\overline{Y}_4$	$\overline{Y}_3$	$\overline{Y}_2$	$\overline{Y}_1$	$\overline{Y}_0$
0	0	0	0	0	1	1	1	1	1	1	1	1	1	0
1	0	0	0	1	1	1	1	1	1	1	1	1	0	1
2	0	0	1	0	1	1	1	1	1	1	1	0	1	1
3	0	0	1	1	1	1	1	1	1	1	0	1	1	1
4	0	1	0	0	1	1	1	1	1	0	1	1	1	1
5	0	1	0	1	1	1	1	1	0	1	1	1	1	1
6	0	1	1	0	1	1	1	0	1	1	1	1	1	1
7	0	1	1	1	1	1	0	1	1	1	1	1	1	1
8	1	0	0	0	1	0	1	1	1	1	1	1	1	1
9	1	0	0	1	0	1	1	1	1	1	1	1	1	1
伪码	1	0	1	0	1	1	1	1	1	1	1	1	1	1
	1	0	1	1	1	1	1	1	1	1	1	1	1	1
	1	1	0	0	1	1	1	1	1	1	1	1	1	1
	1	1	0	1	1	1	1	1	1	1	1	1	1	1
	1	1	1	0	1	1	1	1	1	1	1	1	1	1
	1	1	1	1	1	1	1	1	1	1	1	1	1	1

十个输出信号的逻辑式分别为

$$\overline{Y}_0=\overline{\overline{A}_3\overline{A}_2\overline{A}_1\overline{A}_0},\quad \overline{Y}_1=\overline{\overline{A}_3\overline{A}_2\overline{A}_1A_0},\quad \overline{Y}_2=\overline{\overline{A}_3\overline{A}_2A_1\overline{A}_0},\quad \overline{Y}_3=\overline{\overline{A}_3\overline{A}_2A_1A_0},\quad \overline{Y}_4=\overline{\overline{A}_3A_2\overline{A}_1\overline{A}_0}$$

$$\overline{Y}_5=\overline{\overline{A}_3A_2\overline{A}_1A_0},\quad \overline{Y}_6=\overline{\overline{A}_3A_2A_1\overline{A}_0},\quad \overline{Y}_7=\overline{\overline{A}_3A_2A_1A_0},\quad \overline{Y}_8=\overline{A_3\overline{A}_2\overline{A}_1\overline{A}_0},\quad \overline{Y}_9=\overline{A_3\overline{A}_2\overline{A}_1A_0}$$

由逻辑式可知，当 $A_3A_2A_1A_0$=0000 时，只有 $\overline{Y}_0=0$；当 $A_3A_2A_1A_0$=0001 时，只有 $\overline{Y}_1=0$，以此类推，当 $A_3A_2A_1A_0$=1001 时，只有 $\overline{Y}_9=0$。另外，该集成二-十进制译码器还有拒绝伪码的功能。即对于 BCD 代码以外的伪码(即 1010～1111 六个代码)，$\overline{Y}_0$～$\overline{Y}_9$ 均无低电平产生。

三、实验设备与元器件

(1)数字逻辑电路实验箱及实验箱扩展板 1 套；
(2)双踪示波器 1 台；
(3)数字万用表 1 块；
(4)集成电路(74LS42 × 1、74LS138×2、74LS04 × 2、74LS10 × 1)；
(5)计算机 1 台，Multisim 14.0 软件 1 套。

四、实验内容

1. 门电路组成 2-4 线译码器

将非门 74LS04 和与非门 74LS10 按图 3.7.2 接线，并将输入端 A、B、S 接逻辑电平开关，输出端 Y_3、Y_2、Y_1、Y_0 从左到右分别接逻辑电平显示器。接上+5V 电源，按表 3.7.4 给定输入状态，观察相应的输出状态，将实验数据记入表 3.7.4 中。

表 3.7.4　门电路组成 2-4 线译码器

输入			输出			
S	B	A	Y_3	Y_2	Y_1	Y_0
0	0	0				
0	0	1				
0	1	0				
0	1	1				
1	0	0				
1	0	1				
1	1	0				
1	1	1				

2. 集成译码器 74LS138 逻辑功能测试

将译码器 74LS138 使能端 S_1、$\overline{S}_2$、$\overline{S}_3$ 及地址端 A_2、A_1、A_0 分别接至逻辑电平开关输出口，八个输出端 $\overline{Y}_7 \sim \overline{Y}_0$ 依次连接在逻辑电平显示器的八个输入口上，拨动逻辑电平开关，按表 3.7.5 逐项测试 74LS138 的逻辑功能，并将测试数据记入表 3.7.5 中。

表 3.7.5　74LS138 译码器逻辑功能测试

输入						输出							
S_1	$\overline{S}_2$	$\overline{S}_3$	A_2	A_1	A_0	$\overline{Y}_7$	$\overline{Y}_6$	$\overline{Y}_5$	$\overline{Y}_4$	$\overline{Y}_3$	$\overline{Y}_2$	$\overline{Y}_1$	$\overline{Y}_0$
0	×	×	×	×	×								
×	1	×	×	×	×								
×	×	1	×	×	×								
1	0	0	0	0	0								
1	0	0	0	0	1								
1	0	0	0	1	0								
1	0	0	0	1	1								
1	0	0	1	0	0								
1	0	0	1	0	1								
1	0	0	1	1	0								
1	0	0	1	1	1								

3. 二-十进制译码器逻辑功能测试

用二-十进制译码器 74LS42，将输入端 $A_3A_2A_1A_0$ 从左到右依次接逻辑电平开关，$\overline{Y}_9 \sim \overline{Y}_0$ 从左到右依次接电平显示器，接上+5V 电源后，按表 3.7.6 给定输入状态，观察相应的输出状态，将实验数据记入表 3.7.6。

表 3.7.6　二-十进制译码器逻辑功能测试

输入				输出									
A_3	A_2	A_1	A_0	$\overline{Y}_9$	$\overline{Y}_8$	$\overline{Y}_7$	$\overline{Y}_6$	$\overline{Y}_5$	$\overline{Y}_4$	$\overline{Y}_3$	$\overline{Y}_2$	$\overline{Y}_1$	$\overline{Y}_0$
0	0	0	0										
0	0	0	1										
0	0	1	0										
0	0	1	1										
0	1	0	0										
0	1	0	1										
0	1	1	0										
0	1	1	1										
1	0	0	0										
1	0	0	1										
1	0	1	0										
1	0	1	1										
1	1	0	0										
1	1	0	1										
1	1	1	0										
1	1	1	1										

4. Multisim 仿真

在 Multisim 中找到 74LS42、拨码开关 S1 和 LED 等元件，连接实验线路如图 3.7.6 所示。逻辑电平开关由拨码开关 S1 和排阻 R1 构成，按照实验 3.2 中 Multisim 元件属性设置方法，设置 LED 的属性。然后单击“运行”按钮 ▷（或按快捷键 F5），改变拨码开关 S1 的状态，观察 LED 灯颜色的变化。重画表 3.7.6，记录实验结果。

按照同样方法，仿真 74LS138、图 3.7.2 以及图 3.7.4 中的相关电路，记录实验结果。

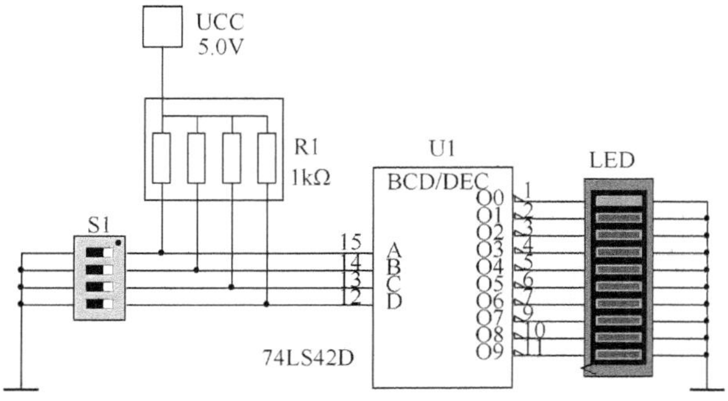

图 3.7.6　Multisim 仿真 74LS42 译码器

五、思考题

(1)如何将两个3-8线译码器组合成一个4-16线译码器?

(2)比较用门电路组成组合电路和使用专用集成电路各有什么优缺点。

(3)比较Multisim仿真结果与实测结果。

六、实验报告要求

(1)简述实验原理、方法与步骤;

(2)整理测试数据,分析实验结果;

(3)回答思考题;

(4)实验总结与建议。

3.8 数码管实测与仿真实验

一、实验目的

(1)熟悉共阴、共阳数码管的使用,掌握数码管的驱动方法;

(2)掌握使用Multisim 14.0进行数码管电路仿真的方法。

二、原理说明

在数字测量仪表和各种数字系统中,都需要将数字量直观地显示出来,一方面供人们直接读取测量和运算的结果,另一方面用于监视数字系统的工作情况。因此,数字显示电路是许多数字设备不可缺少的部分。数字显示电路通常由译码器、驱动器和显示器等部分组成,如图3.8.1所示。

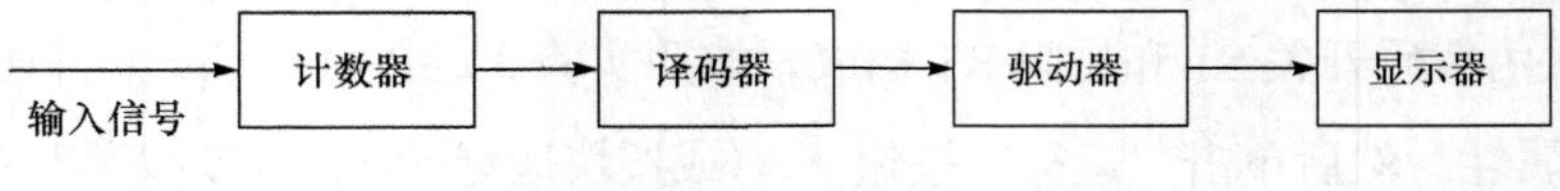

图3.8.1 数字显示电路组成方块图

数码的显示方式一般有三种:第一种是字型重叠式,第二种是分段式,第三种是点阵式。目前以分段式应用最为普遍,分段式由七段发光二极管(LED)构成。它可分为两种,一是共阳极显示器(发光二极管的阳极都接在一个公共点上),另一是共阴极显示器(发光二极管的阴极都接在一个公共点上,使用时公共点接地)。图3.8.2分别为共阴LED数码管的内部连接图和引脚功能图。图3.8.3分别为共阳LED数码管的内部连接图和引脚功能图。

1. 七段发光二极管(LED数码管)

一个LED数码管可用来显示一位0~9十进制数和一个小数点。小型数码管(0.5寸和0.36寸)每段发光二极管的正向压降,随显示光(通常为红、绿、黄、橙色)的颜色不同略有差别,通常为 2～2.5V，每个发光二极管的点亮电流在 5～10mA。LED 数码管要显示 BCD 码所表示的十进制数字就需要有一个专门的译码器，该译码器不但要完成译码功能，还要有相当的驱动能力。

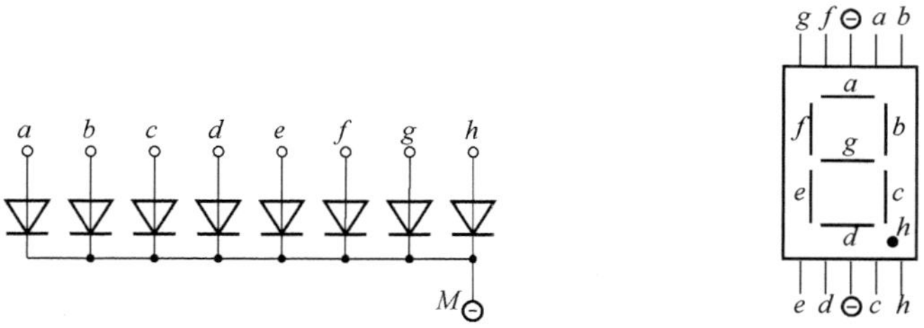

(a) 共阴连接　　(b) 符号及引脚功能

图 3.8.2　共阴 LED 数码管

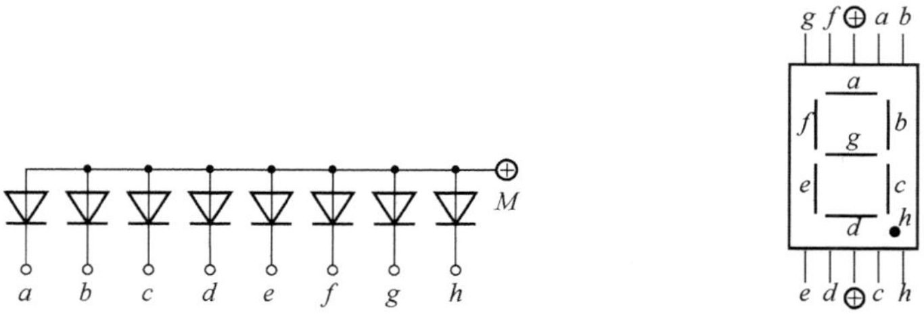

(a) 共阳连接　　(b) 符号及引脚功能

图 3.8.3　共阳 LED 数码管

2. BCD 码七段译码驱动器

此类译码器型号有 74LS47(共阳)、74LS48(共阴)、CD4511(共阴)等，本实验采用CD4511 BCD 码锁存七段译码驱动器，驱动共阴极 LED 数码管。图 3.8.4 为 74LS48 和 CD4511 引脚排列图。

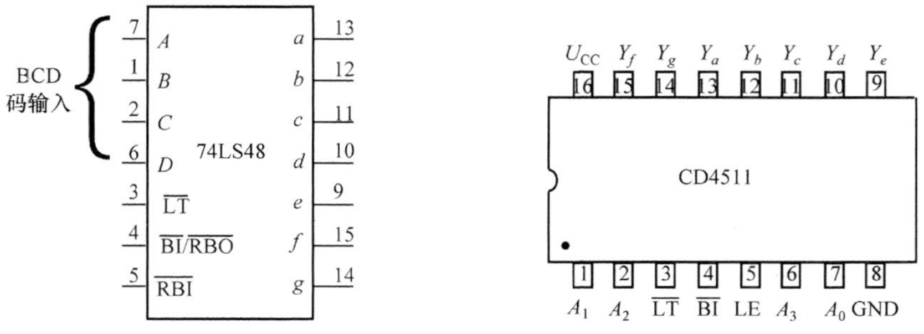

(a) 74LS48引脚排列图　　(b) CD4511引脚排列图

图 3.8.4　74LS48 和 CD4511 引脚排列图

1) 74LS48 功能简介

74LS47 的引脚排列与 74LS48 的引脚排列一模一样，两者的功能也差不多。使用时要注意：74LS47 是用来驱动共阳极显示器的，74LS48 是用来驱动共阴极的；74LS48 内部有升压电阻，使用时可以直接与显示器相连，而 74LS47 为集电极开路输出，使用时要外接电阻。表 3.8.1 为 74LS48 功能表。

表 3.8.1　74LS48 功能表

功能或数字	输入							输出							显示字型
	$\overline{LT}$	$\overline{RBI}$	D	C	B	A	$\overline{BI}/\overline{RBO}$	a	b	c	d	e	f	g	
灭灯	×	×	×	×	×	×	0(输入)	0	0	0	0	0	0	0	灭灯
试灯	0	×	×	×	×	×	1	1	1	1	1	1	1	1	8
灭零	1	0	0	0	0	0	0	0	0	0	0	0	0	0	灭灯
0	1	1	0	0	0	0	1	1	1	1	1	1	1	0	0
1	1	×	0	0	0	1	1	0	1	1	0	0	0	0	1
2	1	×	0	0	1	0	1	1	1	0	1	1	0	1	2
3	1	×	0	0	1	1	1	1	1	1	1	0	0	1	3
4	1	×	0	1	0	0	1	0	1	1	0	0	1	1	4
5	1	×	0	1	0	1	1	1	0	1	1	0	1	1	5
6	1	×	0	1	1	0	1	0	0	1	1	1	1	1	6
7	1	×	0	1	1	1	1	1	1	1	0	0	0	0	7
8	1	×	1	0	0	0	1	1	1	1	1	1	1	1	8
9	1	×	1	0	0	1	1	1	1	1	0	0	1	1	9
10	1	×	1	0	1	0	1	0	0	0	1	1	0	1	
11	1	×	1	0	1	1	1	0	0	1	1	0	0	1	
12	1	×	1	1	0	0	1	0	1	0	0	0	1	1	
13	1	×	1	1	0	1	1	1	0	0	1	0	1	1	
14	1	×	1	1	1	0	1	0	0	0	1	1	1	1	
15	1	×	1	1	1	1	1	0	0	0	0	0	0	0	灭灯

2）74LS248 共阴极译码驱动器

74LS248 的使用方法与 74LS48 的使用方法一模一样，两者的功能也几乎一样，但两者在显示数字“6”与“9”这两个数上有一点差别。

3）CD4511 共阴极译码驱动器

它的使用方法、功能和显示效果与 74LS48 基本一样，二者的区别在于 CD4511 的输入码超过 1001（即大于 9）时，它的输出全为“0”，数码管熄灭，而且使用 CD4511 时，输出端与数码管之间要串入限流电阻。CD4511 驱动一位 LED 数码管电路如图 3.8.5 所示。

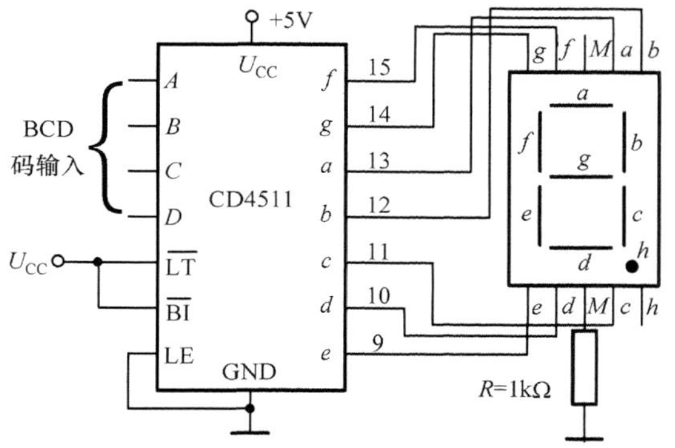

图 3.8.5　CD4511 驱动一位 LED 数码管

图 3.8.5 中，*D*、*C*、*B*、*A* 为 BCD 码输入端。*a*、*b*、*c*、*d*、*e*、*f*、*g* 为译码输出端，输出“1”有效，用来驱动共阴极 LED 数码管。$\overline{\text{LT}}$ 为测试输入端，$\overline{\text{LT}}$ = “0”时，译码输出全为“1”。$\overline{\text{BI}}$ 为消隐输入端，$\overline{\text{LT}}$ = “1”，$\overline{\text{BI}}$ = “0”时，译码无输出。LE 为锁定端，LE= “1”，$\overline{\text{LT}}$ = “1”，$\overline{\text{BI}}$ = “1”时译码器处于锁定（保持）状态，译码输出保持在 LE=0 时的数值，LE=0 为正常译码。

CD4511 内接有上拉电阻，故只需在输出端与数码管笔段之间串入限流电阻即可工作。译码器还有拒伪码功能，当输入码超过 1001 时，输出全为“0”，数码管熄灭。

在本数字电路实验装置上已完成了译码器 CD4511 和数码管 BS202 之间的连接。实验时，只要接通+5V 电源和将十进制数的 BCD 码接至译码器的相应输入端 *A*、*B*、*C*、*D* 即可显示 0～9 的数字。四位数码管可接受四组 BCD 码输入。

三、实验设备与元器件

(1) 数字逻辑电路实验箱及实验箱扩展板 1 套；
(2) 双踪示波器 1 台；
(3) 数字万用表 1 块；
(4) 共阴数码管 1 只；
(5) 集成电路（CD4511 × 1、74LS47 × 1、74LS48 × 1、74LS248 × 1）；
(6) 电阻（1kΩ × 1）；
(7) 计算机 1 台，Multisim 14.0 软件 1 套。

四、实验内容

1. CD4511 的功能测试

按图 3.8.5 连线，测试 CD4511 的功能。测试的方法如下：首先将扩展板固定在实验箱相应的位置，插上芯片 CD4511，连接+5V 电源、地线，BCD 码输入接拨位开关，CD4511 的输出端接共阴数码管的对应段码；注意共阴数码管的第 3 脚和第 8 脚通过电阻接地。观察 BCD 码输入与数码管的显示情况（从 0000～1111），将其结果计入表 3.8.2。

表 3.8.2　CD4511 功能测试

输入							输出							显示字型
LE	$\overline{BI}$	$\overline{LT}$	D	C	B	A	a	b	c	d	e	f	g	
×	×	0	×	×	×	×								
×	0	1	×	×	×	×								
0	1	1	0	0	0	0								
0	1	1	0	0	0	1								
0	1	1	0	0	1	0								
0	1	1	0	0	1	1								
0	1	1	0	1	0	0								
0	1	1	0	1	0	1								
0	1	1	0	1	1	0								
0	1	1	0	1	1	1								
0	1	1	1	0	0	0								
0	1	1	1	0	0	1								
0	1	1	1	0	1	0								
0	1	1	1	0	1	1								
0	1	1	1	1	0	0								
0	1	1	1	1	0	1								
0	1	1	1	1	1	0								
0	1	1	1	1	1	1								
1	1	1	×	×	×	×								

2. 74LS47、74LS48、74LS248 的功能测试

分别换上 74LS47、74LS48、74LS248（注意要改变连接线），验证它们的功能。

3. Multisim 仿真

在 Multisim 中找到图 3.8.5 中所需要的元件，逻辑电平开关由拨码开关 S1、S2 和排阻 R1 构成，连接实验线路如图 3.8.6 所示。按照实验 3.2 中 Multisim 元件属性设置方法，双击数码管元件，弹出数码管元件属性对话框，将 Value 选项卡中的 on current（I_{on}）值改为 3mA。然后单击“运行”按钮 ▶（或按快捷键 F5），改变拨码开关 S1、S2 的状态，观察 LED 灯颜色的变化。重画表 3.8.2，记录实验结果。

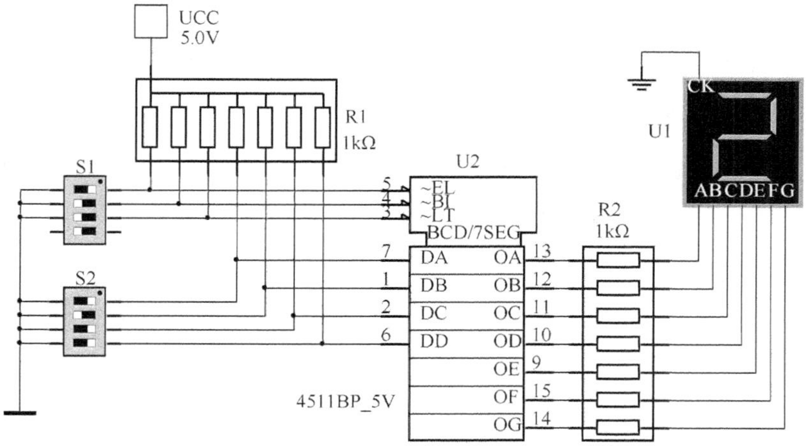

图 3.8.6　Multisim 仿真 CD4511 数码管译码

同样按照上述方法，仿真 74LS47、74LS48、74LS248。记录实验结果。

五、思考题

(1) 共阴和共阳数码管在使用上有何区别?

(2) 比较 741347、78LS48、74LS248、CD4511 的异同点。

(3) 比较 Multisim 仿真结果与实测结果。

六、实验报告要求

(1) 简述实验原理、方法与步骤;

(2) 整理测试数据，分析实验结果;

(3) 回答思考题;

(4) 实验总结与建议。

3.9　数据选择器和数据分配器实测与仿真实验

一、实验目的

(1) 熟悉数据选择器和数据分配器的逻辑功能;

(2) 掌握中规模集成数据选择器使用方法;

(3) 学习用数据选择器和数据分配器构成组合逻辑电路的方法;

(4) 掌握使用 Multisim 14.0 进行数据选择器和数据分配器电路仿真的方法。

二、原理说明

数据选择器又称“多路开关”。数据选择器在地址码(或选择控制)电平的控制下，从几个数据输入中选择一个并将其送到一个公共的输出端。数据选择器的功能类似一个多掷开关，如图 3.9.1 所示，图中有四路数据 D_0～D_3，通过选择控制信号 A_1、A_0(地址码)从四路数据中选中某一路数据送至输出端 Q。数据选择器是目前逻辑设计中应用十分广泛的逻辑部件，它有2选1、4选1、8选1、16选1等类别。数据选择器一般由与或门阵列组成，也有用传输门开关和门电路混合而成的。

1. 8选1数据选择器(74LS151)

74LS151为互补输出的8选1数据选择器，引脚排列如图3.9.2所示。功能如表3.9.1所示。选择控制端(地址端)为A_2～A_0，按二进制译码，从8个输入数据D_0～D_7中，选择一个需要的数据送到输出端Q，$\overline{S}$为使能端，低电平有效。

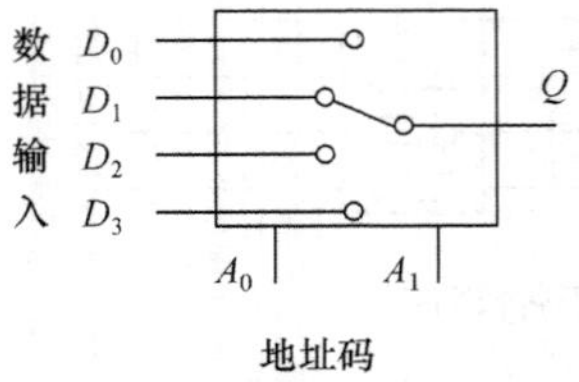

图3.9.1　4选1数据选择器示意图

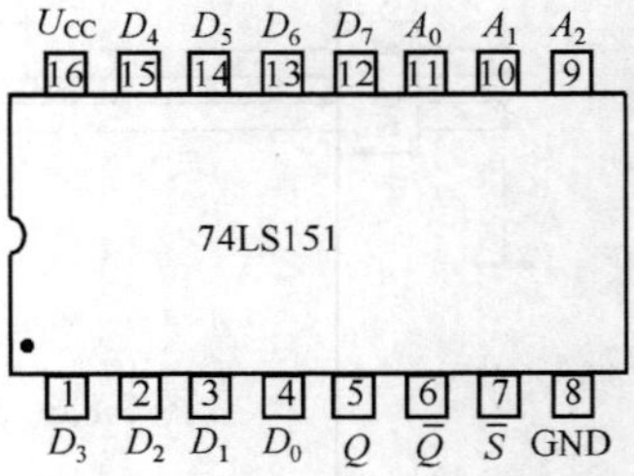

图3.9.2　74LS151引脚排列

表3.9.1　74LS151功能表

输入				输出	
$\overline{S}$	A_2	A_1	A_0	Q	$\overline{Q}$
1	×	×	×	0	1
0	0	0	0	D_0	$\overline{D_0}$
0	0	0	1	D_1	$\overline{D_1}$
0	0	1	0	D_2	$\overline{D_2}$
0	0	1	1	D_3	$\overline{D_3}$
0	1	0	0	D_4	$\overline{D_4}$
0	1	0	1	D_5	$\overline{D_5}$
0	1	1	0	D_6	$\overline{D_6}$
0	1	1	1	D_7	$\overline{D_7}$

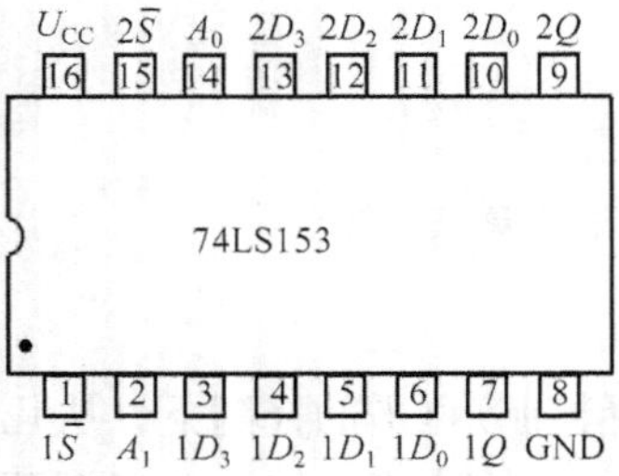

图3.9.3　74LS153引脚排列

(1)使能端$\overline{S}$=1时，不论A_2～A_0状态如何，均无输出(Q=0，$\overline{Q}$=1)，多路开关被禁止。

(2)使能端$\overline{S}$=0时，多路开关正常工作，根据地址码A_2、A_1、A_0的状态选择D_0～D_7中某一个通道的数据输送到输出端Q。

例如，$A_2A_1A_0$=000，则选择D_0数据到输出端，即Q=D_0；$A_2A_1A_0$=001，则选择D_1数据到输出端，即Q=D_1，其余类推。

2. 双 4 选 1 数据选择器(74LS153)

所谓双 4 选 1 数据选择器就是在一块集成芯片上有两个 4 选 1 数据选择器。引脚排列如图 3.9.3 所示，功能如表 3.9.2 所示。

表 3.9.2 74LS153 功能表

输入			输出
$\overline{S}$	A_1	A_0	Q
1	×	×	0
0	0	0	D_0
0	0	1	D_1
0	1	0	D_2
0	1	1	D_3

$1\overline{S}$ 、$2\overline{S}$ 为两个独立的使能端；A_1、A_0 为公用的地址输入端；$1D_0$～$1D_3$ 和 $2D_0$～$2D_3$ 分别为两个 4 选 1 数据选择器的数据输入端；$1Q$、$2Q$ 为两个输出端。

(1) 当使能端 $1\overline{S}$（$2\overline{S}$）=1 时，多路开关被禁止，无输出，Q=0。

(2) 当使能端 $1\overline{S}$ =0 时，多路开关正常工作，根据地址码 A_1、A_0 的状态，将相应的数据 D_0～D_3 送到输出端 Q。

例如，A_1A_0=00 时，选择 D_0 数据到输出端，即 Q=D_0；A_1A_0=01 时，选择 D_1 数据到输出端，即 Q=D_1，其余类推。

数据选择器的用途很多，如多通道传输、数码比较、并行码变串行码以及实现逻辑函数等。

3. 数据分配器

数据分配器实际上就是译码器的特殊应用。其逻辑功能与数据选择器相反，常用译码器充当数据分配器，如 74LS138。数据分配器与数据选择器配合，可以实现多路信号的传输，也可利用其实现一些组合逻辑电路功能。

三、实验设备与元器件

(1) 数字逻辑电路实验箱及实验箱扩展板 1 套；
(2) 双踪示波器 1 台；
(3) 数字万用表 1 块；
(4) 集成电路(74LS151 × 2、74LS138 × 1、74LS08 × 1、74LS32 × 1)；
(5) 计算机 1 台，Multisim 14.0 软件 1 套。

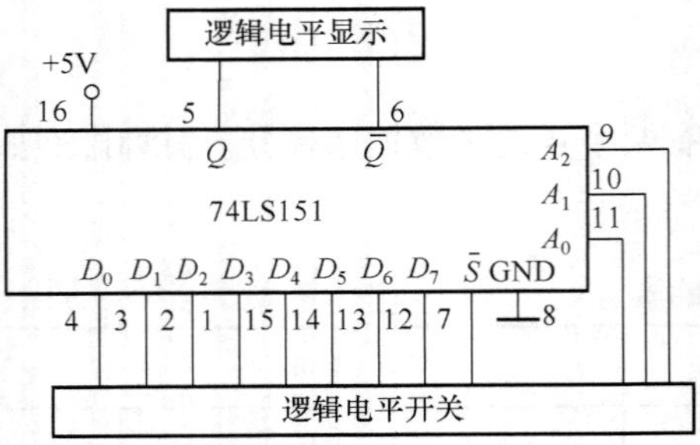

图 3.9.4　74LS151 逻辑功能测试

四、实验内容

1. 测试数据选择器 74LS151 的逻辑功能

74LS151 是 8 选 1 数据选择器。将其按图 3.9.4 接线，打开电源开关，分别设定 $\overline{S}$ 为 0 或 1，拨动地址码开关，按表 3.9.3 给定的输入值给 D_0～D_7 输入信号，观察输出端 Q 和 $\overline{Q}$ 相应的电平状态，将其结果记入表 3.9.3 中。

表 3.9.3　74LS151 的逻辑功能测试

输入												输出	
D_0	D_1	D_2	D_3	D_4	D_5	D_6	D_7	A_2	A_1	A_0	$\overline{S}$	Q	$\overline{Q}$
1	1	0	0	1	1	0	1	0	0	0	0		
1	1	0	0	1	1	0	1	0	0	1	0		
1	1	0	0	1	1	0	1	0	1	0	0		
1	1	0	0	1	1	0	1	0	1	1	0		
1	1	0	0	1	1	0	1	1	0	0	0		
1	1	0	0	1	1	0	1	1	0	1	0		
1	1	0	0	1	1	0	1	1	1	0	0		
1	1	0	0	1	1	0	1	1	1	1	0		
1	1	1	1	1	1	1	1	×	×	×	1		

2. 74LS151 的应用

1) 用 74LS151 实现组合逻辑电路逻辑功能

对输入为三变量的组合逻辑电路，可以用基本门电路实现，也可以用 74LS151 实现，而且电路更简单，可靠性更好。

例如，$Y = AB\overline{C} + \overline{A}BC + \overline{A}\,\overline{B} = AB\overline{C} + \overline{A}BC + \overline{A}\,\overline{B}C + \overline{A}\,\overline{B}\,\overline{C} = m_6 + m_3 + m_1 + m_0$，可以用图 3.9.5 所示电路实现。按图 3.9.5 所示电路连接线路，列表测试逻辑功能。

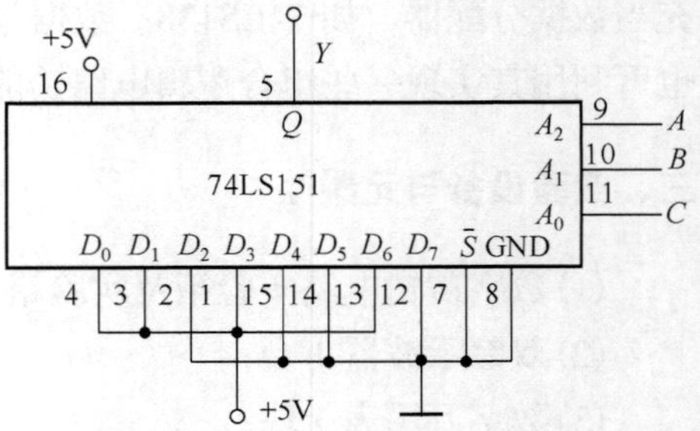

图 3.9.5　74LS151 实现组合逻辑电路逻辑功能

2) 74LS151 功能扩展

74LS151 是 8 选 1 选择器，利用 74LS08、74LS32 和两片 74LS151 级联能实现 16 选 1 功能，如图 3.9.6 所示，实验记录表格自拟。

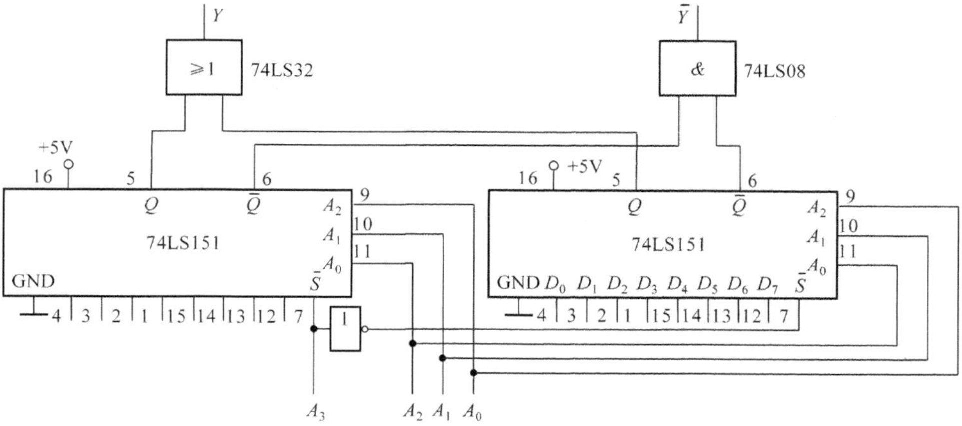

图 3.9.6 74LS151 功能扩展原理图

3. 数据分配器

用 74LS138 作数据分配器，图 3.9.7 是数据分配器与数据选择器配合使用，这样可以将选出的数据分配给预定的输出端口。D_0～D_7 接逻辑开关，$\overline{Y}_7$～$\overline{Y}_0$ 接逻辑电平显示，数据选择器与数据分配器的地址码一一对应并接至逻辑开关。将 74LS151 的输出 Q 与 74LS138 的 $\overline{S}_2$、$\overline{S}_3$ 输入端相连接，其余使能端接规定的电平。设定 D_0～D_7 的值，改变地址码，观察输出并记录结果。实验记录表格自拟。

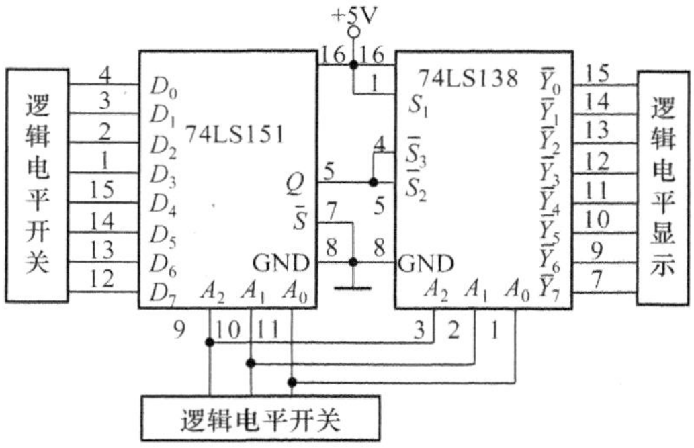

图 3.9.7 数据分配器与数据选择器配合电路接线图

4. Multisim 仿真

在 Multisim 中找到图 3.9.4 中所需要的元件，逻辑电平开关由拨码开关 S1、S2 和排阻 R1、R2 构成，连接实验线路如图 3.9.8 所示。按照实验 3.2 中 Multisim 元件属性设置方法，设置 LED 的属性。然后单击“运行”按钮 ▶（或按快捷键 F5），改变拨码开关 S1、S2 的状态，观察 LED 灯颜色的变化。重画表 3.9.3，记录实验结果。

同样按照上述方法，仿真图 3.9.5～图 3.9.7 中的相关电路，记录实验结果。

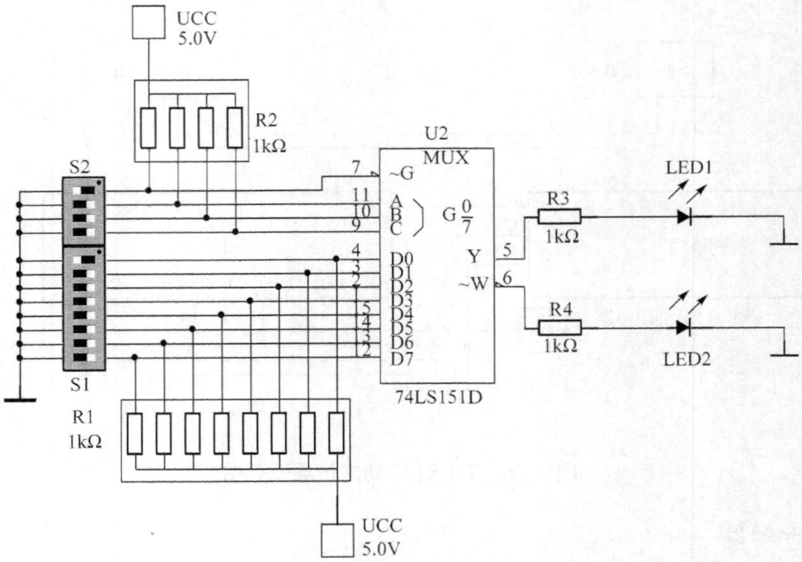

图 3.9.8　Multisim 仿真 74LS151 逻辑功能测试

五、思考题

(1) 如何用数据选择器实现组合逻辑电路的功能?

(2) 设计电路将 74LS153 的双 4 选 1 变成 8 选 1 的数据选择器。画出电路图，列出所需要的元件。

(3) 比较 Multisim 仿真结果与实测结果。

六、实验报告要求

(1) 简述实验原理、方法与步骤；

(2) 整理测试数据，分析实验结果；

(3) 回答思考题；

(4) 实验总结与建议。

3.10　触发器实测与仿真实验

一、实验目的

(1) 掌握基本 RS、JK、D 和 T 触发器的逻辑功能；

(2) 掌握集成触发器的逻辑功能及使用方法，熟悉触发器之间相互转换的方法；

(3) 掌握使用 Multisim 14.0 进行触发器电路仿真的方法。

二、原理说明

1. 触发器的分类

根据时钟脉冲的有无可以将触发器分为两类：一类是没有时钟脉冲输入的触发器，即基本触发器；另一类是有时钟脉冲输入的触发器，即时钟触发器。

(1)基本触发器：用与非门、或非门组合成基本触发器，输入端设定高、低电平，测出输出端的逻辑响应。

(2)时钟触发器：这一类触发器工作时，必须有触发信号，状态才能改变。通常触发信号有两种：电平触发(高、低电平触发)、边沿触发(上升沿、下降沿触发)。

2. 触发器的特点

(1)能接收、储存并输出信息。

(2)触发器当前的输出状态不仅与当前的状态有关，还与触发器原来的输出状态有关。

(3)能根据需要设置触发器的初始状态。

(4)具有时钟触发端，时钟触发方式可分为电平触发和边沿触发两种。边沿触发又分为上升沿触发和下降沿触发。

(5)在使用触发器时，必须注意电路的功能及其触发方式。同步触发器在 CP=1 时触发器翻转，属于电平触发，有空翻和振荡现象。为克服空翻和振荡现象，应使用 CP 脉冲边沿触发的触发器，功能不同的触发器之间可以相互转换。

3. 基本触发器

1)与非门组成触发器

由 74LS00 中的两个与非门组成的基本触发器如图 3.10.1 所示，它有两个输入端、两个输出端。图 3.10.1 中看到两个与非门交叉耦合构成的基本 RS 触发器，它是无时钟控制低电平直接触发的触发器。基本 RS 触发器具有置“0”、置“1”和“保持”三种功能。通常称 $\overline{S}$ 为置“1”端，因为 $\overline{S}=0$($\overline{R}=1$)时触发器被置“1”；$\overline{R}$ 为置“0”端，因为 $\overline{R}=0$($\overline{S}=1$)时触发器被置“0”。当 $\overline{S}=\overline{R}=1$ 时状态保持；$\overline{S}=\overline{R}=0$ 时，两个与非门输出都为 1，不满足 Q 和 $\overline{Q}$ 的状态应该相反的逻辑要求。当负脉冲消失，即 $\overline{S}$ 和 $\overline{R}$ 的状态由 $\overline{S}=\overline{R}=0$ 同时变成 $\overline{S}=\overline{R}=1$ 时，触发器状态不定，应避免此种情况发生。

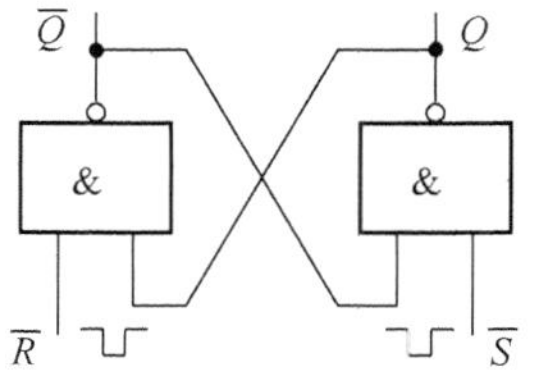

图 3.10.1　与非门组合基本 RS 触发器

与非门构成的基本 RS 触发器输入端低电平有效，其特性表如表 3.10.1 所示；或非门构成的基本 RS 触发器输入端高电平有效，其特性表如表 3.10.2 所示。

基本 RS 触发器，也可以用或非门 74LS02 芯片中的两个“或非门”组成，此时为高电平触发有效。或非门组成基本 RS 触发器电路如图 3.10.2 所示，74LS02 引脚排列如图 3.10.3 所示。

表 3.10.1　与非门构成的 RS 触发器特性表

输入		现态	次态
$\overline{S}$	$\overline{R}$	Q^n	Q^{n+1}
0	0	0	1
0	0	1	1
0	1	0	1
0	1	1	1
1	0	0	0
1	0	1	0
1	1	0	0
1	1	1	1

表 3.10.2　或非门构成的 RS 触发器特性表

输入		现态	次态
S	R	Q^n	Q^{n+1}
0	0	0	0
0	0	1	1
0	1	0	0
0	1	1	0
1	0	0	1
1	0	1	1
1	1	0	0
1	1	1	0

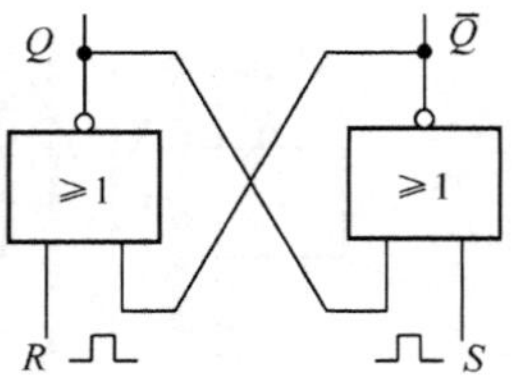

图 3.10.2　或非门组合基本 RS 触发器

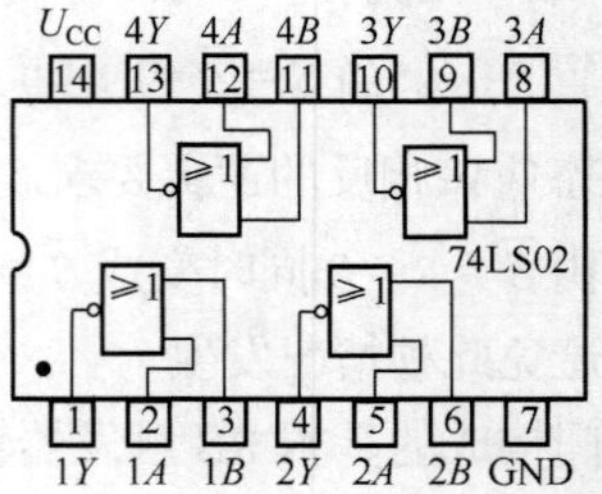

图 3.10.3　74LS02 引脚排列

2)时钟脉冲触发器

(1)D 触发器。

在输入信号为单端的情况下，D 触发器用起来最为方便，其状态方程为 $Q^{n+1}=D$ ，其输出状态的更新发生在 CP 脉冲的上升沿，故又称为上升沿触发的边沿触发器，触发器的状态只取决于时钟到来前 D 端的状态，D 触发器的应用很广，可用作数字信号的寄存、移位寄存、分频和波形发生等。有很多种型号可供各种用途的需要而选用。如双 D 74LS74、四 D 74LS175、六 D 74LS174 等。74LS74 引脚排列如图 3.10.4 所示，其芯片中有两个触发器。其中 D 是输入端；CP 端接单次脉冲，上升触发翻转；$\overline{S}_D$、$\overline{R}_D$ 分别为直接置 1 端(复位端)和直接置 0 端(置位端)，低电平有效；Q、$\overline{Q}$ 为输出端。

D 触发器的状态方程为

$$Q^{n+1}=D$$

D 触发器的逻辑符号如图 3.10.5(a)所示，功能测试电路如图 3.10.5(b)所示。

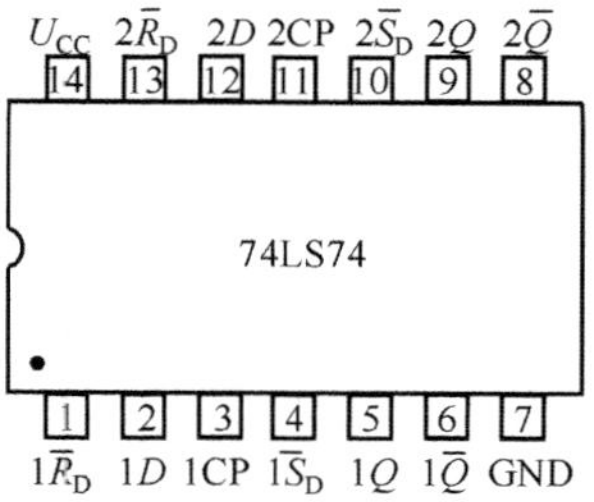

图 3.10.4　74LS74 引脚排列

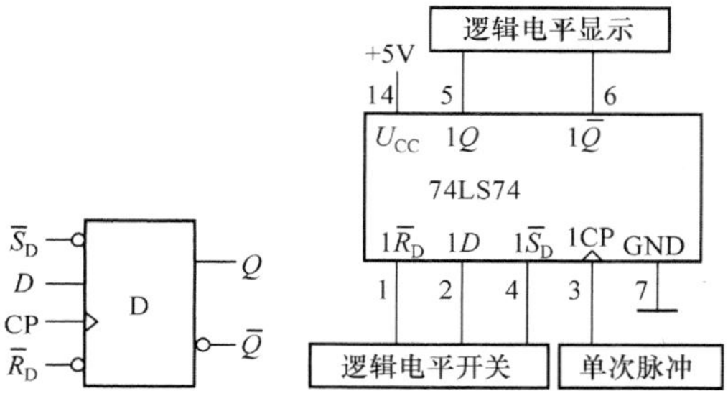

(a) D触发器逻辑符号　　(b) D触发器功能测试电路

图 3.10.5　D 触发器逻辑符号及功能测试电路

(2) JK 触发器。

在输入信号为双端的情况下，JK 触发器是功能完善、使用灵活和通用性较强的一种触发器。本实验采用 74LS112 双 JK 触发器，是下降沿触发的边沿触发器。引脚功能及逻辑符号如图 3.10.6(a)和图 3.10.6(b)所示。功能测试电路如图 3.10.7 所示。

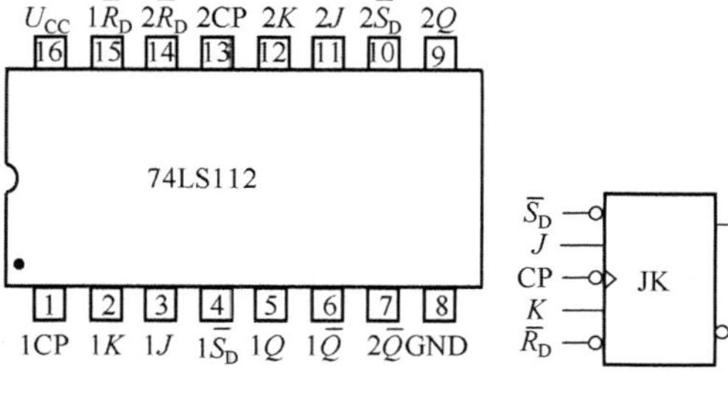

(a) 74LS112引脚排列　　(b) JK触发器逻辑符号

图3.10.6　74LS112 双 JK 触发器引脚排列及逻辑符号

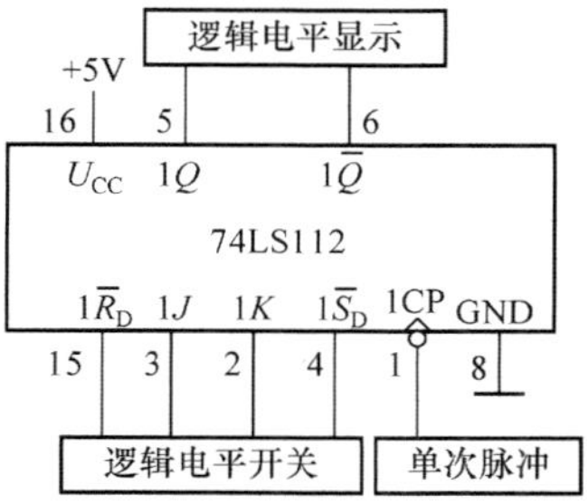

图 3.10.7　JK 触发器功能测试

JK 触发器的状态方程为

$$Q^{n+1}=J\overline{Q^n}+\overline{K}Q^n$$

J和K是数据输入端，是触发器状态更新的依据，若J、K有两个或两个以上输入端，组成“与”的关系。Q与$\overline{Q}$为两个互补输出端。通常把Q=0、$\overline{Q}$=1的状态定为触发器“0”状态；而把Q=1，$\overline{Q}$=0定为“1”状态。

JK触发器常被用作缓冲存储器、移位寄存器和计数器。

下降沿触发JK触发器的功能如表3.10.3所示。

表3.10.3　74LS112功能表

输入					输出	
$\overline{S}_D$	$\overline{R}_D$	CP	J	K	Q^{n+1}	$\overline{Q^{n+1}}$
0	1	×	×	×	1	0
1	0	×	×	×	0	1
0	0	×	×	×	ϕ	ϕ
1	1	↓	0	0	Q^n	$\overline{Q^n}$
1	1	↓	1	0	1	0
1	1	↓	0	1	0	1
1	1	↓	1	1	$\overline{Q^n}$	Q^n
1	1	↑	×	×	Q^n	$\overline{Q^n}$

注：×-任意态；↓-高到低电平跳变；↑-低到高电平跳变；Q^n（$\overline{Q^n}$）-现态；Q^{n+1}（$\overline{Q^{n+1}}$）-次态；ϕ-不定态

4. 触发器之间的相互转换

在集成触发器的产品中，每一种触发器都有自己固定的逻辑功能。但可以利用转换的方法获得具有其他功能的触发器。例如，将JK触发器的J、K两端连在一起，可当作T端，就得到所需的T触发器。如图3.10.8(a)所示，其状态方程为$Q^{n+1}=T\overline{Q^n}+\overline{T}Q^n$。

T触发器的功能如表3.10.4所示。由功能表可见，当T=0时，时钟脉冲作用后，其状态保持不变；当T=1时，时钟脉冲作用后，触发器状态翻转。所以，若将T触发器的T端置“1”，如图3.10.8(b)所示，即得T′触发器。在T′触发器的CP端每来一个CP脉冲信号，触发器的状态就翻转一次，故称为反转触发器，广泛用于计数电路中。

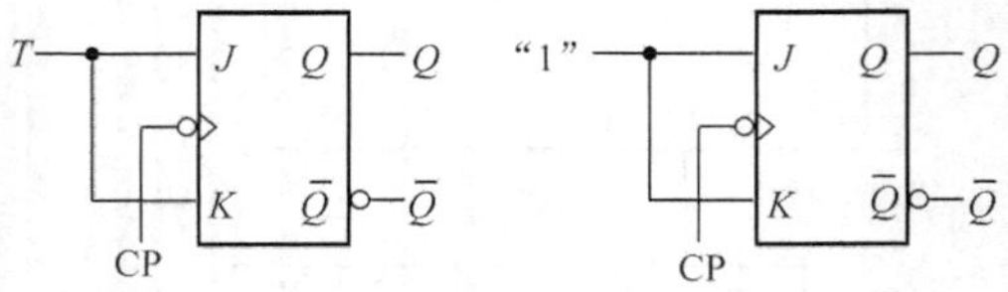

(a) T触发器　　(b) T′触发器

图3.10.8　JK触发器转换为T、T′触发器

表 3.10.4　T 触发器功能表

输入				输出
$\overline{S}_D$	$\overline{R}_D$	CP	T	Q^{n+1}
0	1	×	×	1
1	0	×	×	0
1	1	↓	0	Q^n
1	1	↓	1	$\overline{Q^n}$

T′ 触发器的状态方程为

$$Q^{n+1}=\overline{Q^n}$$

同样，若将 D 触发器$\overline{Q}$端与 D 端相连，便转换成 T′ 触发器，如图 3.10.9 所示。JK 触发器也可转换为 D 触发器，如图 3.10.10 所示。

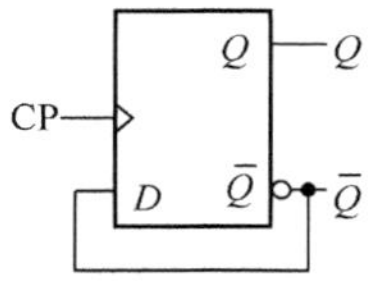

图 3.10.9　D 触发器转成 T′触发器

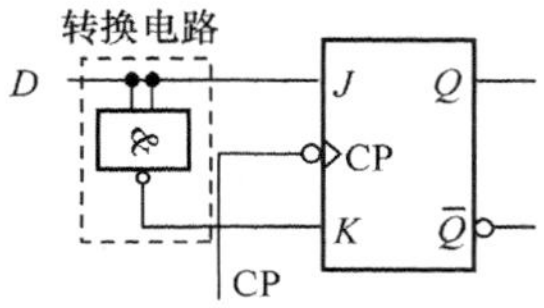

图 3.10.10　JK 触发器转成 D 触发器

5. CMOS 触发器

1) CMOS 边沿型 D 触发器

CD4013 是由 CMOS 传输门构成的边沿型 D 触发器。它是上升沿触发的双 D 触发器，表 3.10.5 为其功能表，图 3.10.11 为 CD4013 引脚排列。

表 3.10.5　CD4013 功能表

输入				输出
S	R	CP	D	Q^{n+1}
1	0	×	×	1
0	1	×	×	0
1	1	×	×	1
0	0	↑	1	1
0	0	↑	0	0
0	0	↓	×	Q^n

2) CMOS 边沿型 JK 触发器

CD4027 是由 CMOS 传输门构成的边沿型 JK 触发器，它是上升沿触发的双 JK 触发器，

表 3.10.6 为其功能表。图 3.10.12 为 CD4027 引脚排列。

表 3.10.6　CD4027 功能表

输入					输出
S	R	CP	J	K	Q^{n+1}
1	0	×	×	×	1
0	1	×	×	×	0
1	1	×	×	×	ϕ
0	0	↑	0	0	Q^n
0	0	↑	1	0	1
0	0	↑	0	1	0
0	0	↑	1	1	$\overline{Q^n}$
0	0	↓	×	×	Q^n

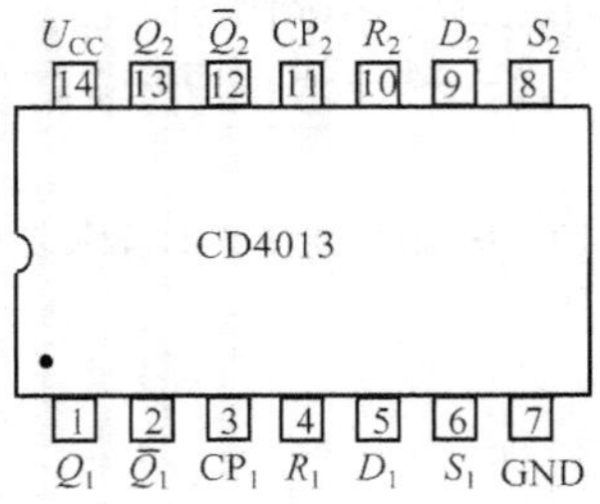

图 3.10.11　CD4013 引脚排列

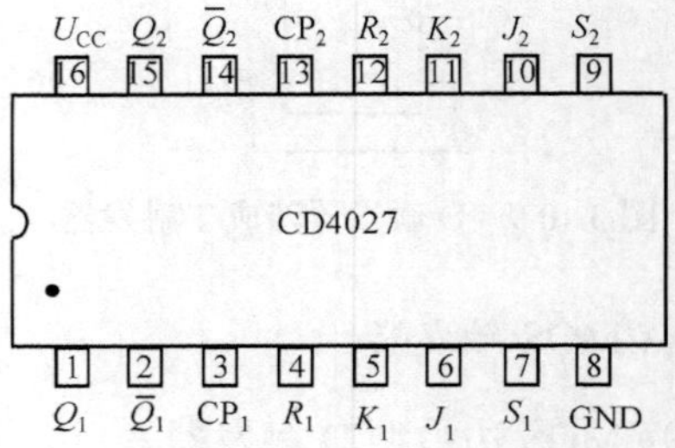

图 3.10.12　CD4027 引脚排列

CMOS 触发器的直接置位、复位输入端 S 和 R 是高电平有效，当 S=1(或 R=1)时，触发器将不受其他输入端所处状态的影响，使触发器直接接置“1”(或置“0”)。但直接置位、复位输入端 S 和 R 必须遵守 RS=0 的约束条件。CMOS 触发器在按逻辑功能工作时，S 和 R 必须均置 0。

三、实验设备与元器件

(1)数字逻辑电路实验箱及实验箱扩展板 1 套；

(2)双踪示波器 1 台；

(3)数字万用表 1 块；

(4)集成电路(74LS00 × 1、74LS02 × 1、74LS74 × 1、74LS112 × 1、CD4013 × 1、CD4027 × 1)；

(5)计算机 1 台，Multisim 14.0 软件 1 套。

四、实验内容

1. 测试基本 RS 触发器的逻辑功能

(1)按图 3.10.1 电路接线，用两个与非门组成基本 RS 触发器，输入端$\overline{S}$ 、$\overline{R}$接逻辑开关，输出端 Q、$\overline{Q}$接逻辑电平显示，打开电源开关，按表 3.10.7 输入要求输入信号，观察输出情况，并将测试结果记入表中。

表 3.10.7　与非门组成基本 RS 触发器

输入		输出	
$\overline{S}$	$\overline{R}$	Q	$\overline{Q}$
0	1		
1	0		
1	1		
0	0		

(2)按图 3.10.2 电路接线，用两个或非门组成基本 RS 触发器，输入端 R、S 接逻辑开关，输出端 Q、$\overline{Q}$接逻辑电平显示，按表 3.10.8 输入要求输入信号，观察输出情况，并将测试结果记入表中。

表 3.10.8　或非门组成基本 RS 触发器

输入		输出	
S	R	Q	$\overline{Q}$
0	1		
1	0		
0	0		
1	1		

2. 测试双 D 触发器 74LS74 的逻辑功能

将 D 触发器 74LS74 按图 3.10.5(b)连接实验电路，打开电源开关，按表 3.10.9 输入要求输入信号，观察输出情况，并将测试结果记入表中。用 CD4013 重做上述实验内容。

表 3.10.9　D 触发器功能测试

输入				输出	
$\overline{S}_D$	$\overline{R}_D$	CP	D	Q	$\overline{Q}$
0	1	×	×		
1	0	×	×		
1	1	↑	0		
1	1	↑	1		
1	0	×	×		

3. 测试 74LS112 双 JK 触发器逻辑功能

将 JK 触发器 74LS112 按图 3.10.7 连接实验电路，打开电源开关，按表 3.10.10 要求输入信号，观察输出情况，并将测试结果记入表中。用 CD4027 重做上述实验内容。

表 3.10.10　JK 触发器功能测试

输入					输出	
$\overline{S}_D$	$\overline{R}_D$	CP	J	K	Q	$\overline{Q}$
0	1	×	×	×		
1	0	×	×	×		
1	1	↓	0	0		
1	1	↓	0	1		
1	1	↓	1	1		
1	1	↓	1	0		
0	0	×	×	×		

4. 双相时钟脉冲电路

用 JK 触发器及与非门构成的双相时钟脉冲电路如图 3.10.13 所示，此电路是用来将时钟脉冲 CP 转换成两相时钟脉冲 CP_A 及 CP_B，其频率相同，相位不同。

分析电路工作原理，并按图 3.10.13 接线，用双踪示波器同时观察 CP、CP_A，CP、CP_B 及 CP_A、CP_B 波形，并描绘。

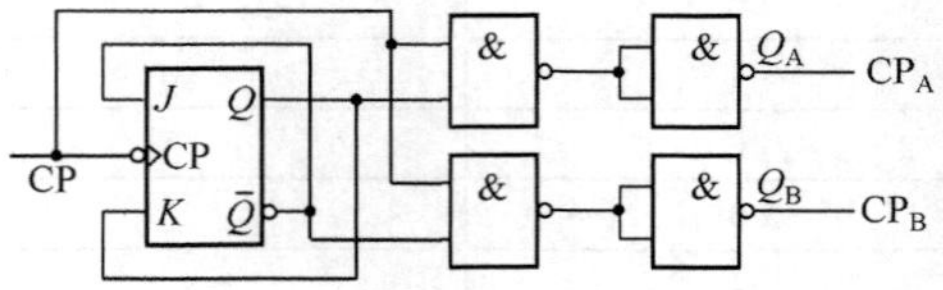

图 3.10.13　双相时钟脉冲电路

5. Multisim 仿真

在 Multisim 中找到图 3.10.13 中所需要的元件，JK 触发器选用 74LS112，连接实验线路如图 3.10.14 所示。然后单击“运行”按钮 ▷（或按快捷键 F5）。观察示波器输出的两路频率相同、相位相反的信号，如图 3.10.15 所示。

同样按照上述方法，仿真图 3.10.5(b)、图 3.10.7 中的相关电路，记录实验结果。

五、思考题

(1) 总结观察到的波形，说明各触发器的触发方式。

(2) 比较 Multisim 仿真结果与实测结果。

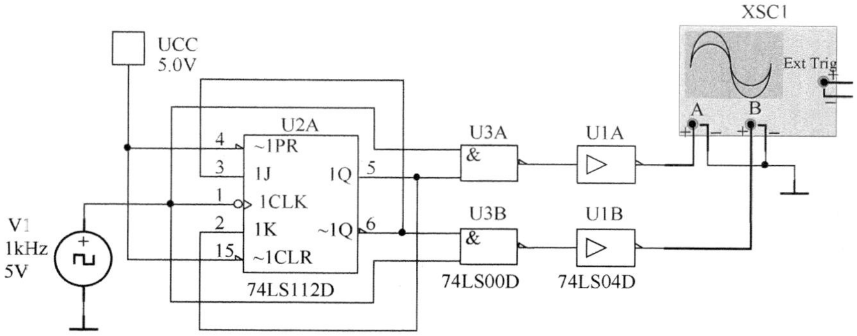

图 3.10.14　Multisim 仿真双相时钟脉冲电路

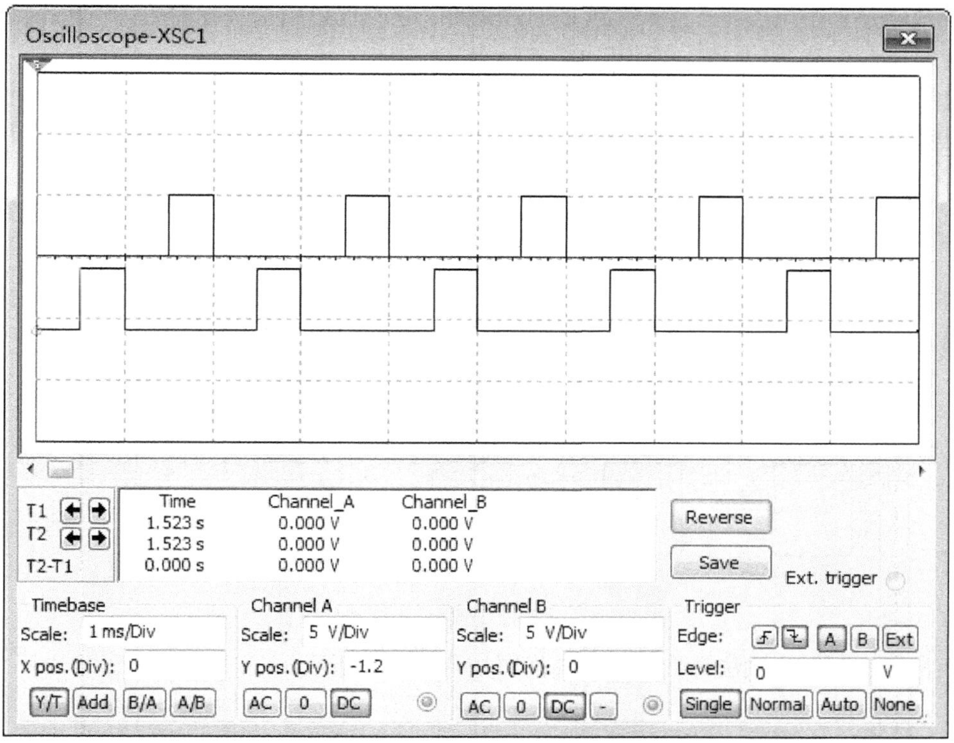

图 3.10.15　Multisim 仿真双相时钟脉冲电路结果

六、实验报告要求

(1) 简述实验原理、方法与步骤；
(2) 整理测试数据，分析实验结果；
(3) 回答思考题；
(4) 实验总结与建议。

3.11 计数器实测与仿真实验

一、实验目的

(1)学习用集成触发器构成计数器的方法；

(2)掌握中规模集成计数器的使用及功能测试方法；

(3)运用集成计数器构成任意进制计数器；

(4)掌握使用 Multisim 14.0 进行计数器电路仿真的方法。

二、原理说明

计数器是一个用以实现计数功能的时序部件，它不仅可用来计脉冲数，还常用作数字系统的定时、分频和其他特定的逻辑功能。

计数器种类很多。按构成计数器中的各触发器是否使用一个时钟脉冲源分为同步计数器和异步计数器。根据计数制分为二进制计数器、十进制计数器和任意进制计数器。根据计数的增减趋势，又分为加法、减法和可逆计数器，还有可预置数和可编程序功能计数器等。

1. 用 D 触发器构成异步二进制加/减计数器

图 3.11.1 是用四只 D 触发器构成的四位二进制异步加法计数器，它的连接特点是将每只 D 触发器接成 T′ 触发器，再将低位触发器的 $\overline{Q}$ 端和高一位的 CP 端相连接。

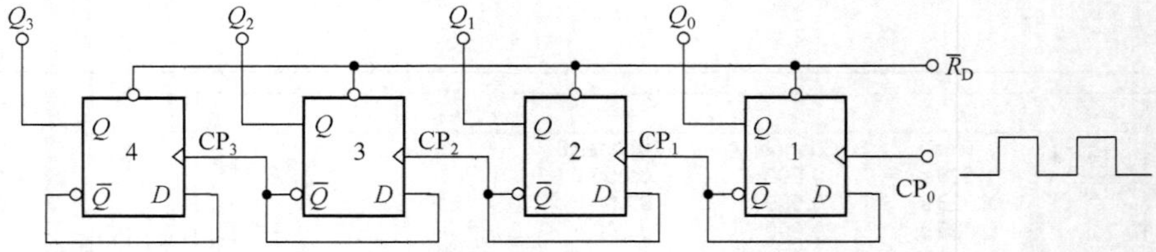

图 3.11.1 四位二进制异步加法计数器

四位二进制异步加法计数器状态转换图如图 3.11.2 所示。

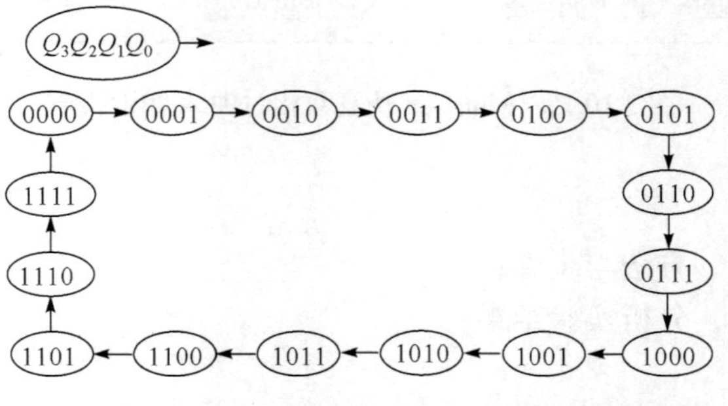

图 3.11.2 四位二进制异步加法计数器状态转换图

若将图 3.11.1 稍加改动，即将低位触发器的 Q 端与高一位的 CP 端相连接，即构成了一个四位二进制减法计数器。

四位二进制异步减法计数器状态转换图如图 3.11.3 所示。

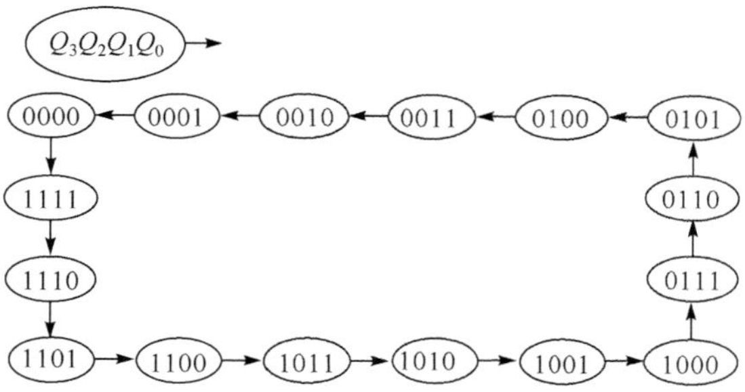

图 3.11.3　四位二进制异步减法计数器状态转换图

2. 中规模十进制计数器

CD40192 是同步十进制可逆计数器，具有双时钟输入，并具有清除和置数等功能，其引脚排列及逻辑符号如图 3.11.4 所示。图中：$\overline{LD}$ 为置数端，CP_U 为加计数端，CP_D 为减计数端，$\overline{CO}$ 为非同步进位输出端，$\overline{BO}$ 为非同步借位输出端，D_0、D_1、D_2、D_3 为计数器输入端，Q_0、Q_1、Q_2、Q_3 为数据输出端，CR 为清除端。

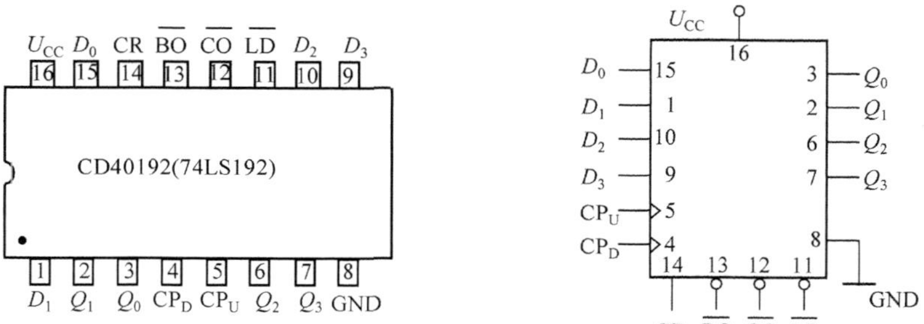

(a) CD40192引脚排列　　(b) CD40192逻辑符号

图 3.11.4　CD40192 引脚排列及逻辑符号

CD40192(同 74LS192，二者可互换使用)的功能如表 3.11.1 所示，说明如下。

表 3.11.1　CD40192 功能表

输入								输出			
CR	$\overline{LD}$	CP_U	CP_D	D_3	D_2	D_1	D_0	Q_3	Q_2	Q_1	Q_0
1	×	×	×	×	×	×	×	0	0	0	0
0	0	×	×	d	c	b	a	d	c	b	a
0	1	↑	1	×	×	×	×	加计数			
0	1	1	↑	×	×	×	×	减计数			

当清除端 CR 为高电平“1”时，计数器直接清零；CR 置低电平则执行其他功能。

当 CR 为低电平，置数端 $\overline{LD}$ 也为低电平时，数据直接从置数端 D_0、D_1、D_2、D_3 置入计数器。

当 CR 为低电平，$\overline{LD}$ 为高电平时，执行计数功能。执行加计数时，减计数端 CP_D 接高电平，计数脉冲由 CP_U 输入；在计数脉冲上升沿进行 8421 码十进制加法计数。执行减计数时，加计数端 CP_U 接高电平，计数脉冲由减计数端 CP_D 输入，表 3.11.2 为 8421 码十进制加、减计数器的状态转换表。

表 3.11.2　8421 码十进制加、减计数器的状态转换表

加法计数		→									
输入脉冲数		0	1	2	3	4	5	6	7	8	9
输出	Q_3	0	0	0	0	0	0	0	0	1	1
	Q_2	0	0	0	0	1	1	1	1	0	0
	Q_1	0	0	1	1	0	0	1	1	0	0
	Q_0	0	1	0	1	0	1	0	1	0	1
减法计数		←									

3. 计数器的级联使用

一个十进制计数器只能表示 0～9 十个数，为了扩大计数器范围，常用多个十进制计数器级联使用。

同步计数器往往设有进位(或借位)输出端，故可选用其进位(或借位)输出信号驱动下一级计数器。图 3.11.5 是由 CD40192 利用进位输出 $\overline{CO}$ 控制高一位的 CP_U 端构成的加法器级联图。可构成 10×10=100 进制。

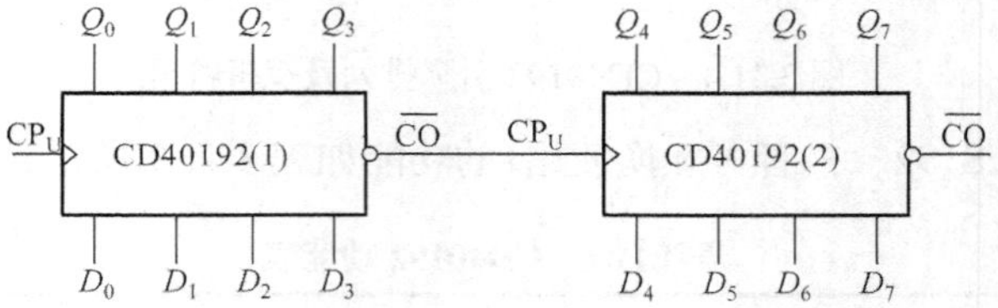

图 3.11.5　CD40192 级联电路

4. 实现任意进制计数

1)用复位法获得任意进制计数器

假定已有 N 进制计数器，而需要得到一个 M 进制计数器时，只要 $M<N$，用复位法使计数器计数到 M 时置“0”，即获得 M 进制计数器。六进制计数器状态转换图如图 3.11.6(a)所示。图 3.11.6(b)所示为一个由 CD40192 十进制计数器接成的六进制计数器。

清零信号：CR=Q_2Q_1。从 $Q_3Q_2Q_1Q_0$=0000 开始计数，计到 $Q_3Q_2Q_1Q_0$=0110 时，产生清零信号，立即回到 $Q_3Q_2Q_1Q_0$=0000。0110 只短暂出现。

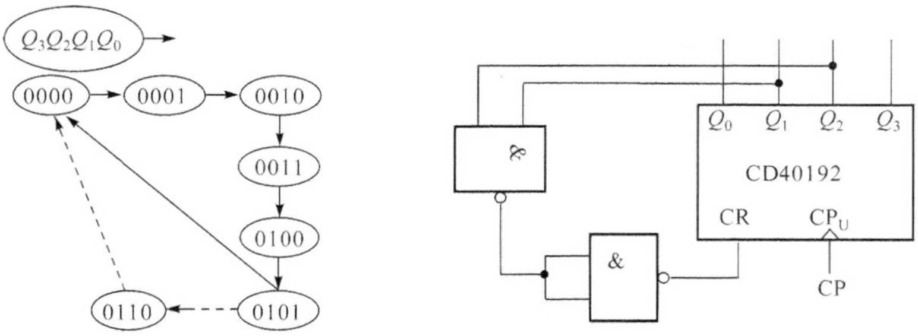

(a) 六进制计数器状态转换图　　(b) 六进制计数器电路

图 3.11.6　六进制计数器

2)利用预置功能获得 M 进制计数器

图 3.11.7 为用三个 CD40192 组成的 421 进制计数器。外加的由与非门构成的锁存器可以克服器件计数速度的离散性，保证在反馈置“0”信号作用下计数器可靠置“0”。

图 3.11.8 是一个特殊十二进制的计数器电路方案。在数字钟里，对时位的计数序列是按十二进制 1, 2, …, 11, 12, 无 0 数。如图 3.11.8 所示，当计数到 13 时，通过与非门产生一个复位信号，使 CD40192(2)(时十位)直接置成 0000，而 CD40192(1)，即时的个位直接置成 0001，从而实现了 1～12 计数。

三、实验设备与元器件

(1)数字逻辑电路实验箱及实验箱扩展板 1 套；

(2)双踪示波器 1 台；

(3)数字万用表 1 块；

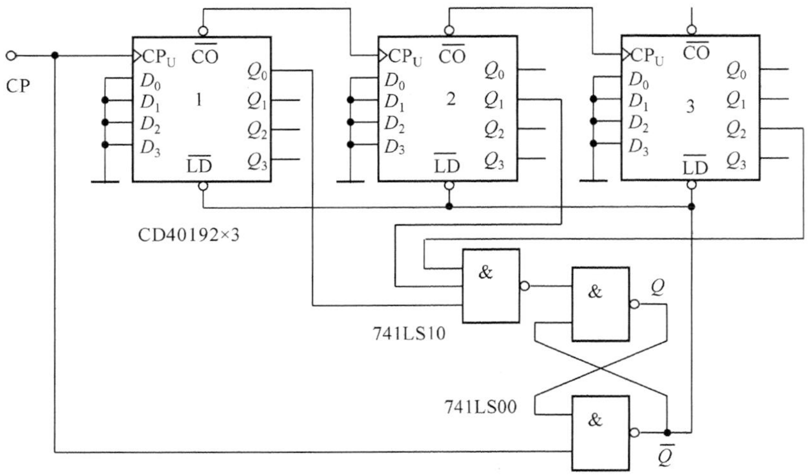

图 3.11.7　421 进制计数器

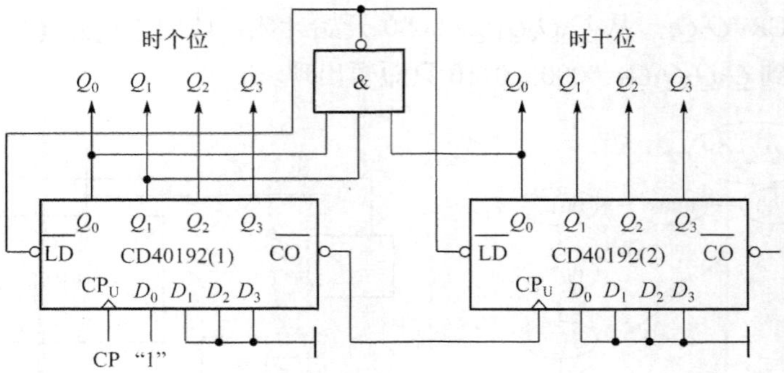

图 3.11.8　特殊十二进制计数器

(4)集成电路(CD4013 × 2(或 74LS74×2)、CD40192 × 3(或 74LS192 × 3)、74LS00 × 1、74LS10 × 1)；

(5)计算机 1 台，Multisim 14.0 软件 1 套。

四、实验内容

1. 用 CD4013 或 74LS74 D 触发器构成四位二进制异步加法计数器

(1)按图 3.11.1 接线，$\overline{R}_D$ 接至逻辑开关输出插口，将低位 CP_0 端接单次脉冲源，输出端 Q_0、Q_1、Q_2、Q_3 接逻辑电平显示输入插口，各 $\overline{S}_D$ 接高电平“1”。

(2)清零后，逐个送入单次脉冲，观察并列表记录 Q_3～Q_0 状态。

(3)将单次脉冲改为 1Hz 的连续脉冲，观察 Q_3～Q_0 的状态。

(4)将 1Hz 的连续脉冲改为 1kHz，用双踪示波器观察 CP、Q_3、Q_2、Q_1、Q_0 端波形，并描绘。

(5)将图 3.11.1 电路中的低位触发器的 Q 端与高一位的 CP 端相连接，构成减法计数器，按实验内容(2)～(4)进行实验，观察并列表记录 Q_3～Q_0 的状态。

2. 测试 CD40192 或 74LS192 同步十进制可逆计数器的逻辑功能

根据 CD40192 引脚图(图 3.11.4)，计数脉冲由单次脉冲源提供，清除端 CR，置数端 $\overline{\mathrm{LD}}$，数据输入端 D_0、D_1、D_2、D_3 分别接逻辑开关，输出端 Q_3、Q_2、Q_1、Q_0 接逻辑电平指示(或接实验箱上的译码显示输入相应插口 D、C、B、A)；$\overline{\mathrm{CO}}$ 和 $\overline{\mathrm{BO}}$ 接逻辑电平显示插口。按表 3.11.1 逐项测试并判断该集成块的功能是否正常。

(1)清除。令 CR=1，其他输入为任意态，这时 $Q_3Q_2Q_1Q_0$=0000，译码数字显示为 0。清除功能完成后，置 CR=0。

(2)置数。CR=0，CP_U、CP_D 任意，数据输入端输入任意一组二进制数，令 $\overline{\mathrm{LD}}$ =0，观察计数译码显示输出、预置功能是否完成，此后置 $\overline{\mathrm{LD}}$ =1。

(3)加计数。CR=0，$\overline{\mathrm{LD}}$ =CP_D=1，CP_U 接单次脉冲源。清零后送入 10 个单次脉冲，观察译码数字显示是否按 8421 码十进制状态转换表(表 3.11.2)进行；输出状态变化是否发生在 CP_U 的上升沿。

(4) 减计数。CR=0，$\overline{LD}$ =CP_U =1，CP_D 接单次脉冲源，参照(3)进行实验。

3. 00～99 的累加计数

如图 3.11.5 所示，用两片 CD40192 组成两位十进制加法计数器，输入 1Hz 连续计数脉冲，进行 00～99 累加计数，记录数据。

4. 99～00 的累加计数

将两位十进制加法计数器改为两位十进制减法计数器，实现 99～00 递减计数，记录数据。

5. 六进制计数器

按图 3.11.6(b)电路进行六进制计数器实验，记录数据。

6. *M* 进制计数器

按图 3.11.7 或图 3.11.8 进行实验，记录数据。

7. Multisim 仿真

在 Multisim 中找到 CD40192、拨码开关(S1、S2)和 LED 等元件，连接实验线路如图 3.11.9 所示。逻辑电平开关由拨码开关 S1、S2 和排阻 R1 构成，开关 K1、K2 模拟单次脉冲信号源。按照实验 3.2 中 Multisim 元件属性设置方法，设置 LED 的属性。然后单击“运行”按钮（或按快捷键 F5），按照实验内容 2 改变拨码开关 S1、S2 的状态，观察 LED 灯颜色的变化。记录实验结果。

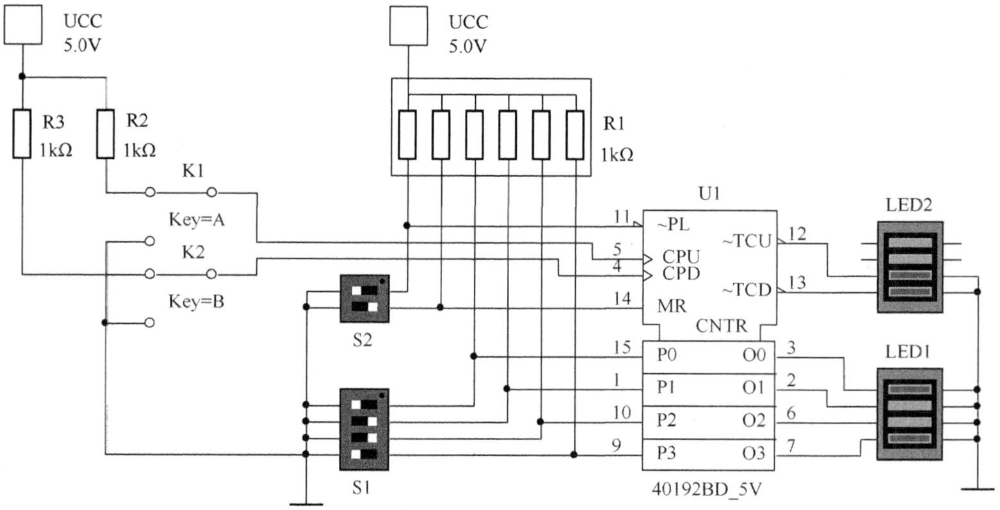

图 3.11.9　Multisim 仿真 CD40192 计数器

同样按照上述方法，仿真图 3.11.1、图 3.11.6(b)、图 3.11.7 以及图 3.11.8 中的相关电路，记录实验结果。

五、思考题

(1) 如何利用两片 CD40192 设计一个二十四进制计数器?
(2) 比较 Multisim 仿真结果与实测结果。

六、实验报告要求

(1) 简述实验原理、方法与步骤;
(2) 整理测试数据,分析实验结果;
(3) 回答思考题;
(4) 实验总结与建议。

3.12 单稳态触发器与施密特触发器实测与仿真实验

一、实验目的

(1) 掌握使用集成门电路构成单稳态触发器的基本方法;
(2) 熟悉集成单稳态触发器的逻辑功能及其使用方法;
(3) 熟悉集成施密特触发器的性能及其应用;
(4) 掌握使用 Multisim 14.0 进行单稳态触发器电路仿真的方法。

二、原理说明

在数字电路中常使用矩形脉冲作为信号进行信息传递,或作为时钟信号用来控制和驱动电路,使各部分协调动作。如自激多谐振荡器是不需要外加信号触发的矩形波发生器。另一类是他激多谐振荡器,有单稳态触发器,它需要在外加触发信号的作用下输出具有一定宽度的矩形脉冲波。如施密特触发器(整形电路),它对外加输入的正弦波等波形进行整形,使电路输出矩形脉冲波。

1. 用与非门组成单稳态触发器

利用与非门作开关,依靠定时元件 RC 电路的充放电路来控制与非门的启闭。单稳态电路有微分型与积分型两大类,这两类触发器对触发脉冲的极性与宽度有不同的要求。

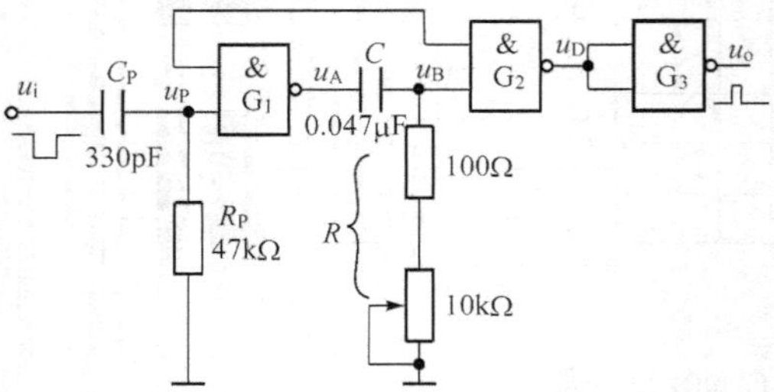

图 3.12.1 微分型单稳态触发器

1) 微分型单稳态触发器

图 3.12.1 为微分型单稳态触发器。该电路为负脉冲触发。其中 R_P、C_P 构成输入端微分隔直电路。R(由 100Ω 电阻和 330Ω 电位器构成)、C 构成微分型定时电路,定时元件 R、C 的取值不同,输出脉宽 t_w 也不同。$t_w \approx (0.7 \sim 1.3) RC$。与非门 G_3 起整形、倒相作用。

图 3.12.2 为微分型单稳态触发器各点波形

图，结合波形图说明其工作原理。

(1) 无触发脉冲时电路初始稳态 ($t<t_1$)。稳态时 u_i 为高电平。适当选择电阻 R 阻值，使与非门 G_2 输入电压 u_B 小于门的关门电平 ($u_B<U_{off}$)，则门 G_2 关闭，输出 u_D 为高电平。适当选择电阻 R_P 阻值，使与非门 G_1 的输入电压 u_P 大于门的开门电平 ($u_P>U_{on}$)，于是 G_1 的两个输入端全为高电平，则 G_1 开启，输出 u_A 为低电平 (为方便计算，取 $U_{off}=U_{on}=U_T$)。

(2) 触发翻转时刻 ($t=t_1$)。u_i 负跳变，u_P 也负跳变，门 G_1 输出 u_A 升高，经电容 C 耦合，u_B 也升高，门 G_2 输出 u_D 降低，正反馈到 G_1 输入端，结果使 G_1 输出 u_A 由低电平迅速上跳至高电平，G_1 迅速关闭；u_B 也上跳至高电平，G_2 输出 u_D 则迅速下跳至低电平，G_2 迅速开通。

(3) 暂稳状态 ($t_1<t<t_2$)。$t\geqslant t_1$ 以后，G_1 输出 u_A 为高电平，对电容 C 充电，u_B 随之按指数规律下降，但只要 $u_B>U_T$，G_1 关、G_2 开的状态将维持不变，u_A、u_D 也维持不变。

(4) 自动翻转时刻 ($t=t_2$)。$t=t_2$ 时刻，u_B 下降至门的关门电平 u_T，G_2 输出 u_D 升高，G_1 输出 u_A，正反馈作用使电路迅速翻转至 G_1 开启、G_2 关闭初始稳态。暂稳态时间的长短，决定于电容 C 充电时间常数 $t=RC$。

(5) 恢复过程 ($t_2<t<t_3$)。电路自动翻转到 G_1 开启、G_2 关闭后，u_B 不是立即回到初始稳态值，这是因为电容 C 要有一个放电过程。

$t>t_3$ 以后，若 u_i 再出现负跳变，则电路将重复上述过程。

如果输入脉冲宽度较小，则输入端可省去 R_PC_P 微分电路。

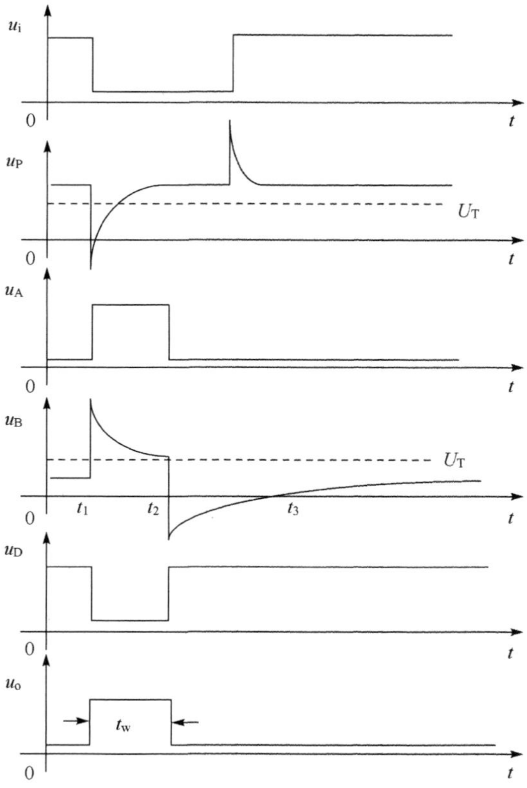

图 3.12.2 微分型单稳态触发器波形图

2）积分型单稳态触发器

图 3.12.3 所示为积分型单稳态触发器。

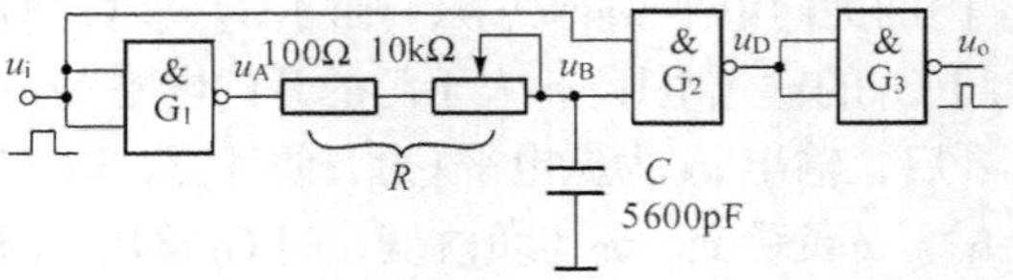

图 3.12.3　积分型单稳态触发器

电路采用正脉冲触发，工作波形如图 3.12.4 所示。电路的稳定条件是 $R \leqslant 1\text{k}\Omega$，输出脉冲宽度 $t_W \approx 1.1RC$。

单稳态触发器共同特点是：触发脉冲未加入前，电路处于稳态。此时，可以测得各门的输入和输出电位。触发脉冲加入后，电路立刻进入暂稳态，暂稳态的时间即输出脉冲的宽度 t_W 只取决于 RC 数值的大小，与触发脉冲无关。

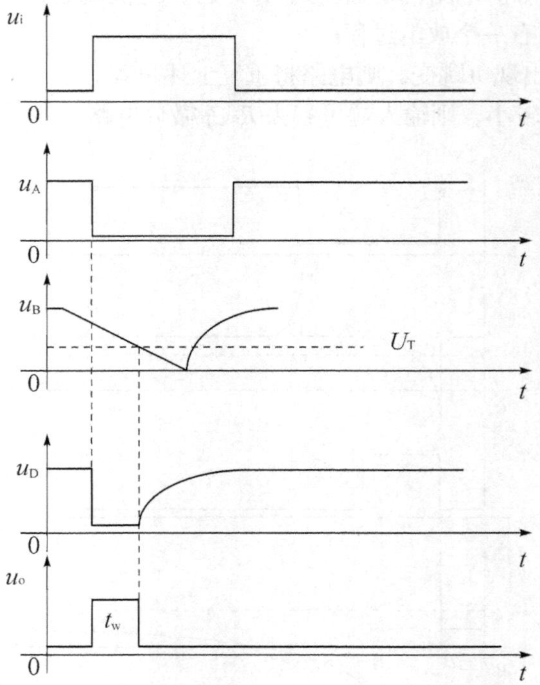

图 3.12.4　积分型单稳态触发器波形图

2. 用与非门组成施密特触发器

施密特触发器能对正弦波、三角波等信号进行整形，并输出矩形波，图 3.12.5(a)、(c) 是两种典型的电路。图 3.12.5(a)中，门 G_1、G_2 是基本 RS 触发器，门 G_3 是反相器，二极管

D 起电平偏移作用，以产生回差电压，其工作情况如下：设 u_i=0，G_3 截止，R=1，S=0，Q=1，$\overline{Q}$=0，电路处于原态。u_i 由 0V 上升到电路的接通电位 U_T 时，G_3 导通，R=0，S=1，触发器翻转为 Q=0，$\overline{Q}$=1 的新状态，此后 u_i 继续上升，电路状态不变。当 u_i 由最大值下降到 U_T 值的时间内，R 仍等于 0，S=1，电路状态也不变。当 $u_i \leqslant U_T$ 时，G_3 由导通变为截止，而 $u_S=U_T+U_D$ 为高电平（U_D 为二极管的导通压降），因而 R=1，S=1，触发器状态仍保持。只有 u_i 降至使 $u_S=U_T$ 时，电路才翻回到 Q=1，$\overline{Q}$=0 的原态。电路的回差 $\Delta U=U_D$。由二极管 D 产生回差的电路波形如图 3.12.5(b)所示。图 3.12.5(c)是由电阻 R_1、R_2 产生回差的电路。

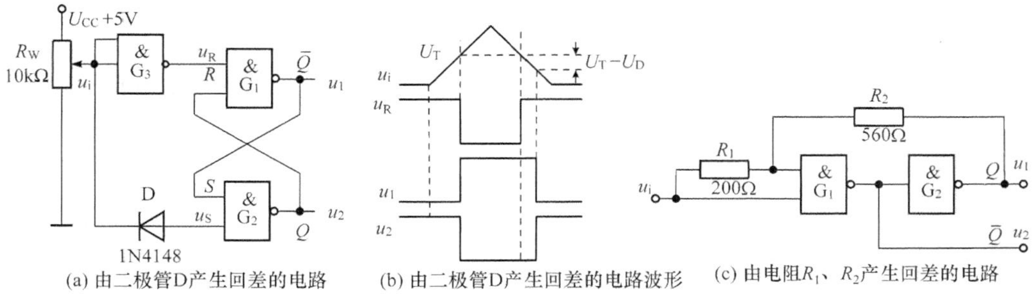

图 3.12.5　与非门组成施密特触发器

3. 集成双单稳态触发器 MC14528(CD4098)

1)MC14528(CD4098)的逻辑符号及功能表

图 3.12.6 为 MC14528(CD4098)的逻辑符号，表 3.12.1 为其功能表。器件能提供稳定的单脉冲，脉宽由外部电阻 R_X 和外部电容 C_X 决定，调整 R_X 和 C_X 可使 Q 端和 $\overline{Q}$ 端输出脉冲宽度有一个较宽的范围。它可采用上升沿触发(+TR)，也可用下降沿触发(−TR)，为使用带来很大的方便。在正常工作时，应由每一个新脉冲去触发。当采用上升沿触发时，为防止重复触发，$\overline{Q}$ 必须连到(−TR)端。同样，在使用下降沿触发时，Q 端必须连到(+TR)端。

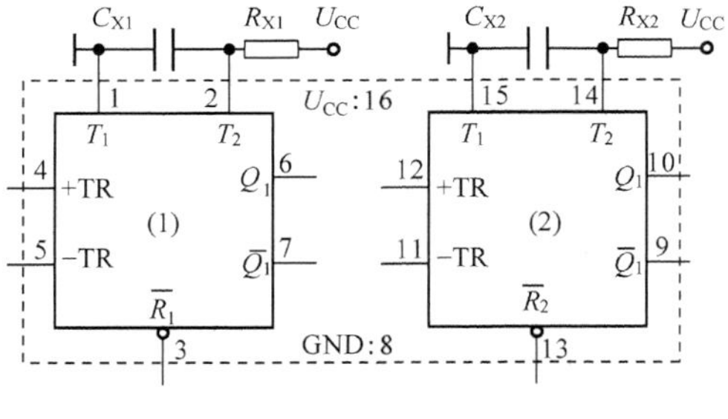

图 3.12.6　MC14528 的逻辑符号

表 3.12.1 MC14528 功能表

输入			输出	
+TR	−TR	$\overline{R}$	Q	$\overline{Q}$
↑	1	1	⊓	⊔
↑	0	1	Q	$\overline{Q}$
1	↓	1	Q	$\overline{Q}$
0	↓	1	⊓	⊔
×	×	0	0	1

该单稳态触发器的时间周期约为 $T_X=R_XC_X$，所有的输出级都有缓冲级，以提供较大的驱动电流。

2)应用举例

(1)实现脉冲延迟，如图 3.12.7 所示。

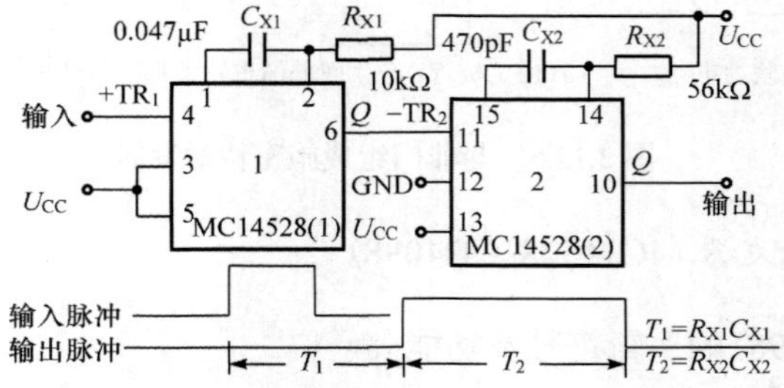

图 3.12.7 实现脉冲延迟

(2)实现多谐振荡器，如图 3.12.8 所示。

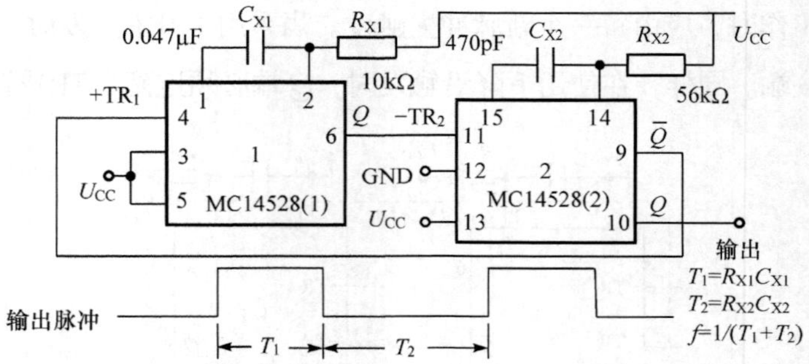

图 3.12.8 实现多谐振荡

4. 集成六施密特触发器 CD40106

图 3.12.9 为 CD40106 的逻辑符号及引脚功能，它可用于波形的整形，也可作反相器或构成单稳态触发器和多谐振荡器。

(1) 将正弦波转换为方波，如图 3.12.10 所示。

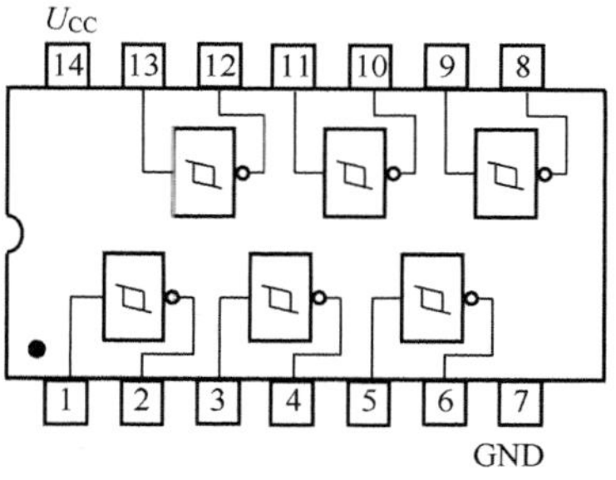

图 3.12.9　CD40106 引脚排列

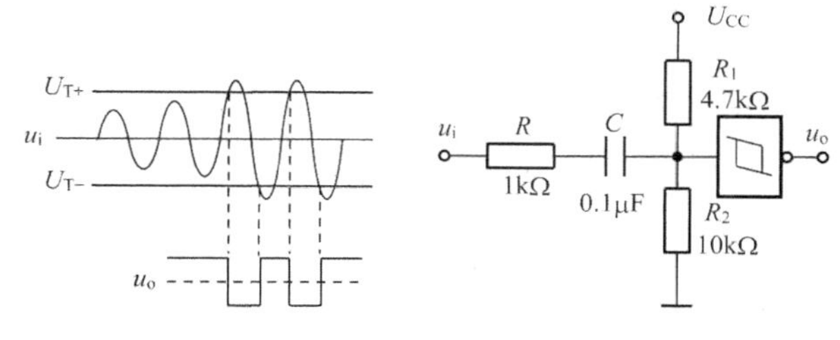

(a) 正弦波转换为方波波形示意图　(b) 正弦波变为方波的电路

图 3.12.10　正弦波转换为方波

(2) 构成多谐振荡器，如图 3.12.11 所示。

(3) 构成单稳态触发器。图 3.12.12(a) 为下降沿触发，图 3.12.12(b) 为上升沿触发。

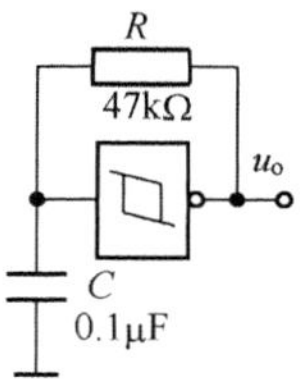

图 3.12.11　多谐振荡器

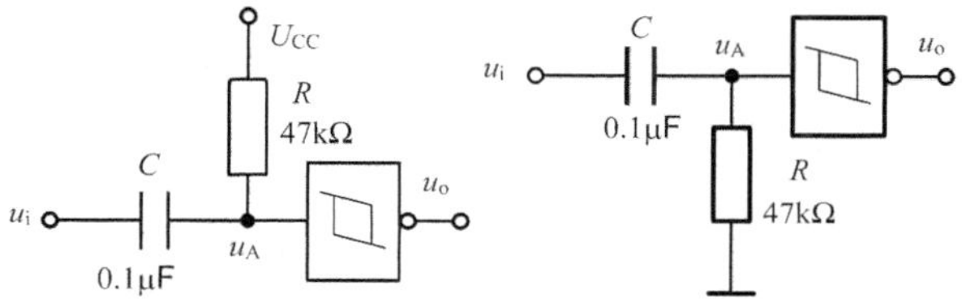

(a) 下降沿触发　(b) 上升沿触发

图 3.12.12　单稳态触发器

三、实验设备与元器件

(1) 数字逻辑电路实验箱及实验箱扩展板 1 套；
(2) 双踪示波器 1 台；
(3) 数字万用表 1 块；
(4) 集成电路 (74LS00 × 1、MC14528 × 1、CD40106 × 1)；
(5) 二极管 (1N4148 × 1)；
(6) 电阻 (100Ω × 1、200Ω × 1、560Ω × 1、1kΩ × 1、4.7kΩ × 1、10kΩ × 1、47kΩ × 1、56kΩ × 1)；
(7) 电位器 (10kΩ × 1)；
(8) 电容 (330pF、470pF、5600pF、0.047μF、0.1μF)；
(9) 计算机 1 台，Multisim 14.0 软件 1 套。

四、实验内容

(1) 按图 3.12.1 接线，输入 1kHz 连续脉冲，用双踪示波器观察 u_i、u_P、u_A、u_B、u_D 及 u_o

的波形，记录数据。

(2)改变 C 或 R 的值，重复实验内容(1)。

(3)按图 3.12.3 接线，重复实验内容(1)。

(4)按图 3.12.5(a)接线，令 u_i 由 0～5V 变化，测量 u_1、u_2 的值。

(5)按图 3.12.7 接线，输入 1kHz 连续脉冲，用双踪示波器观测输入、输出波形，测定 T_1 与 T_2。

(6)按图 3.12.8 接线，用示波器观测输出波形，测定振荡频率(注意：若无振荡输出，多次开关实验箱电源，以便产生一个干扰脉冲去触发电路振荡)。

(7)按图 3.12.10 接线，构成整形电路，被整形信号可由信号源提供，图中串联的 1kΩ 电阻起限流保护作用。将正弦信号频率置为 1kHz，调节信号电压由低到高观测输出波形的变化。记录数据。

(8)按图 3.12.11 接线，用示波器观测输出波形，测定振荡频率。

(9)分别按图 3.12.12(a)、(b)接线，输入 1kHz、幅度为 3V 的正弦信号进行实验。

(10)Multisim 仿真。

在 Multisim 中找到图 3.12.1 中所需要的元件，连接实验线路如图 3.12.13 所示。然后单击“运行”按钮  (或按快捷键 F5)，改变电位器 R_3，对比观察示波器上输入和输出波形。记录实验结果。

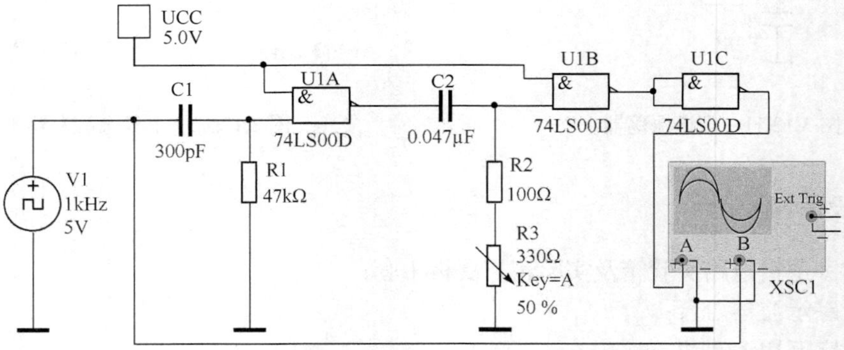

图 3.12.13 Multisim 仿真微分型单稳态触发器

同样按照上述方法，仿真图 3.12.3、图 3.12.5(a)、图 3.12.7、图 3.12.8、图 3.12.11 以及图 3.12.12。记录实验结果。

五、思考题

(1)总结单稳态触发器及施密特触发器的特点。

(2)比较 Multisim 仿真结果与实测结果。

六、实验报告要求

(1)简述实验原理、方法与步骤；

(2) 整理测试数据，分析实验结果；
(3) 回答思考题；
(4) 实验总结与建议。

3.13 用门电路产生脉冲信号实验——自激多谐振荡器

一、实验目的

(1) 掌握使用门电路构成脉冲信号产生电路的基本方法；
(2) 掌握影响输出脉冲波形参数的定时元件数值的计算方法；
(3) 学习石英晶体稳频原理和使用石英晶体构成振荡器的方法。

二、原理说明

与非门作为一个开关倒相器件，可用以构成各种脉冲波形的产生电路。电路的基本工作原理是利用电容器的充放电，当输入电压达到与非门的阈值电压 U_T 时，门的输出状态即发生变化。因此，电路输出的脉冲波形参数直接取决于电路中阻容元件的数值。

1. 非对称型多谐振荡器

如图 3.13.1 所示，构成非对称型振荡器。非门 3 用于输出波形整形。非对称型多谐振荡器的输出波形是不对称的，当用 TTL 与非门组成时，输出脉冲宽度：$t_{w1}=RC$、$t_{w2}=1.2RC$、$T=2.2RC$。调节 R 和 C 值，可改变输出信号的振荡频率，通常用改变 C 实现输出频率的粗调，改变电位器 R 实现输出频率的细调。

2. 对称型多谐振荡器

如图 3.13.2 所示，由于电路完全对称，电容器的充放电时间常数相同，故输出为对称的方波。改变 R 和 C 的值，可以改变输出振荡频率。非门 3 用于输出波形整形。

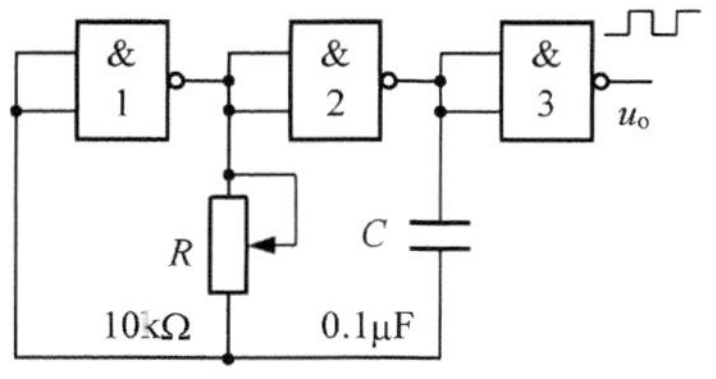

图 3.13.1 非对称型振荡器

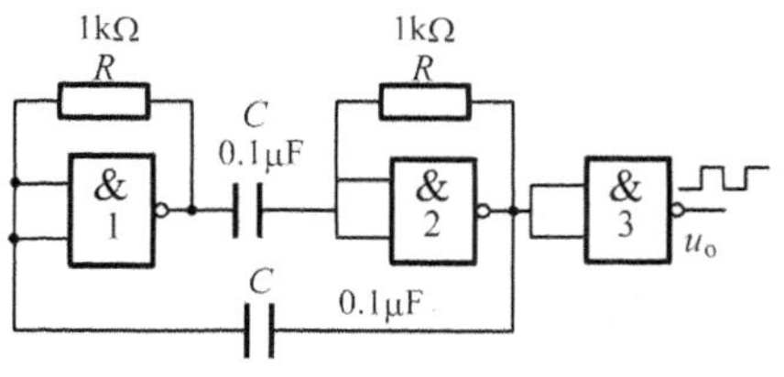

图 3.13.2 对称型振荡器

一般取 $R\leqslant 1\text{k}\Omega$，当 $R=1\text{k}\Omega$，$C=100\text{pF}\sim 100\mu\text{F}$ 时，$f=n\sim n\times 10^6\text{Hz}$，脉冲宽度 $t_{w1}=t_{w2}=0.7RC$，$T=1.4RC$。

3. 带 RC 电路的环形振荡器

电路如图 3.13.3 所示，非门 4 用于输出波形整形，R 为限流电阻，一般取 100Ω，要求电位器 $R_W\leqslant 1\text{k}\Omega$，电路利用电容 C 的充放电过程，控制 D 点电压 U_D，从而控制与非门的自动启闭，形成多谐振荡，电容 C 的充电时间 t_{w1}、放电时间 t_{w2} 和总的振荡周期 T 分别为

$t_{w1}≈0.94RC$、$t_{w2}≈1.26RC$、$T≈2.2RC$。

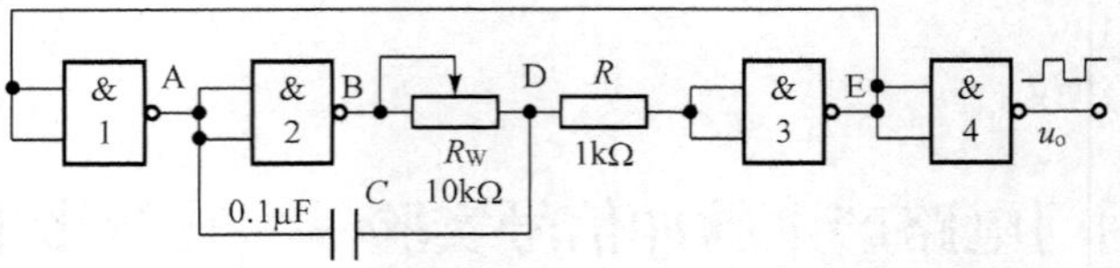

图 3.13.3 带有 RC 电路的环形振荡器

调节 R 和 C 的大小可改变电路输出的振荡频率。

以上这些电路的状态转换都发生在与非门输入电平达到门的阈值电平 U_T 的时刻。在 U_T 附近电容器的充放电速度已经缓慢，而且 U_T 本身也不够稳定，易受温度、电源电压变化等因素以及干扰的影响。因此，电路输出频率的稳定性较差。

4. *石英晶体稳频的多谐振荡器*

当要求多谐振荡器的工作频率稳定性很高时，上述几种多谐振荡器的精度已不能满足要求。为此常用石英晶体作为信号频率的基准。用石英晶体与门电路构成的多谐振荡器常用来为微型计算机等提供时钟信号。石英晶体多谐振荡器的振荡频率 f_0 等于石英晶体的固有振荡频率 F_0，与外接电阻、电容无关。

图 3.13.4 所示为 CMOS 器件组成的晶体振荡电路。晶体可选用 1～20MHz。图 3.13.4(a)中，门 1 用于振荡，门 2 用于缓冲整形。R_F 是反馈电阻。R 起稳定振荡作用，通常取十至几百千欧。C_1 是频率微调电容器，C_2 用于温度特性校正。

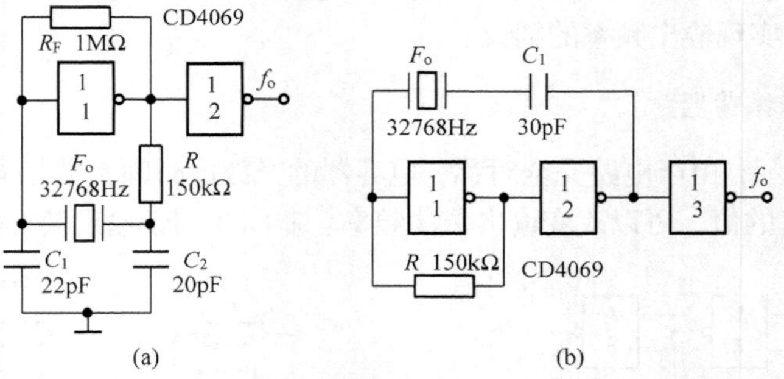

图 3.13.4 常用的晶体振荡电路

三、实验设备与元器件

(1)数字逻辑电路实验箱及实验箱扩展板 1 套；

(2)双踪示波器 1 台；

(3)数字万用表 1 块；

(4)集成电路(CD4069×1、74LS00×1)；

(5)电阻(1MΩ×1、150kΩ×1、100Ω×1、1kΩ×2)；

(6)电位器(10kΩ×1)；

(7)电容(22pF×2、230pF×1、0.1μF×2)；

(8)晶振(32768Hz×1)。

四、实验内容

1. 非对称型多谐振荡器

用与非门 74LS00 按图 3.13.1 构成多谐振荡器，其中 R 为 10kΩ，C 为 0.1μF。

(1) 用示波器观察输出波形及电容 C 两端的电压波形，列表记录数据。

(2) 调节电位器观察输出波形的变化，测出上、下限频率。

2. 对称型多谐振荡器

用 74LS00 按图 3.13.2 接线，取 R=1kΩ，C=0.1μF，用示波器观察输出波形，记录数据。

3. 带 RC 电路的环形振荡器

用 74LS00 按图 3.13.3 接线，其中定时电阻 R_W 为 10kΩ 电位器，取 R=1kΩ，C=0.1μF。

(1) R_W 调到最大时，观察并记录 A、B、D、E 及 u_o 各点电压的波形，测出 u_o 的周期 T 和负脉冲宽度（电容 C 的充电时间）并与理论计算值比较。

(2) 改变 R_W 值，观察输出信号 u_o 波形的变化情况。

4. 石英晶体稳频的多谐振荡器

按图 3.13.4 (a) 或 (b) 接线，晶振选用频率为 32768Hz，非门选用 CD4069，用示波器观察输出波形，用频率计测量输出信号频率，记录数据。

五、思考题

能否利用 Multisim 仿真门电路构成多谐振荡器？为什么？

六、实验报告要求

(1) 简述实验原理、方法与步骤；

(2) 整理测试数据，分析实验结果；

(3) 回答思考题；

(4) 实验总结与建议。

3.14 555 时基电路及其应用实测与仿真实验

一、实验目的

(1) 熟悉 555 时基电路的结构、工作原理及其特点；

(2) 掌握 555 时基电路的基本应用；

(3) 熟悉示波器测量 555 电路的脉冲幅度频率和脉宽的方法；

(4) 掌握使用 Multisim 14.0 进行电路仿真的方法。

二、原理说明

集成时基电路又称为集成定时器或 555 电路，是一种数字、模拟混合型的中规模集成电路，应用十分广泛。它是一种产生时间延迟和多种脉冲信号的电路，由于内部电压标准使用了三个 5kΩ 电阻，故取名 555 电路。其电路类型有双极型和 CMOS 型两大类，二者的结构与工作原理类似。几乎所有的双极型产品型号最后的三位数码都是 555 或 556；所有的 CMOS 产品型号最后四位数码都是 7555 或 7556，二者的逻辑功能和引脚排列完全相同，易于互换。555 和 7555 是单定时器，556 和 7556 是双定时器。双极型的电源电压 U_{CC}=+5～+15V，输出的最大电流可达 200mA，CMOS 型的电源电压为+3～+18V。

因 555 定时器是一种中规模集成器件，只需在其外部配以几个适当的阻容元件就能方便地组成多谐振荡器、单稳态触发器、施密特触发器等。555 定时器在定时、电子乐器、防盗器以及工业控制等均有广泛的应用。

1. 555 电路的工作原理

555 电路的内部电路方框图如图 3.14.1(a)所示。555 的引脚排列如图 3.14.1(b)所示。它含有两个电压比较器，一个基本 RS 触发器，一个放电开关管 T，比较器的参考电压由三只 5kΩ 的电阻器构成的分压器提供。它们分别使高电平比较器 A_1 的同相输入端(6 脚 T_H)和低电平比较器 A_2 的反相输入端(2 脚 $\overline{T}_L$)的参考电平为 $2/3U_{CC}$ 和 $1/3U_{CC}$。A_1 与 A_2 的输出端控制 RS 触发器状态和放电管开关状态。当输入信号自 6 脚，即高电平触发输入并超过参考电平 $2/3U_{CC}$ 时，触发器复位，555 的输出端(3 脚 OUT)输出低电平，同时放电开关管导通；当输入信号自 2 脚输入并低于 $1/3U_{CC}$ 时，触发器置位，555 的 3 脚输出高电平，同时放电开关管截止。$\overline{R}_D$ 是复位端(4 脚)，当 $\overline{R}_D$=0 时，555 输出低电平。平时 $\overline{R}_D$ 端开路或接 U_{CC}。C_V 是控制电压端(5 脚)，平时输出 $2/3U_{CC}$ 作为比较器 A_1 的参考电平，当 5 脚外接一个输入电压，即改变了比较器的参考电平，从而实现对输出的另一种控制，在不接外加电压时，通常接一个 0.01μF 的电容器到地，起滤波作用，以消除外来的干扰，以确保参考电平的稳定。T 为放电管，当 T 导通时，将给接于 7 脚的电容器提供低阻放电通路。

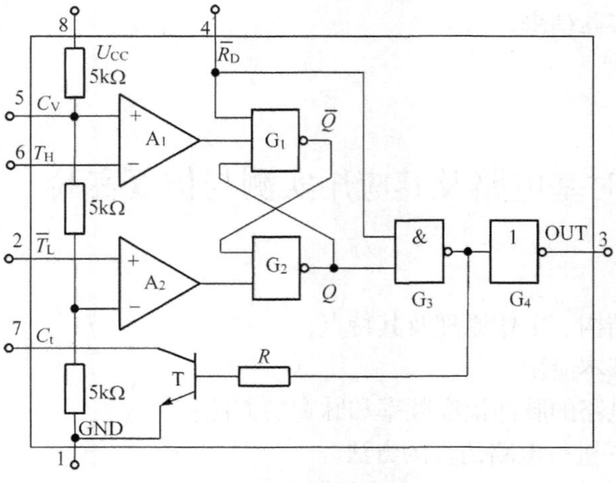

(a) 555定时器的内部框图

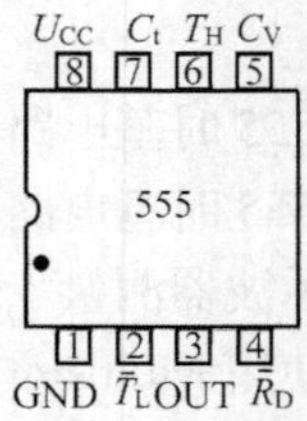

(b) 555定时器引脚排列

图 3.14.1　555 定时器内部框图及引脚排列

555 的功能如表 3.14.1 所示。

表 3.14.1　555 定时器功能表

输入			输出	
$\overline{R}_D$	$u_{i1}(T_H)$	$u_{i1}(\overline{T}_L)$	U_o	T
0	×	×	低(0)	导通
1	$>2/3U_{CC}$ (1)	$>1/3U_{CC}$ (1)	低(0)	导通
1	$<2/3U_{CC}$ (0)	$>1/3U_{CC}$ (1)	保持	保持
1	$<2/3U_{CC}$ (0)	$<1/3U_{CC}$ (0)	高(1)	截止
1	$>2/3U_{CC}$ (1)	$<1/3U_{CC}$ (0)	高(1)	截止

555 定时器主要是由电阻、电容构成充放电电路，并由两个比较器来检测电容器上的电压，以确定输出电平的高低和放电开关管的通断。这就很方便地构成从微秒到数十分钟的延时电路，可方便地构成单稳态触发器、多谐振荡器、施密特触发器等脉冲产生或波形变换电路。555 定时器逻辑功能的测试电路如图 3.14.2 所示。

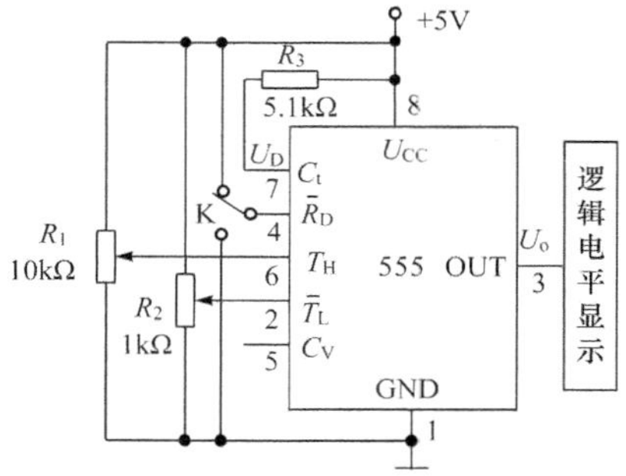

图 3.14.2　555 定时器逻辑功能测试

2. 555 定时器的典型应用

1) 多谐振荡器

如图 3.14.3 (a) 所示，由 555 定时器和外接元件 R_1、R_2、C 构成多谐振荡器，脚 2 与脚 6 直接相连。电路没有稳态，仅存在两个暂稳态，电路也不需要外加触发信号，利用电源通过 R_1、R_2 向 C 充电，以及 C 通过 R_2 向放电端 C_t 放电，使电路产生振荡。电容 C 在 $1/3U_{CC}$ 和 $2/3U_{CC}$ 之间充电和放电，其波形如图 3.14.3 (b) 所示。输出信号的时间参数为

$$T=t_{w1}+t_{w2},\quad t_{w1}=0.7(R_1+R_2)C,\quad t_{w2}=0.7R_2C$$

555 电路要求 R_1 与 R_2 均大于或等于 1kΩ ，但 R_1+R_2 应小于或等于 3.3MΩ。

外部元件的稳定性决定了多谐振荡器的稳定性，555 定时器配以少量的元件即可获得较高精度的振荡频率和具有较强的功率输出能力。因此这种形式的多谐振荡器应用很广。

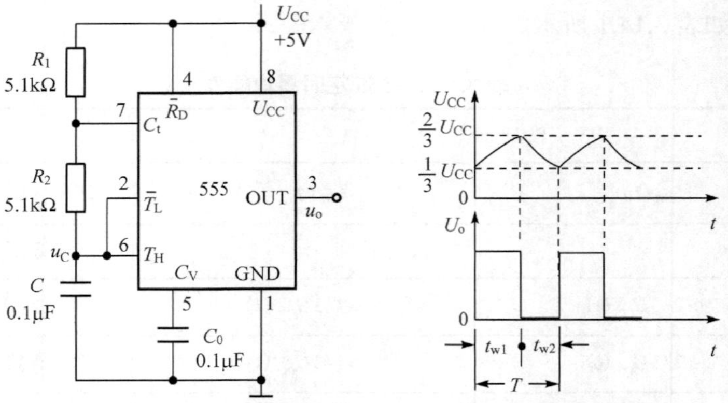

(a) 555定时器构成多谐振荡器　　(b)多谐振荡器波形图

图 3.14.3　555 定时器构成多谐振荡器及波形图

2)组成占空比可调的多谐振荡器

电路如图 3.14.4 所示，它比图 3.14.3 所示电路增加了一个电位器和两个导引二极管。D_1、D_2用来决定电容充、放电电流流经电阻的途径(充电时D_1导通，D_2截止；放电时D_2导通，D_1截止)。

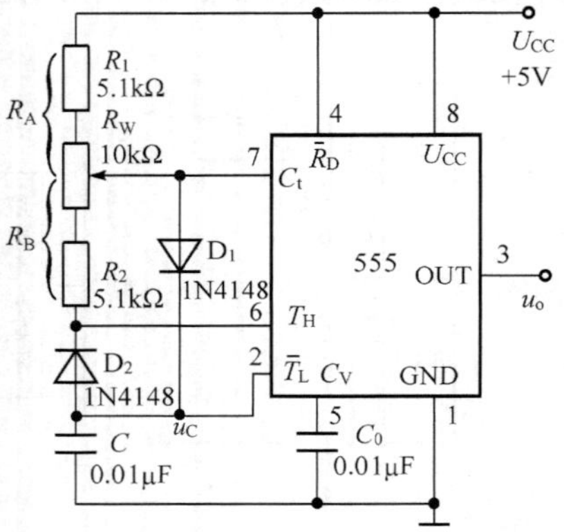

图 3.14.4　占空比可调的多谐振荡器

占空比：

$$P=\frac{t_{w1}}{t_{w1}+t_{w2}}\approx\frac{0.7R_AC}{0.7C(R_A+R_B)}=\frac{R_A}{R_A+R_B}$$

可见，若取 $R_A=R_B$，电路即可输出占空比为 50%的方波信号。

3)单稳态触发器

图 3.14.5(a)为由 555 定时器和外接定时元件 R、C 构成的单稳态触发器。触发电路由 C_1、R_1、D 构成，其中 D 为钳位二极管，稳态时 555 电路输入端处于电源电压，内部放电开关管 T 导通，输出端输出低电平，当有一个外部负脉冲触发信号经 C_1 加到 2 端，并使 2 端电位瞬时低于 $1/3U_{CC}$ 时，低电平比较器动作，单稳态电路即开始一个暂态过程，电容 C 开始充电，u_C 按指数规律增长。当 u_C 充电到 $2/3U_{CC}$ 时，高电平比较器动作，比较器 A_1 翻转，输出 u_o 从高电平返回低电平，放电开关管 T 重新导通，电容 C 上的电荷很快经放电开关管放电，暂态结束，恢复稳态，为下个触发脉冲的到来做好准备。波形图如图 3.14.5 (b)所示。

暂稳态的持续时间 t_W(即延时时间)决定于外接元件 R、C 值的大小。

$$t_W=1.1RC$$

通过改变 R、C 的大小，可使延时时间在几微秒到几十分钟变化。当这种单稳态电路作为计时器时，可直接驱动小型继电器，并可以使用复位端(4 脚)接地的方法来中止暂态，重新计时。此外尚须用一个续流二极管与继电器线圈并接，以防继电器线圈反电势损坏内部功率管。

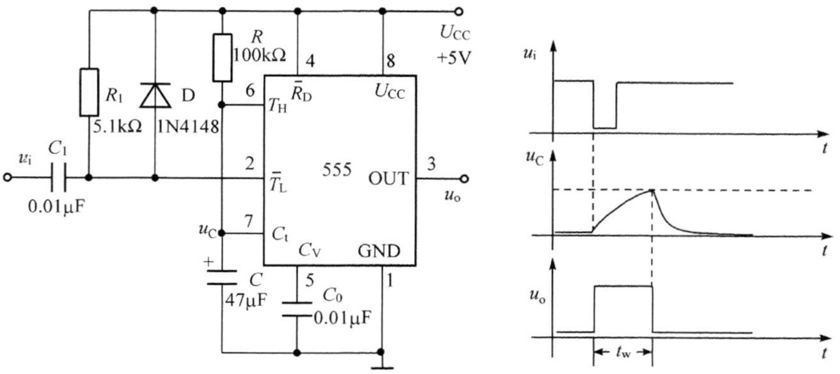

(a) 555定时器构成单稳态触发器　　(b) 单稳态触发器波形图

图 3.14.5　555 定时器构成单稳态触发器及波形图

4) 组成施密特触发器

电路如图 3.14.6 所示，只要将 2、6 脚连在一起作为信号输入端，即得到施密特触发器。图 3.14.7 示出了 u_s、u_i 和 u_o 的波形图。设被整形变换的电压为正弦波 u_s，其正半波通过二极管 D 同时加到 555 定时器的 2 脚和 6 脚，得 u_i 为半波整流波形。当 u_i 上升到 $2U_{CC}/3$ 时，u_o 从高电平翻转为低电平；当 u_i 下降到 $U_{CC}/3$ 时，u_o 又从低电平翻转为高电平。电路的电压传输特性曲线如图 3.14.8 所示。

回差电压：

$$\Delta U = \frac{2}{3}U_{CC} - \frac{1}{3}U_{CC} = \frac{1}{3}U_{CC}$$

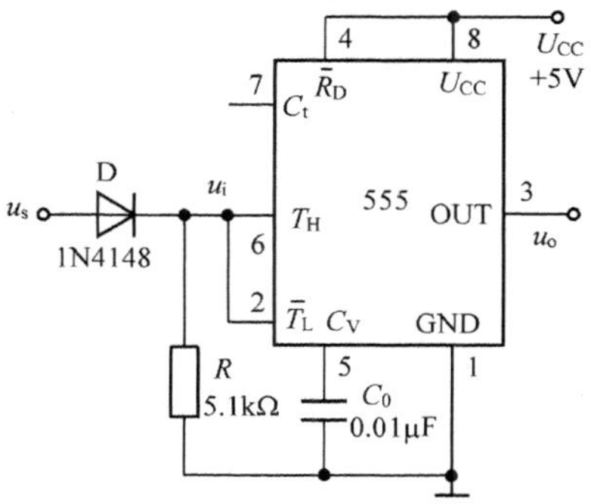

图 3.14.6　施密特触发器

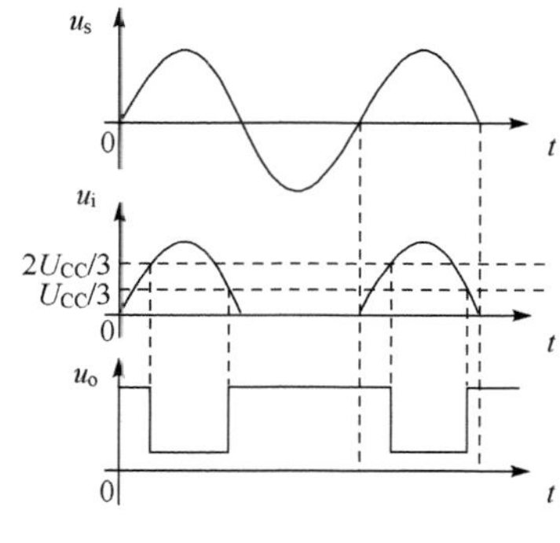

图 3.14.7　波形变换图

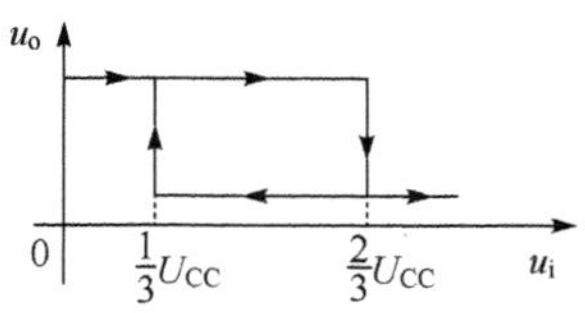

图 3.14.8　电压传输特性

三、实验设备与元器件

(1) 数字逻辑电路实验箱及实验箱扩展板 1 套；

(2)双踪示波器 1 台；

(3)数字万用表 1 块；

(4)集成电路(NE555×2)；

(5)二极管(1N4148×2)；

(6)电阻(10kΩ×3、100kΩ×1、5.1kΩ×2、1kΩ×1、2.2kΩ×1)；

(7)电位器(100kΩ×1、1kΩ×1、10kΩ×1)；

(8)电容(0.01μF×2、10μF×1、、47μF×1、100μF×1)；

(9)计算机 1 台，Multisim 14.0 软件 1 套。

四、实验内容

1. 555 定时器逻辑功能测试

(1)将 555 定时器按图 3.14.2 连接实验电路，打开电源开关。

(2)调节 R_1 和 R_2 以及拨动开关 K，使 2 脚、6 脚、4 脚按表 3.14.2 要求加电压。

(3)用数字万用表分别测量 3 脚 u_o、7 脚 u_D 电压值，并观察逻辑电平显示状态，判断此时 555 定时器放电三极管的工作状态，将其结果记入表 3.14.2 中。

表 3.14.2 555 定时器逻辑功能测试

T_H	$\overline{T}_L$	$\overline{R}_D$	U_O	U_D	放电三极管工作状态
×	×	0			
$>2U_{CC}/3$	$>U_{CC}/3$	1			
$<2U_{CC}/3$	$>U_{CC}/3$	1			
$<2U_{CC}/3$	$<U_{CC}/3$	1			

2. 多谐振荡器

(1)将 555 定时器按图 3.14.3(a)连接实验电路，打开电源开关。

(2)按表 3.14.3 中要求选取 R_2 和 C 值，测量 u_o、T 大小，并与计算值比较。

(3)用示波器观察电容 C 两端以及 3 脚输出端的波形，测定波形参数并描绘其波形。

表 3.14.3 555 构成多谐振荡器

参数		测量值		理论值	
R_2/ kΩ	C/μF	u_o	T	u_o	$T=0.7(R_1+R_2)C$
5.1	0.01				
5.1	0.1				

3. 单稳态触发器

(1)按图 3.14.5 连线，取 R=5.1kΩ，C=0.1μF，触发信号从 2 脚输入，输入端加 1kHz

的连续脉冲，信号发生器选择矩形波。用双踪示波器观测 u_i、u_C、u_o 波形。测定幅度与暂稳时间。

(2) R 不变，将 C 改为 0.01μF，输入端加 1kHz 的连续脉冲，观测波形 u_i、u_C、u_o，测定幅度及暂稳时间。

4. 施密特触发器

按图 3.14.6 接线，输入信号 u_s 为频率 1kHz 的正弦信号，接通电源，逐渐加大 u_s 的幅度，观测输出波形，测绘电压传输特性，算出回差电压 ΔU。

5. 模拟声响电路

按图 3.14.9 接线，组成两个多谐振荡器，调节定时元件，使 555(Ⅰ)输出较低频率，555(Ⅱ)输出较高频率，连好线，接通电源，试听音响效果。调换外接阻容元件，再试听音响效果。

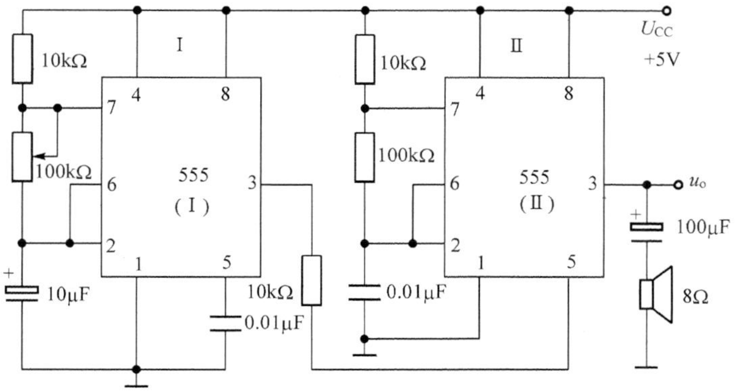

图 3.14.9　模拟声响电路

6. Multisim 仿真

在 Multisim 中找到图 3.14.3(a)中所需要的元件，连接实验线路如图 3.14.10 所示。然后单击“运行”按钮 ▶（或按快捷键 F5），观察示波器上输出波形。记录实验结果。

同样按照上述方法，仿真图 3.14.2、图 3.14.5、图 3.14.6 以及图 3.14.9 中的相关电路。记录实验结果。

五、思考题

(1) 总结 555 定时器的典型应用有哪些。

(2) 比较 Multisim 仿真结果与实测结果。

六、实验报告要求

(1) 简述实验原理、方法与步骤；

(2)整理测试数据，分析实验结果；

(3)回答思考题；

(4)实验总结与建议。

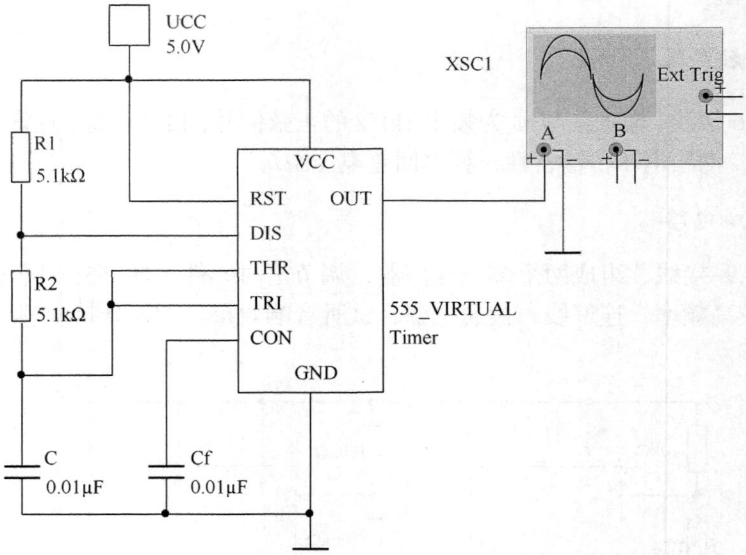

图 3.14.10 Multisim 仿真多谐振荡器

3.15 D/A 转换器实测与仿真实验

一、实验目的

(1)掌握 D/A 转换器的基本工作原理、基本结构、功能及其典型应用；

(2)掌握使用 Multisim 14.0 进行电路仿真的方法。

二、原理说明

在数字电子技术的很多应用场合往往需要把数字量转换成模拟量，称为数 / 模转换器(D/A 转换器，简称 DAC)。完成这种转换的线路有多种，特别是单片大规模集成 D/A 转换器的问世，为实现上述的转换提供了极大的方便。本实验将采用大规模集成电路 DAC0832 实现 D/A 转换。

DAC0832 是采用 CMOS 工艺制成的单片电流输出型 8 位数 / 模转换器。图 3.15.1 是 DAC0832 的逻辑框图及引脚排列。

器件的核心部分采用倒 T 型电阻网络的 8 位 D/A 转换器，如图 3.15.2 所示。它是由倒 T 型 R-$2R$ 电阻网络、模拟开关、运算放大器和参考电压 U_{REF} 四部分组成。

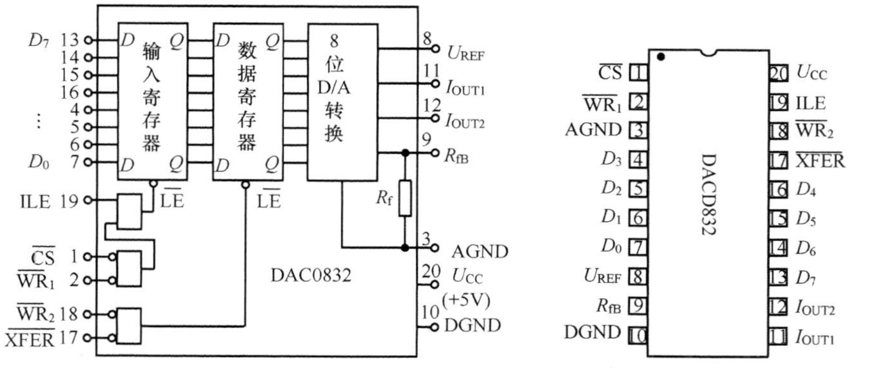

(a) DAC0832单片D/A转换器逻辑框图　　(b) DAC0832单片D/A转换器引脚排列

图 3.15.1　DAC0832 单片 D/A 转换器逻辑框图和引脚排列

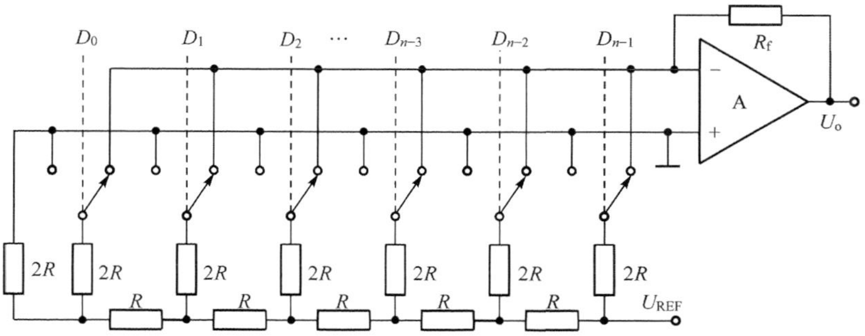

图 3.15.2　倒 T 型电阻网络 D/A 转换电路

运放的输出电压为

$$U_o = -\frac{U_{REF}R_f}{2^n R}\left(D_{n-1}2^{n-1} + D_{n-2}2^{n-2} + \cdots + D_1 2^1 + D_0 2^0\right)$$

由上式可见，输出电压 U_o 与输入的数字量成正比，这就实现了从数字量到模拟量的转换。

一个 8 位的 D/A转换器，它有 8 个输入端，每个输入端是 8 位二进制数的一位，有一个模拟输出端，输入有 2^8=256 个不同的二进制组态，输出为 256 个电压之一，即输出电压不是整个电压范围内任意值，而只能是 256 个可能值。

DAC0832 是一个 8 位 D/A 转换器，它的引脚功能说明如下：

D_0～D_7 为数字信号输入端；ILE 为输入寄存器允许，高电平有效；$\overline{CS}$ 为片选信号，低电平有效；$\overline{WR_1}$ 为写信号 1，低电平有效；$\overline{XFER}$ 为传送控制信号，低电平有效；$\overline{WR_2}$ 为写信号 2，低电平有效；I_{OUT1}、I_{OUT2} 为电流输出端；R_{fB} 为反馈电阻，是集成在片内的外接运放的反馈电阻；U_{REF} 为基准电压(−10～+10) V；U_{CC} 为电源电压(+5～+15) V；AGND 为模拟地；NGND 为数字地。模拟地和数字地可以连接在一起使用。

DAC0832 输出的是电流，要转换为电压，还必须经过一个外接的运算放大器，实验线路如图 3.15.3 所示。

图 3.15.3 所示电路的输出电压 $U_o = -\frac{5}{256}\left(D_7 2^7 + D_6 2^6 + \cdots + D_1 2^1 + D_0 2^0\right)$。

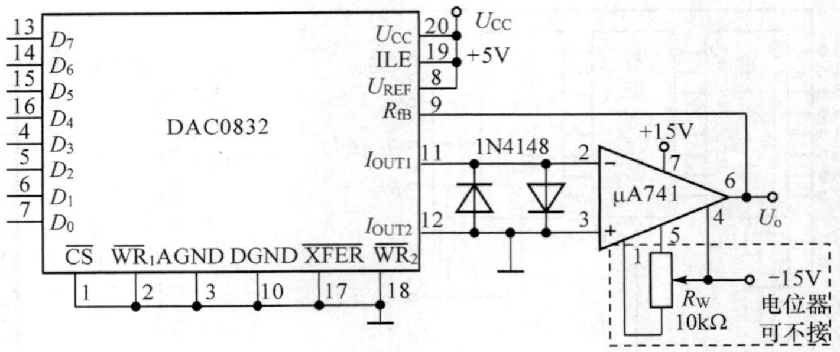

图 3.15.3　D/A 转换器实验线路

三、实验设备与元器件

(1)数字逻辑电路实验箱及实验箱扩展板 1 套；

(2)双踪示波器 1 台；

(3)数字万用表 1 块；

(4)集成电路(CD40192 × 1、DAC0832 × 1、μA741 × 1)；

(5)二极管(1N4148 × 2)；

(6)电位器(10kΩ × 1)；

(7)计算机 1 台，Multisim 14.0 软件 1 套。

四、实验内容

1. DAC0832 逻辑功能测试电路

(1)D/A 转换——DAC0832，按图 3.15.3 接线，电路接成直通方式，即 $\overline{CS}$、$\overline{WR_1}$、$\overline{WR_2}$、$\overline{XFER}$ 接地；ALE、U_{CC}、U_{REF} 接+5V 电源；运放电源接±15V；D_0～D_7 接逻辑开关的输出插口，输出端 U_o 接直流数字电压表。

(2)调零，令 D_0～D_7 全置零，调节运放的电位器使 μA741 输出为零，若不为零可接上电位器 R_W。

(3)按表 3.15.1 所列输入数字信号，用数字电压表测量运放的输出电压 U_o，将测量结果填入表中，并与理论值进行比较。

表 3.15.1　DAC0832 输出直流电压测试(U_{CC}=+5V)

输入数字量								输出模拟量 U_o/V	
D_7	D_6	D_5	D_4	D_3	D_2	D_1	D_0	测试值	理论值
0	0	0	0	0	0	0	0		
0	0	0	0	0	0	0	1		
0	0	0	0	0	0	1	0		
0	0	0	0	0	1	0	0		

续表

输入数字量								输出模拟量 U_o/V	
D_7	D_6	D_5	D_4	D_3	D_2	D_1	D_0	测试值	理论值
0	0	0	0	1	0	0	0		
0	0	0	1	0	0	0	0		
0	0	1	0	0	0	0	0		
0	1	0	0	0	0	0	0		
1	0	0	0	0	0	0	0		
1	1	1	1	1	1	1	1		

2. DAC0832 应用

(1)将十进制计数器和 DAC0832 按图 3.15.4 接线，十进制计数器四个输出端接 DAC0832 四个高位端 D_4～D_7，DAC0832 四个低位端 D_0～D_3 接地。十进制计数器 CP 端输入 1kHz 时钟脉冲，用示波器观察运算放大器输出端输出波形，记入表 3.15.2 中。

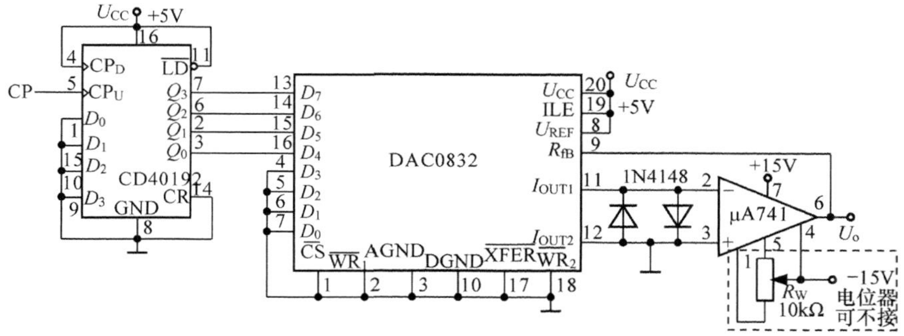

图 3.15.4　DAC0832 应用电路一

表 3.15.2　DAC0832 应用电路一

输入数字量	输出波形 U_o
D_7=Q_3	
D_6=Q_2	
D_5=Q_1	
D_4=Q_0	
D_3=0	
D_2=0	
D_1=0	
D_0=0	

(2)将十进制计数器和DAC0832按图3.15.5接线，十进制计数器四个输出端接DAC0832四个低位端 D_0～D_3，DAC0832四个高位端 D_4～D_7 接地。十进制计数器CP端输入时钟脉冲，用示波器观察运算放大器输出端输出波形，记入表3.15.3中。

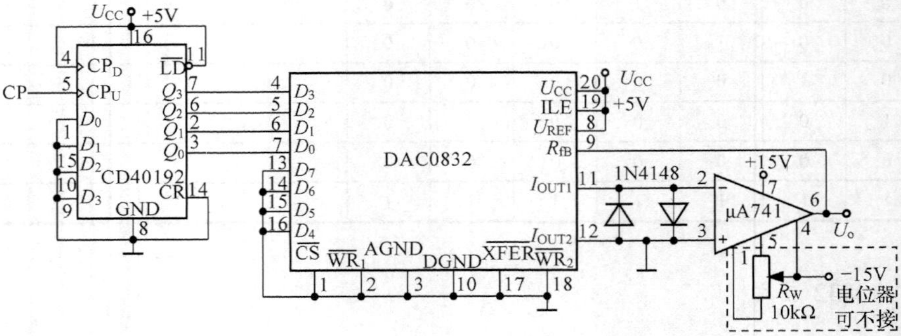

图3.15.5　DAC0832应用电路二

表3.15.3　DAC0832应用电路二

输入数字量	输出波形 U_o
D_7=0	
D_6=0	
D_5=0	
D_4=0	
D_3= Q_3	
D_2= Q_2	
D_1=Q_1	
D_0=Q_0	

3. Multisim仿真

在Multisim中找到VDAC8(Multisim中没有DAC0832，用通用D/A器件VDAC8代替DAC0832仿真)，逻辑电平开关由拨码开关S1和排阻R1构成，在VDAC8的输出端接一个万用表，测量输出电压大小，连接实验线路如图3.15.6所示。然后单击“运行”按钮 ▶ (或按快捷键F5)，改变拨码开关S1的状态，观察输出电压大小变化。重画表3.15.1，记录实验结果。

同样按照上述方法，仿真图3.15.4和图3.15.5中的相关电路，记录实验结果。

五、思考题

(1)如何用DAC0832设计一个正弦波发生器？

(2)比较Multisim仿真结果与实测结果。

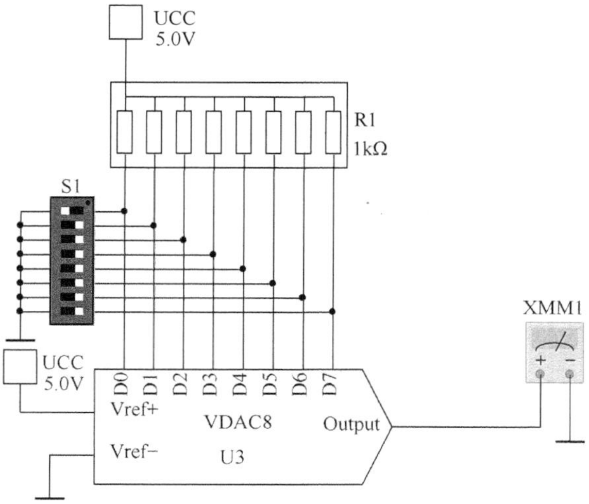

图 3.15.6 Multisim 仿真 DAC 转换

六、实验报告要求

(1) 简述实验原理、方法与步骤；
(2) 整理测试数据，分析实验结果；
(3) 回答思考题；
(4) 实验总结与建议。

3.16 A/D 转换器实测与仿真实验

一、实验目的

(1) 了解 A/D转换器的基本工作原理和基本结构；
(2) 掌握大规模集成 A/D转换器的功能及其典型应用；
(3) 掌握使用 Multisim 14.0 进行电路仿真的方法。

二、原理说明

在数字电子技术应用中常需要把模拟量转换为数字量，称为模/数转换器(A/D 转换器，简称 ADC)；完成这种转换的线路有多种，特别是单片大规模集成 A/D 转换器，为实现上述的转换提供了极大的方便。本实验将采用大规模集成电路 ADC0809 实现 A/D转换。

1. A/D转换器 ADC0809 简介

ADC0809 是采用 CMOS 工艺制成的单片 8 位 8 通道逐次逼近型 A/D 转换器，其逻辑框图及引脚排列如图 3.16.1 所示。器件的核心部分是 8 位 A/D 转换器，它由比较器、逐次逼近寄存器、D/A 转换器及控制和定时五部分组成。

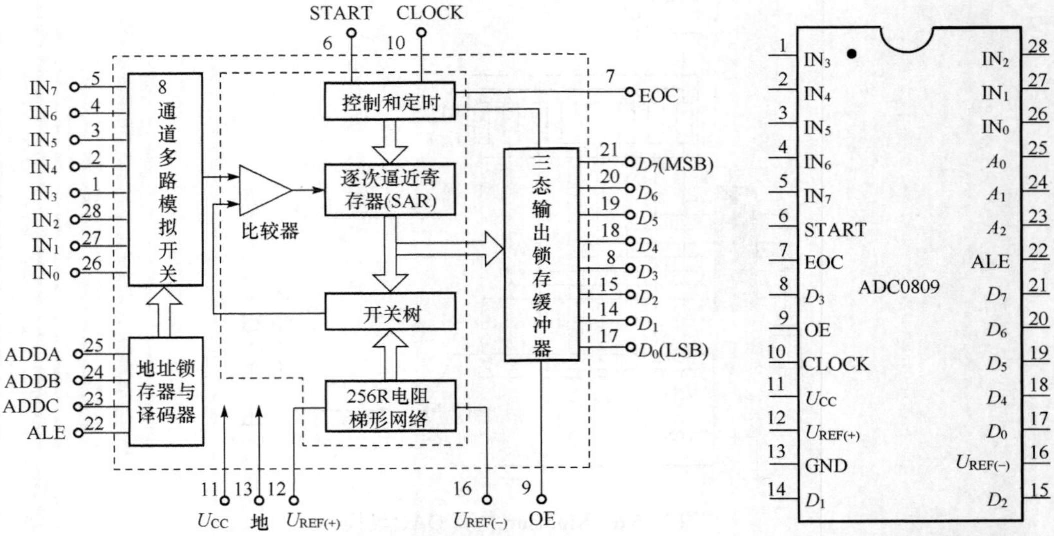

(a) ADC0809转换器逻辑框图　　(b) ADC0809引脚排列

图 3.16.1　ADC0809 转换器逻辑框图及引脚排列

ADC0809 的引脚功能说明如下：

IN_0～IN_7 为 8 路模拟信号输入端；A_2、A_1、A_0 为地址输入端。ALE 为地址锁存允许输入信号，施加正脉冲，上升沿有效，此时锁存地址码，从而选通相应的模拟信号通道，以便进行 A/D 转换；START 为启动信号输入端，应在此脚施加正脉冲，当上升沿到达时，内部逐次逼近寄存器复位，在下降沿到达后，开始 A/D 转换过程；EOC 为转换结束输出信号(转换结束标志)，高电平有效；OE 为输入允许信号，高电平有效；CLOCK(CP)为时钟信号输入端，外接时钟频率一般为 100kHz；U_{CC} 为+5V 单电源供电；$U_{REF}(+)$、$U_{REF}(-)$ 为基准电压的正极、负极，一般 $U_{REF}(+)$ 接+5V 电源，$U_{REF}(-)$ 接地；D_7～D_0 为数字信号输出端。

2. 模拟量输入通道选择

8 路模拟开关由 A_2、A_1、A_0 三地址输入端选通 8 路模拟信号中的任何一路进行 A/D 转换，地址译码与模拟输入通道的选通关系如表 3.16.1 所示。

表 3.16.1　ADC0809 输入通道选择

被选模拟通道		IN_0	IN_1	IN_2	IN_3	IN_4	IN_5	IN_6	IN_7
地址	A_2	0	0	0	0	1	1	1	1
	A_1	0	0	1	1	0	0	1	1
	A_0	0	1	0	1	0	1	0	1

3. A/D 转换过程

在启动端(START)加启动脉冲(正脉冲)，A/D 转换即开始。如将启动端与转换结束端

(EOC)直接相连，转换将是连续的，在用这种转换方式时，开始应在外部加启动脉冲。

三、实验设备与元器件

(1)数字逻辑电路实验箱及其扩展板 1 套；
(2)双踪示波器 1 台；
(3)数字万用表 1 块；
(4)集成电路(ADC0809 × 1)；
(5)电阻(1kΩ×10)；
(6)计算机 1 台，Multisim 14.0 软件 1 套。

四、实验内容

1. ADC0809 功能测试

(1)A/D 转换器——ADC0809 按图 3.16.2 接线。

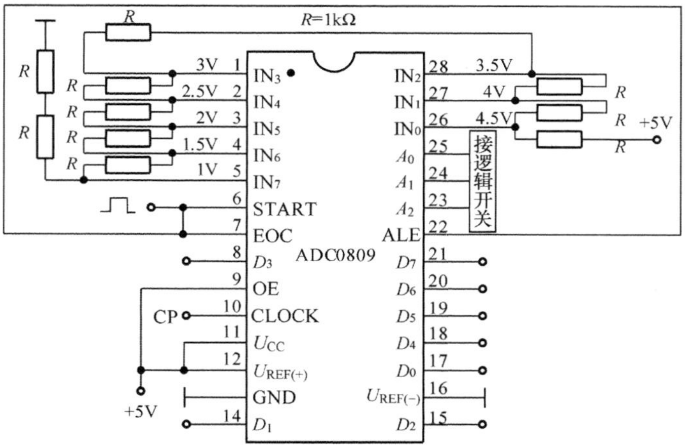

图 3.16.2　ADC0809 实验线路

(2)8 路输入模拟信号 1～4.5V，由+5V 电源经电阻 R 分压组成，变换结果 D_0～D_7 接逻辑电平显示器输入插口，CP 时钟脉冲由计数脉冲源提供，取 f=100kHz；A_0～A_2 地址端接逻辑电平输出插口。

(3)接通电源后，在启动端(START)加一正单次脉冲，下降沿一到即开始 A/D转换。

(4)按表 3.16.2 的要求观察、记录 IN_0～IN_7 8 路模拟信号的转换结果，并将结果换算成十进制数表示的电压值，并与电压表实测的各路输入电压值进行比较，分析误差原因(注意：每次转换都需要按一下启动端单次脉冲按钮。U_I 以实测为准)。

2. Multisim 仿真

在 Multisim 中找到 ADC(Multisim 中没有 ADC0809，用通用 A/D 器件代替 ADC0809 仿真)、由拨码开关 S1 和排阻 R1 构成分压电路，在 ADC 的输出端接 8 个 LED 指示输出的逻

表 3.16.2　ADC0809 功能测试

被选通道	输入模拟量		地址			输出数字量								
IN	理论值/V	实测值/V	A_2	A_1	A_0	D_7	D_6	D_5	D_4	D_3	D_2	D_1	D_0	十进制
IN_0	4.5		0	0	0									
IN_1	4.0		0	0	1									
IN_2	3.5		0	1	0									
IN_3	3.0		0	1	1									
IN_4	2.5		1	0	0									
IN_5	2.0		1	0	1									
IN_6	1.5		1	1	0									
IN_7	1.0		1	1	1									

辑电平，连接实验线路如图 3.16.3 所示。然后单击“运行”按钮 ▶ (或按快捷键 F5)，改变拨码开关 S1 的状态(注意拨码开关只允许其中的一个接通)，在 Vin 处加一个探针(Probe1)可以测量该处模拟电压的大小，观察 LED 颜色的变化。记录输入模拟量和输出数字量(注：在 SOC 处要加一个时钟源 ADC 才能正常工作)。

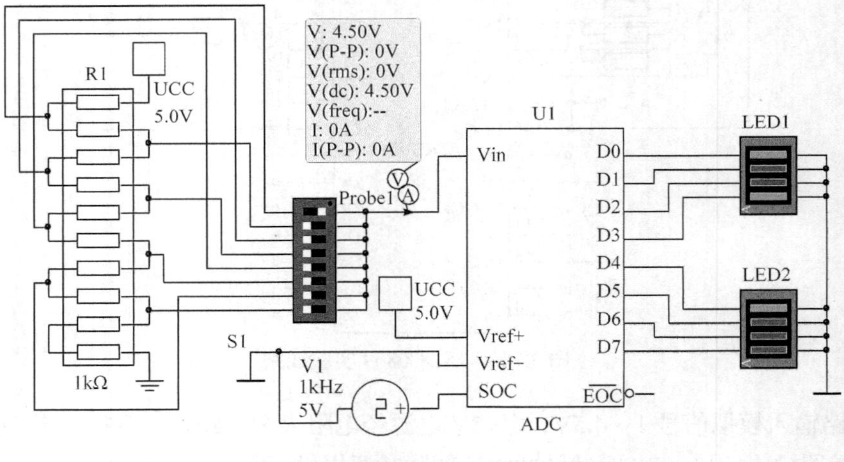

图 3.16.3　Multisim 仿真 ADC 转换过程

五、思考题

(1) 如何利用 ADC0809 测量+10V 的直流电压？
(2) 比较 Multisim 仿真结果与实测结果。

六、实验报告要求

(1) 简述实验原理、方法与步骤；
(2) 整理测试数据，分析实验结果；

(3) 回答思考题；

(4) 实验总结与建议。

3.17 智力竞赛抢答装置仿真与设计

一、实验目的

(1) 学习数字电路中 D 触发器、分频电路、多谐振荡器、CP 时钟脉冲源等单元电路的综合运用；

(2) 熟悉智力竞赛抢答器的工作原理；

(3) 了解简单数字系统实验、调试及故障排除方法；

(4) 掌握用 Multisim 14.0 进行仿真，用 Altium Designer 18.0 进行电路设计的方法。

二、原理说明

图 3.17.1 为供四人用的智力竞赛抢答装置线路，用以判断抢答优先权。

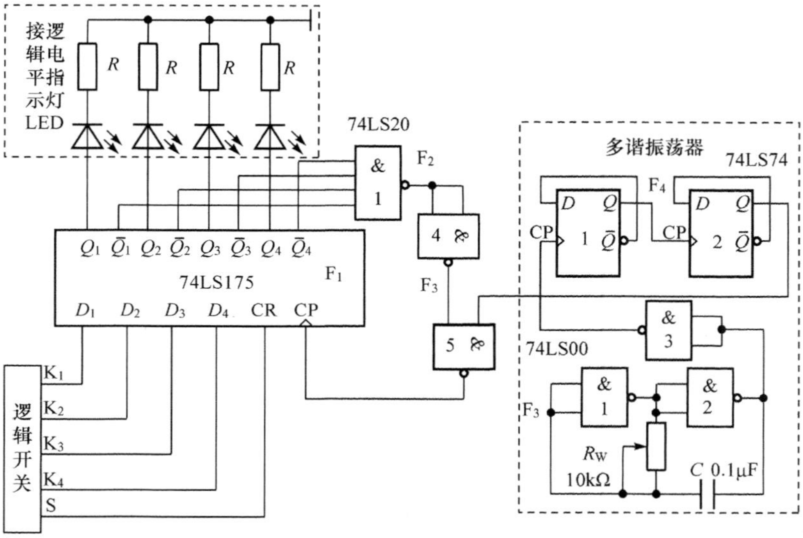

图 3.17.1 智力竞赛抢答装置原理图

电路组成如下。

(1) 开关：图中 K_1～K_4 为抢答开关，S 为复位开关。

(2) D 触发器：F_1 为四 D 触发器 74LS175，它具有公共置“0”端和公共 CP 端，引脚排列如图 3.17.2 所示，其中第一脚(CR 端)为复位端，当 CR=0 时，$Q=0$，$\bar{Q}=1$。

(3) 与非门：F_2 为双 4 输入与非门 74LS20；74LS20 引脚排列参见图 3.6.1(a)。

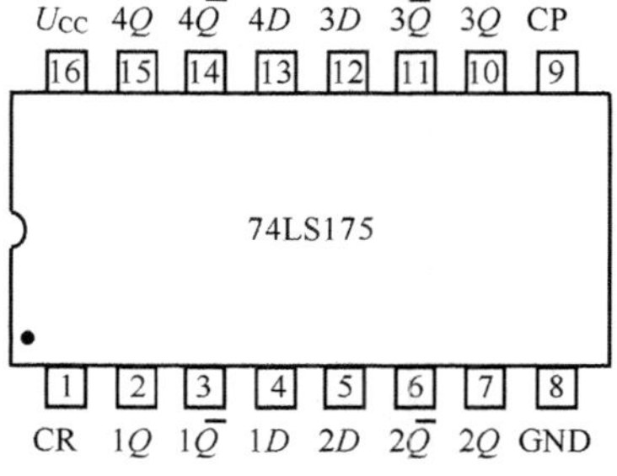

图 3.17.2 74LS175 引脚排列

(4) 多谐振荡器：F_3是由 74LS00 组成的多谐振荡器；74LS00 引脚排列参见图 3.1.2(a)。

(5) 分频电路：F_4是由 74LS74(双 D 触发器)组成的四分频电路。其中每只 D 触发器转换为 T′ 触发器，由于 T′ 触发器仅具有翻转功能，因此一只 T′ 触发器是一个二分频电路，两只 T′ 触发器构成四分频电路。74LS74 引脚排列参见图 3.10.4。

电路工作原理：F_3、F_4组成抢答电路中的 CP 时钟脉冲源，抢答开始时，由主持人清除信号，合上复位开关 S，74LS175 的输出 Q_1～Q_4全为 0，所有发光二极管 LED 均熄灭；当主持人宣布“抢答开始”后，打开复位开关 S，首先作出判断的参赛者立即按下抢答开关，对应的发光二极管点亮，同时，通过与非门 F_2送出信号锁住其余三个抢答者的电路，不再接受其他信号，直到主持人再次清除信号为止。

三、实验设备与元器件

(1) 数字逻辑电路实验箱及实验箱扩展板 1 套；

(2) 双踪示波器 1 台；

(3) 数字万用表 1 块；

(4) 集成电路(74LS175 × 1、74LS20 × 1、74LS74 × 1、74LS00 × 2)；

(5) 电位器(100kΩ × 1)；

(6) 电容(0.01μF × 1)；

(7) 计算机 1 台，Multisim 14.0 软件 1 套，Altium Designer 18.0 软件 1 套。

四、实验内容

(1) 测试各触发器及各逻辑门的逻辑功能。测试方法参照实验 3.2 及实验 3.9 有关内容，判断器件的好坏。

(2) 按图 3.17.1 接线，抢答器 5 个开关接实验装置上的逻辑开关，发光二极管接逻辑电平显示器。

(3) 断开抢答器电路中 CP 脉冲源电路，单独对多谐振荡器 F_3及分频器 F_4进行调试，调整 R_W电位器，使其输出脉冲频率约 4kHz，观察 F_3及 F_4输出波形及测试其频率。

(4) 测试抢答器电路功能。接通+5V 电源，CP 端接实验装置上连续脉冲源，取重复频率约 1kHz。

① 抢答开始前，开关 K_1、K_2、K_3、K_4均置“0”，准备抢答，将开关 S 置“0”，发光二极管全熄灭，再将 S 置“1”。抢答开始，K_1、K_2、K_3、K_4某一开关置“1”，观察发光二极管的亮、灭情况，然后将其他三个开关中任一个置“1”，观察发光二极管的亮、灭有否改变。

② 重复①的内容，改变 K_1、K_2、K_3、K_4任一个开关状态，观察抢答器的工作情况。

③ 整体测试。

断开实验装置上的连续脉冲源，接入 F_3 及 F_4，再进行实验。

五、思考题

(1) 分析智力竞赛抢答装置各部分功能及工作原理。

(2) 总结数字系统的设计、调试方法。

(3) 利用 Multisim 软件仿真图 3.17.1 所示电路，其中 F_3、F_4 组成的时钟源，利用信号发生器代替。

(4) 利用 Altium Designer 软件画出图 3.17.1 所示智力竞赛抢答装置的原理图和 PCB 板图。

六、实验报告要求

(1) 简述实验原理、方法与步骤；

(2) 整理测试数据，分析实验结果；

(3) 回答思考题；

(4) 实验总结与建议。

3.18 随机数据发生器仿真与设计

一、实验目的

(1) 熟悉集成门电路的逻辑功能、测试方法；

(2) 学会用集成电路构成计数器的使用及功能测试方法；

(3) 学会译码、驱动集成电路构成显示电路的使用方法、逻辑功能的测试；

(4) 掌握用 Multisim 14.0 进行仿真，用 Altium Designer 18.0 进行电路设计的方法。

二、原理说明

(1) 多谐振荡器如图 3.18.1 所示。实验电路中时钟脉冲发生器由 F_1～F_3 非门构成。由 F_1～F_3 构成非对称型多谐振荡器电路，该电路在接通电源后无须外接触发信号就能产生一定频率和幅值的脉冲或方波。由于多谐振荡器在工作过程中呈不稳定状态，故又称无稳态电路。非门作为一个开关倒相器件，可用以构成各种脉冲波形的电路。电路的基本工作原理是利用电容器的充放电，当输入电压达到与非门的阈值电压 U_T 时，门的输出状态即发生变化。因此，电路输出的脉冲波形参数直接取决于电路中阻容元件的数值。非门 F_3 用于输出波形整形。非对称型多谐振荡器的输出波形是不对称的，当用 TTL 非门组成时，输出脉冲宽度：

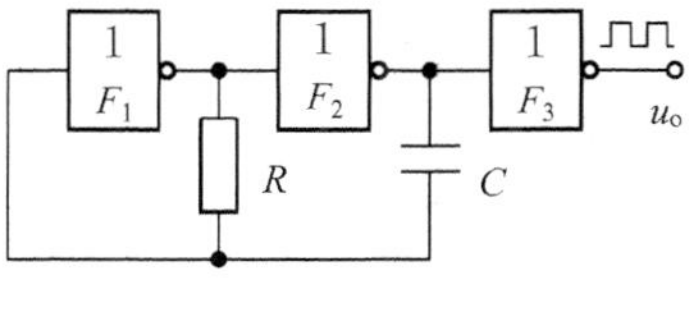

图 3.18.1 多谐振荡器

$$t_{w1}=RC,\quad t_{w2}=1.2RC,\quad T=2.2RC$$

调节 R 和 C 值，可改变输出信号的振荡频率，通常用改变 C 实现输出频率的粗调，改变电位器 R 实现输出频率的细调。

CD4518 是应用最为广泛、通用性最强的计数器之一，除具备其他计数常用功能外，更重要的是，它在一块芯片中集成了两个相同的计数器，使之成为设计、应用的首选芯片。

CD4518 为双 4 位 BCD、二进制同步加计数器，内部电路框图及引脚功能如图 3.18.2 所示。从图 3.18.2 可知 CD4518 的工作原理如表 3.18.1 所示。

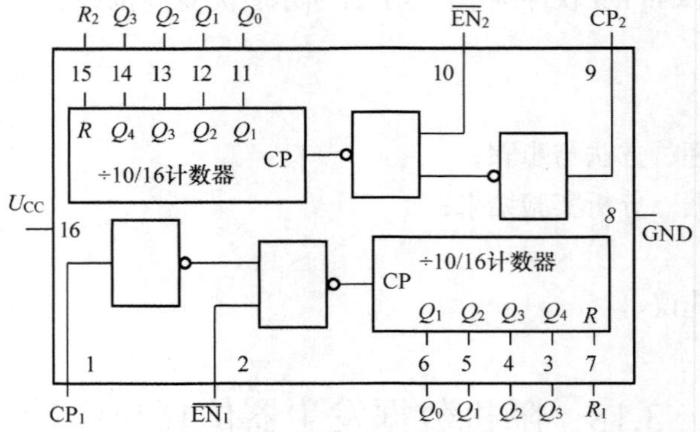

图 3.18.2　CD4518 内部电路框图及功能引脚图

表 3.18.1　CD4518 的功能表

输入			输出功能
CP	R	$\overline{EN}$	
↑	0	1	加计数
0	0	↓	加计数
↓	0	×	保持
×	0	↑	
↑	0	0	
1	0	↓	
×	1	×	全部为“0”

(2)译码器是一个多输入、多输出的组合逻辑电路。它的作用是把给定的代码进行“翻译”，变成相应的状态，使输出通道中相应的一路有信号输出。译码器在数字系统中有广泛的用途，不仅用于代码的转换、终端的数字显示，还用于数据分配、存储器寻址和组合控制信号等。不同的功能可选用不同种类的译码器。本实验所用数码显示译码器工作原理等内容与实验 3.8 部分内容相同，可参照使用。CD4511 的引脚功能参见图 3.8.4(b)。

(3) 随机数据发生器实验电路原理。

该电路可用于猜数、抓阄、抽奖等游戏活动中。按下开关 S 就产生一个随机数据，且每次按下开关 S 所产生的数字不一样，产生什么数字无法人为控制。图 3.18.3 所示电路，由时钟脉冲发生器 F1～F3、BCD 计数器 IC_2 及译码器 IC_3 组成。

未按下开关 S 之前，IC_2(CD4518)的“1”脚无计数脉冲输入，而不计数。IC_3(CD4511)的 6、1、2、7 脚的 $DCBA$=0000，IC_3 译码后显示数字“0”，F_1、F_2 构成约 100kHz 的高频振荡，即使按下开关 S，在 0.01s 的时间内，IC_2 就会计数 1000 个脉冲，因此要人为控制时间来显示某一个期望的数字是不可能的。开关 S 按下时，IC_2 开始计数，并输出 BCD 码，经 IC_3 译码后，驱动数码管显示数字。开关 S 按键松开后，计数停止，显示的数字保持不变。

三、实验设备与元器件

(1) 数字逻辑电路实验箱及实验箱扩展板 1 套；
(2) 双踪示波器 1 台；
(3) 数字万用表 1 块；
(4) 集成电路(CD4069 × 1、CD4518 × 1、CD4511 × 1)；
(5) 电阻(100kΩ × 1、10kΩ × 1、1kΩ × 1)；
(6) 电容(0.01μF × 1)；
(7) 共阴数码管 1 只；
(8) 计算机 1 台，Multisim 14.0 软件 1 套，Altium Designer 18.0 软件 1 套。

四、实验内容

(1) 按图 3.18.3 电路连接电路。用示波器观察 F_3 输出端的波形，并画出波形以及测出波形的幅值 U_{pp} 和频率 f，记入表 3.18.2 中。

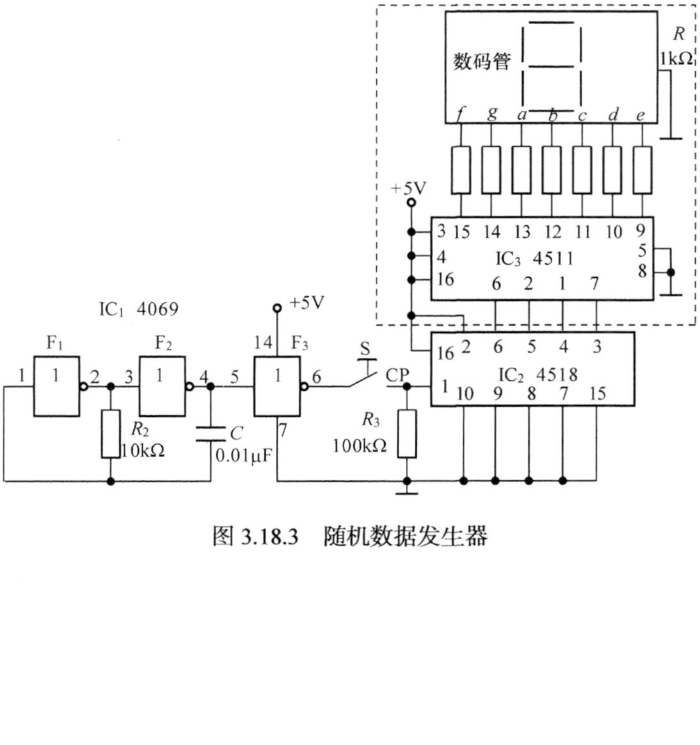

图 3.18.3 随机数据发生器

表 3.18.2　输出波形及频率测量

波形	幅值 U_{pp}/V	频率 f/Hz

(2)用示波器观察按动 S 时 IC_2 的输入端的波形，并用电平指示 IC_2 的 Q_0、Q_1、Q_2、Q_3 输出端(6、5、4、3)高低电平变化情况。

(3)根据数码管显示数字，测出 IC_2 的 Q_0、Q_1、Q_2、Q_3 端高低电平，记入表 3.18.3 中。

表 3.18.3　CD4518 输出电平测量

显示数字										
输出	Q_3									
	Q_2									
	Q_1									
	Q_0									

五、思考题

(1)在图 3.18.3 中非门 F_3 起什么作用?

(2)计数器 CD4518 的 2 脚接地，实验电路是否还正常计数? 说明原因。

(3)利用 Multisim 仿真图 3.18.3 所示电路，其中 4069 组成的时钟源，可以利用信号发生器代替。

(4)利用 Altium Designer 软件画出图 3.18.3 所示随机数据发生器的原理图和 PCB 板图。

六、实验报告要求

(1)简述实验原理、方法与步骤;

(2)整理测试数据，分析实验结果;

(3)回答思考题;

(4)实验总结与建议。

3.19　电子秒表仿真与设计

一、实验目的

(1)学习数字电路中基本 RS 触发器、单稳态触发器、时钟发生器及计数、译码显示等单元电路的综合应用;

(2)学习电子秒表的调试方法;

(3)掌握使用 Multisim 14.0 进行仿真，使用 Altium Designer 18.0 进行电路设计的方法。

二、原理说明

图 3.19.1 为电子秒表的电路原理图。可实现启动、停止、计时和显示功能。按功能分成四个单元电路进行分析。

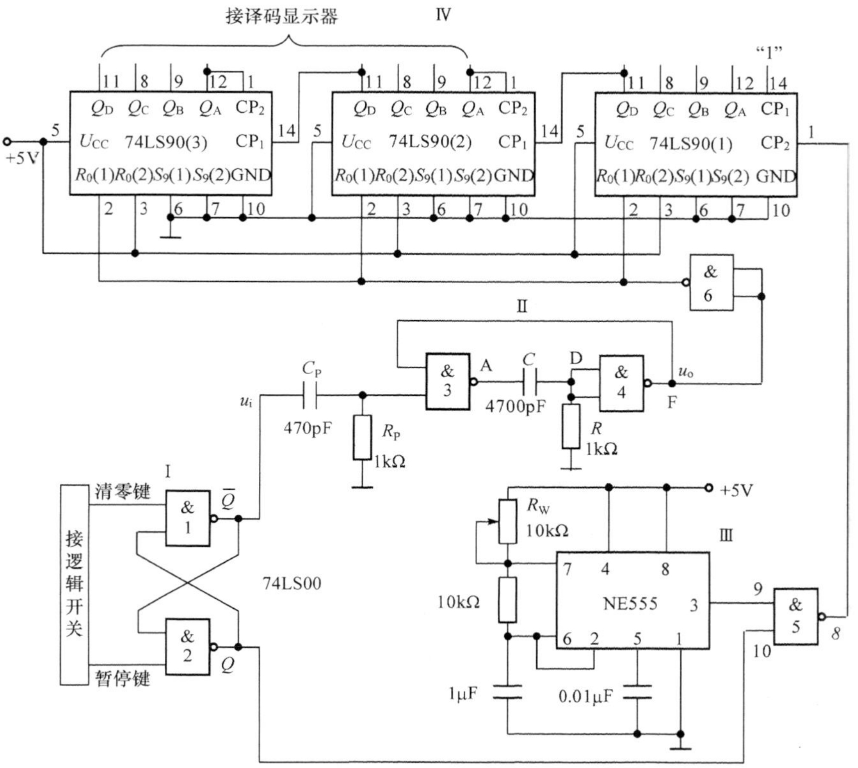

图 3.19.1　电子秒表原理图

1. 基本 RS 触发器

图 3.19.1 中单元Ⅰ为用集成与非门 74LS00 构成的基本 RS 触发器(74LS00 引脚排列参见图 3.1.2(a))。属低电平直接触发的触发器，有直接置位、复位的功能。基本 RS 触发器在电子秒表中的功能是启动和停止秒表的工作。

启动功能:按下启动按钮,秒表开始清零计时。这时 Q=1,门 5 开启，为计数器启动做好准备。$\overline{Q}$=0，送出负脉冲。

停止功能：按下停止按钮，秒表计时停止。这时 $\overline{Q}$=1，Q=0，门 5 关闭，停止计时。

2. 单稳态触发器

单稳态触发器在电子秒表中的功能是为计数器提供清零信号。

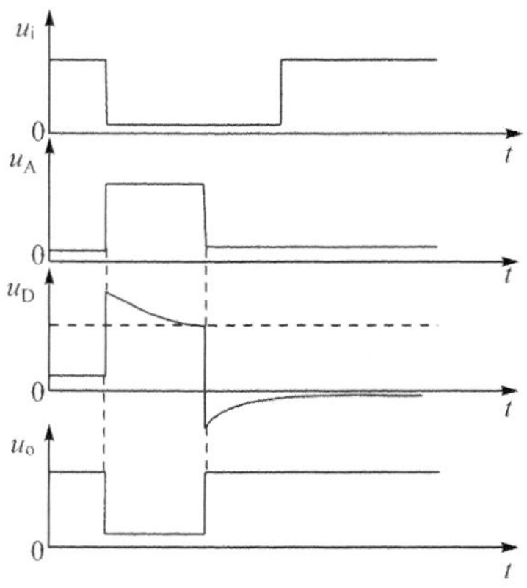

图 3.19.2　单稳态触发器波形图

图 3.19.1 中单元Ⅱ为用集成与非门构成的微分型单稳态触发器，图 3.19.2 为各点波形图。单稳态触发器的输入触发负脉冲信号 u_i 由基本 RS 触发器 $\overline{Q}$ 端提供，输出负脉冲 u_o 通过非门加到计数器的清除端 R_0(1)。静态时，门 4 应处于截止状态，故电阻 R 必须小于门的关门电阻 R_{off}。定时元件 RC 取值不同，输出脉冲宽度也不同。当触发脉冲宽度小于输出脉冲宽度时，可以省去输入微分电路的 R_P 和 C_P。

3. 时钟发生器

图 3.19.1 中单元Ⅲ为用 555 定时器构成的多谐振荡器，可作为时钟源。555 定时器引脚排列参见图 3.14.1(b)。

多谐振荡器不需要外接触发脉冲，就能输出一定频率的矩形波。调节电位器 R_W，使在输出端 3 获得频率为 50Hz 的矩形波信号。当基本 RS 触发器 Q=1 时，门 5 开启，此时 50Hz 脉冲信号通过门 5 作为计数脉冲加于计数器(1)的计数输入端 CP_2。

4. 计数及译码显示

二-五-十进制加法计数器 74LS90 构成电子秒表的计数单元，如图 3.19.1 中单元Ⅳ所示。其中计数器(1)接成五进制形式，对频率为 50Hz 的时钟脉冲进行五分频，在输出端 Q_D 取得频率为 10Hz(周期为 0.1s)的矩形脉冲，作为计数器(2)的时钟输入。计数器(2)及计数器(3)接成 8421 码十进制形式，其输出端与实验装置上译码显示单元的相应输入端连接，可显示 0.1～0.9s、1～9.9s 计时。

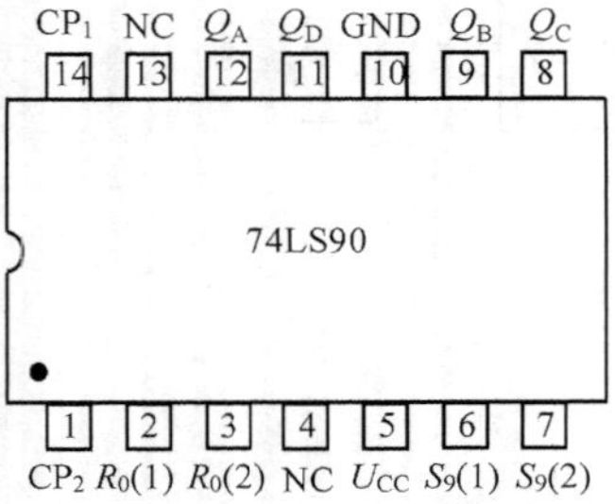

图 3.19.3　74LS90 引脚排列

5. 集成异步计数器 74LS90 简介

74LS90 是异步二-五-十进制加法计数器，它既可以作为二进制加法计数器，又可以作为五进制和十进制加法计数器。图 3.19.3 为 74LS90 引脚排列，表 3.19.1 为其功能表。

表 3.19.1　74LS90 功能表

输入						输出				功能
清 0		置 9		时钟		$Q_D\ Q_C\ Q_B\ Q_A$				
R_0(1)、R_0(2)		S_9(1)、S_9(2)		CP_1	CP_2					
1	1	0 ×	× 0	×	×	0	0	0	0	清 0
0 ×	× 0	1	1	×	×	1	0	0	1	置 9
0 ×	× 0	0 ×	× 0	↓	1	Q_A 输出				二进制计数
				1	↓	$Q_DQ_CQ_B$ 输出				五进制计数

续表

<table>
<tr><td colspan="3">输入</td><td>输出</td><td rowspan="3">功能</td></tr>
<tr><td>清 0</td><td>置 9</td><td>时钟</td><td rowspan="2">$Q_D\ Q_C\ Q_B\ Q_A$</td></tr>
<tr><td>$R_0(1)$、$R_0(2)$</td><td>$S_9(1)$、$S_9(2)$</td><td>CP_1　CP_2</td></tr>
<tr><td rowspan="3">0　×
×　0</td><td rowspan="3">0　×
×　0</td><td>↓　Q_A</td><td>$Q_DQ_CQ_BQ_A$ 输出 8421BCD 码</td><td>十进制计数</td></tr>
<tr><td>↓　Q_D</td><td>$Q_AQ_DQ_CQ_B$ 输出 5421BCD 码</td><td>十进制计数</td></tr>
<tr><td>1　1</td><td>不　变</td><td>保　持</td></tr>
</table>

通过不同的连接方式，74LS90 可以实现四种不同的逻辑功能；而且还可借助 $R_0(1)$、$R_0(2)$ 对计数器清零，借助 $S_9(1)$、$S_9(2)$ 将计数器置 9。其具体功能详述如下。

(1) 计数脉冲从 CP_1 输入，Q_A 作为输出端，为二进制计数器。

(2) 计数脉冲从 CP_2 输入，Q_D、Q_C、Q_B 作为输出端，为异步五进制加法计数器。

(3) 若将 CP_2 和 Q_A 相连，计数脉冲由 CP_1 输入，Q_D、Q_C、Q_B、Q_A 作为输出端，则构成异步 8421 码十进制加法计数器。

(4) 若将 CP_1 与 Q_D 相连，计数脉冲由 CP_2 输入，Q_A、Q_D、Q_C、Q_B 作为输出端，则构成异步 5421 码十进制加法计数器。

(5) 清零、置 9 功能。

① 异步清零。当 $R_0(1)$、$R_0(2)$ 均为“1”，$S_9(1)$、$S_9(2)$ 中有“0”时，实现异步清零功能，即 $Q_DQ_CQ_BQ_A$=0000。

② 置 9 功能。当 $S_9(1)$、$S_9(2)$ 均为“1”，$R_0(1)$、$R_0(2)$ 中有“0”时，实现置 9 功能，即 $Q_DQ_CQ_BQ_A$=1001。

三、实验设备与元器件

(1) 数字逻辑电路实验箱及实验箱扩展板 1 套；

(2) 双踪示波器 1 台；

(3) 数字万用表 1 块；

(4) 集成电路（74LS00 × 2、NE555 × 1、74LS90 × 3）；

(5) 电阻（10kΩ × 1、1kΩ×2）；

(6) 电位器（10kΩ × 1）；

(7) 电容（470pF × 1、4700pF × 1、1μF × 1、0.1μF × 1）；

(8) 计算机 1 台，Multisim 14.0 软件 1 套，Altium Designer 18.0 软件 1 套。

四、实验内容

由于实验电路中使用器件较多，实验前必须合理安排各器件在实验装置上的位置，使电路逻辑清楚，接线较短。实验时，应按照实验任务的次序，将各单元电路逐个进行接线和调试，即分别测试基本 RS 触发器、单稳态触发器、时钟发生器及计数器的逻辑功能，待各单元电路工作正常后，再将有关电路逐级连接起来进行测试，直到测试电子秒表整个电路的功能。这样的测试方法有利于检查和排除故障，保证实验顺利进行。

1. 基本 RS 触发器的测试

测试方法参考实验 3.10。

2. 单稳态触发器的测试

(1)静态测试。用直流数字电压表测量 A、D、F 各点电位值，记录数据。

(2)动态测试。输入端接 1kHz 连续脉冲源，用示波器观察并描绘 D 点(u_D)、F 点(u_o)波形，如果单稳输出脉冲持续时间太短，难以观察，可适当加大微分电容 C(如改为 0.1μF)，待测试完毕，再恢复 4700pF。

3. 时钟发生器的测试

用示波器观察输出电压波形并测量其频率，调节 R_W，使输出矩形波频率为 50Hz。

4. 计数器的测试

(1)计数器(1)接成五进制形式，$R_0(1)$、$R_0(2)$、$S_9(1)$、$S_9(2)$接逻辑开关输出插口，CP_2 接单次脉冲源，CP_1 接高电平“1”，Q_D～Q_A 接实验设备上译码显示输入端 D、C、B、A，按表 3.19.1 测试其逻辑功能，记录数据。

(2)计数器(2)及计数器(3)接成 8421 码十进制形式，同内容(1)进行逻辑功能测试，记录数据。

(3)将计数器(1)、(2)、(3)级联，进行逻辑功能测试，记录数据。

5. 电子秒表的整体测试

各单元电路测试正常后，按图 3.19.1 把几个单元电路连接起来，进行电子秒表的总体测试。先按一下开关 K_2，此时电子秒表不工作，再按一下开关 K_1，则计数器清零后便开始计时，观察数码管显示计数情况是否正常，如不需要计时或暂停计时，按一下开关 K_2，计时立即停止，但数码管保留所计时之值。

6. 电子秒表准确度的测试

利用电子钟或手表的秒计时对电子秒表进行校准。

五、思考题

(1)总结电子秒表整个调试过程，分析图 3.19.1 中 A 点的波形。

(2) 分析调试中发现的问题及故障排除方法。
(3) 利用 Multisim 软件仿真图 3.19.1 所示电路。
(4) 利用 Altium Designer 软件画出图 3.19.1 所示电子秒表的原理图和 PCB 板图。

六、实验报告要求

(1) 简述实验原理、方法与步骤；
(2) 整理测试数据，分析实验结果；
(3) 回答思考题；
(4) 实验总结与建议。

3.20　三位半直流数字电压表设计

一、实验目的

(1) 了解双积分式 A / D 转换器的工作原理；
(2) 熟悉 $3\frac{1}{2}$ 位 A / D 转换器 MC14433 的性能及其引脚功能；
(3) 掌握用 MC14433 构成直流数字电压表的方法；
(4) 掌握用 Altium Designer 18.0 进行电路设计的方法。

二、原理说明

直流数字电压表的核心器件是一个间接型 A/D 转换器，它首先将输入的模拟电压信号变换成易于准确测量的时间量，然后在这个时间宽度里用计数器计时，计数结果就是正比于输入模拟电压信号的数字量。

1. *U-T* 变换型双积分 A / D 转换器

图 3.20.1 是双积分 ADC 的控制逻辑框图。它由积分器(包括运算放大器 A_1 和 *RC* 积分网络)、过零比较器 A_2、*N* 位二进制计数器、开关控制电路、门控电路、参考电压 U_R 与时钟脉冲源 CP 组成。

转换开始前，先将计数器清零，并通过控制电路使开关 S_0 接通，将电容 *C* 充分放电。由于计数器进位输出 $Q_C=0$，控制电路使开关 S 接通 u_i，模拟电压与积分器接通，同时，门 G 被封锁，计数器不工作。积分器输出 u_A 线性下降，经零值比较器 A_2 获得一方波 u_C，打开门 G，计数器开始计数，当输入 2^n 个时钟脉冲后，$t=T_1$，各触发器输出端 D_{n-1}～D_0 由 111…1 回到 000…0，其进位输出 $Q_C=1$，作为定时控制信号，通过控制电路将开关 S 转换至基准电压源 $-U_R$，积分器向相反方向积分，u_A 开始线性上升，计数器重新从 0 开始计数，直到 $t=T_2$，u_A 下降到 0，比较器输出的正方波结束，此时计数器中暂存二进制数字就是 u_i 相对应的二进制数码。

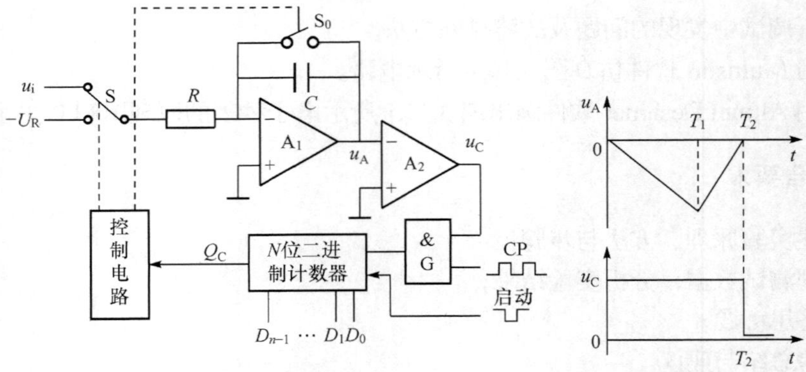

(a) ADC内部结构图　　　　　　　　　　　　(b)波形图

图 3.20.1　双积分 ADC 的控制逻辑框图

2. $3\frac{1}{2}$ 位双积分 A / D 转换器 MC14433 的性能特点

MC14433 是 CMOS 双积分式 $3\frac{1}{2}$ 位 A/D转换器，它是将构成数字和模拟电路的 7700 多个 MOS 晶体管集成在一个硅芯片上，芯片有 24 只引脚，采用双列直插式。

MC14433 引脚排列如图 3.20.2 所示，引脚功能说明如下：

U_{AG}(1 脚)：被测电压 U_X 和基准电压 U_R 的参考地。

U_R(2 脚)：外接基准电压(2V 或 200mV)输入端。

U_X(3 脚)：被测电压输入端。

R_1(4 脚)、R_1/C_1(5 脚)、C_1(6 脚)：外接积分阻容元件端，C_1=0.1μF(聚酯薄膜电容器)，R_1=470kΩ(2V 量程)，R_1=27kΩ(200mV 量程)。

C_{01}(7 脚)、C_{02}(8 脚)：外接失调补偿电容端，典型值为 0.1μF。

DU(9 脚)：实时显示控制输入端。若与 EOC(14 脚)端连接，则每次 A / D 转换均显示。

CP_1(10 脚)、CP_0(11 脚)：时钟振荡外接电阻端，典型值为 470kΩ。

U_{EE}(12 脚)：电路的电源最负端，接−5V。

GND(13 脚)：除 CP 外所有输入端的低电平基准(通常与 1 脚连接)。

EOC(14 脚)：转换周期结束标记输出端，每一次 A/D转换周期结束，EOC 输出一个正脉冲，宽度为时钟周期的 1/2。

$\overline{OR}$ (15 脚)：过量程标志输出端，当 $|U_X|>U_R$ 时，$\overline{OR}$ 输出为低电平。

D_{S4}～D_{S1}(16～19 脚)：多路选通脉冲输入端，D_{S1} 对应于千位，D_{S2} 对应于百位，D_{S3} 对应于十位，D_{S4} 对应于个位。

Q_0～Q_3(20～23 脚)：BCD 码数据输出端，D_{S2}、D_{S3}、D_{S4} 选通脉冲期间，输出三位完整的十进制数，在 D_{S1} 选通脉冲期间，输出千位 0 或 1 及过量程、欠量程和被测电压极性标志信号。

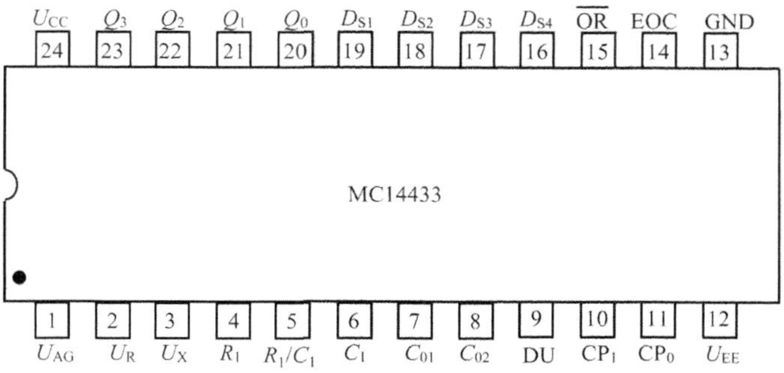

图 3.20.2 MC14433 引脚排列

MC14433 具有自动调零、自动极性转换等功能。可测量正或负的电压值。当 CP_1、CP_0 端接入 470kΩ 电阻时，时钟频率 $f \approx 66\text{kHz}$，每秒钟可进行 4 次 A/D转换。它的使用调试简便，能与微处理机或其他数字系统兼容，广泛用于数字面板表、数字万用表、数字温度计、数字量具及遥测、遥控系统。

3. $3\frac{1}{2}$ 位直流数字电压表的组成

实验线路如图 3.20.3 所示。

(1)被测直流电压 U_X 经 A/D 转换后以动态扫描形式输出，数字量输出端 Q_0、Q_1、Q_2、Q_3 上的数字信号(8421 码)按照时间先后顺序输出。位选信号 D_{S1}、D_{S2}、D_{S3}、D_{S4} 通过位选开关 MC1413 分别控制着千位、百位、十位和个位上的 4 只 LED 数码管的公共阴极。数字信号经七段译码器 CD4511 译码后，驱动四只 LED 数码管的各段阳极。这样就把 A/D转换器按时间顺序输出的数据以扫描形式在 4 只数码管上依次显示出来，由于选通重复频率较高，工作时从高位到低位以每位每次约 300μs 的速率循环显示。即一个 4 位数的显示周期是 1.2ms，所以人的肉眼就能清晰地看到四位数码管同时显示三位半十进制数字量。

(2)当参考电压 U_R=2V 时，满量程显示 1.999V；U_R=200mV 时，满量程为 199.9mV。可以通过选择开关来控制千位和十位数码管的 h 段(小点数显示二极管接口)经限流电阻实现对相应的小数点显示的控制。

(3)最高位(千位)。显示时只有 b、c 两根线与 LED 数码管的 b、c 脚相接，所以千位只显示 1 或不显示，用千位的 g 段来显示模拟量的负值(正值不显示)，即由 MC14433 的 Q_2 端通过 NPN 晶体管 9013 来控制 g 段。

(4)精密基准电源 MC1403。A/D转换需要外接标准电压源作参考电压。标准电压源的精度应当高于 A/D转换器的精度。本实验采用 MC1403 集成精密稳压源作参考电压，MC1403 的输出电压为 2.5V，当输入电压在 4.5～15V 变化时，输出电压的变化不超过 3mV，一般只有 0.6mV 左右，输出最大电流为 10mA。MC1403 引脚排列见图 3.20.4。

(5)实验中使用 CMOS BCD 七段译码/驱动器 CD4511，参考实验 3.8 的有关部分。

(6)七路达林顿晶体管列阵 MC1413。MC1413 采用 NPN 达林顿复合晶体管的结构，因此有很高的电流增益和很高的输入阻抗，可直接接受 MOS 或 CMOS 集成电路的输出信号，并把电压信号转换成足够大的电流信号驱动各种负载。该电路内含有 7 个集电极开路反相器（也称 OC 门）。MC1413 电路结构和引脚排列如图 3.20.5 所示，它采用 16 引脚的双列直插式封装。每一驱动器输出端均接有一个释放电感负载能量的抑制二极管。

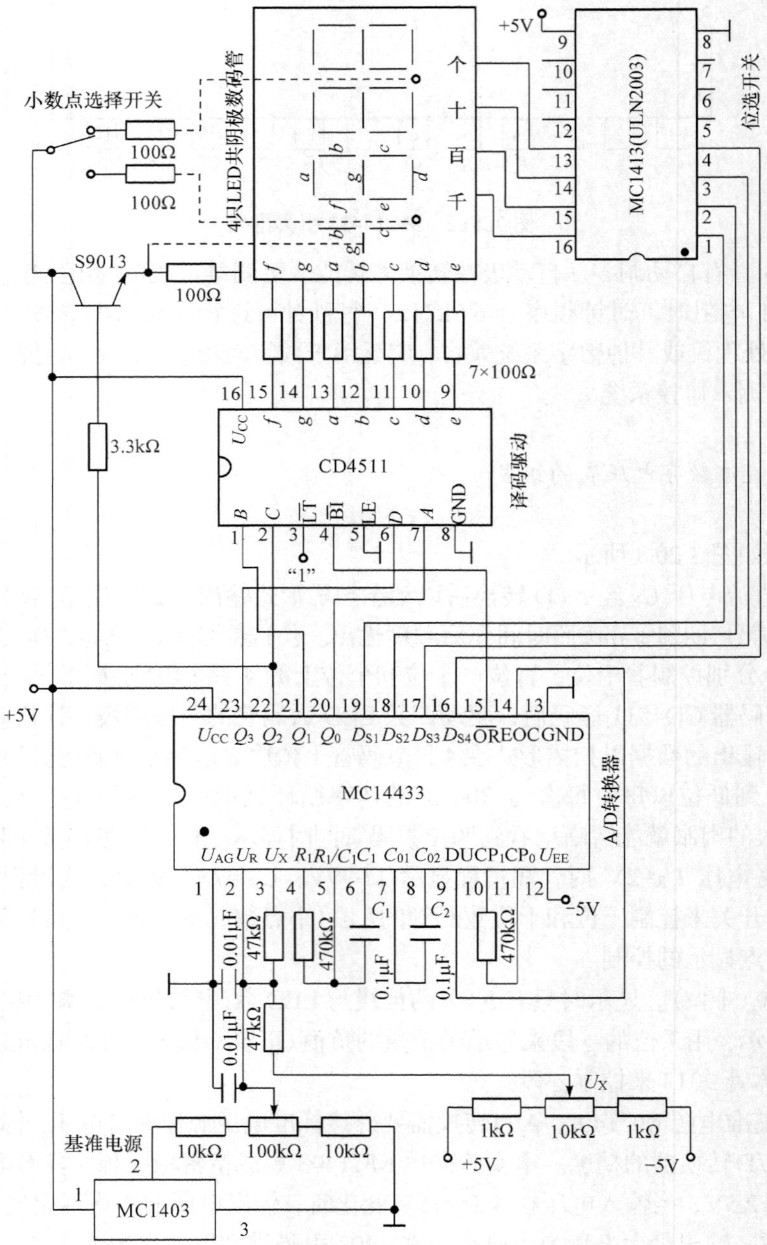

图 3.20.3　三位半直流数字表电路图

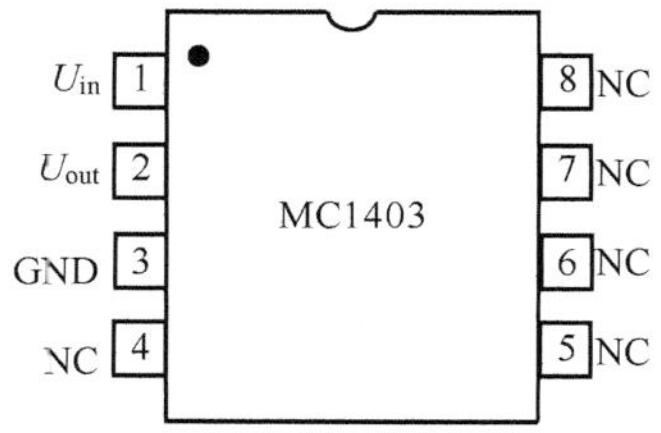

图 3.20.4　MC1403 引脚排列

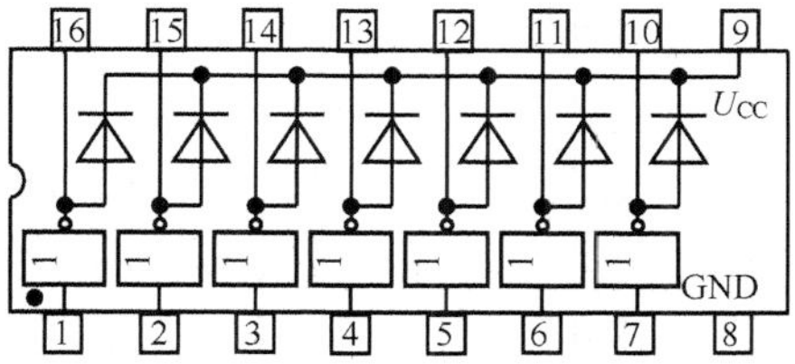

图 3.20.5　MC1413 引脚排列和电路结构图

三、实验设备与元器件

(1) 数字逻辑电路实验箱及实验箱扩展板 1 套；

(2) 双踪示波器 1 台；

(3) 数字万用表 1 块；

(4) 集成电路（CD4511 × 1、MC1413 × 1、MC1403 × 1）；

(5) 电阻（100Ω × 10、3.3kΩ × 1、47kΩ × 2、470kΩ × 2、10kΩ × 2、1kΩ × 2）；

(6) 电位器（100kΩ 、10kΩ）；

(7) 电容（0.01μF × 2、0.1μF × 2、4700pF × 1）；

(8) $3\frac{1}{2}$ 共阴半数码 1 只；

(9) 计算机 1 台，Altium Designer 18.0 软件 1 套。

四、实验内容

按图 3.20.3 组装并调试好一台三位半直流数字电压表，实验时应逐步进行。

1. 数码显示部分的组装与调试

(1) 建议将 4 只数码管插入 40 引脚集成电路插座上，将 4 个数码管同名笔划段与显示译码的相应输出端连在一起，其中最高位只要将 *b*、*c*、*g* 三笔划段接入电路，按图 3.20.3 接好连线，但暂不插所有的芯片，待用。

(2) 插好芯片 CD4511 与 MC1413，并将 CD4511 的输入端 *A*、*B*、*C*、*D* 接至拨码开关对应的 *A*、*B*、*C*、*D* 四个插口处；将 MC1413 的 1、2、3、4 脚接至逻辑开关输出插口上。

(3) 将 MC1413 的 2 脚置“1”，1、3、4 脚置“0”，接通电源，拨动码盘（按“+”或“−”键）自 0～9 变化，检查数码管是否按码盘的指示值变化。

(4) 按实验原理说明 3 中第 (5) 项的要求，检查译码显示是否正常。

(5) 分别将 MC1413 的 3、4、1 脚单独置“1”，重复 (3) 的内容。如果所有 4 位数码管显示正常，则去掉数字译码显示部分的电源，备用。

2. 标准电压源的连接和调整

插上 MC1403 基准电源，用标准数字电压表检查输出是否为 2.5V，然后调整 10kΩ 电位器，使其输出电压为 2.00V，调整结束后去掉电源线，供总装时备用。

3. 总装总调

(1) 插好芯片 MC14433，按图 3.20.3 接好全部线路。

(2) 将输入端接地，接通+5V 和–5V 电源(先接好地线)，此时显示器将显示“000”值，如果不是，应检测电源正负电压。用示波器观察 D_{S1}～D_{S4}、Q_0～Q_3 波形，判别故障所在。

(3) 用电阻、电位器构成一个简单的输入电压 U_X 调节电路，调节电位器，4 位数码将相应变化，然后进入下一步精调。

(4) 用标准数字电压表(或用数字万用表)测量输入电压，调节电位器，使 U_X=1.000V，这时被调电路的电压指示值不一定显示“1.000”，应调整基准电压源，使指示值与标准电压表误差个位数在 5 之内。

(5) 改变 U_X 极性，使 U_i= −1.000V，检查“—”是否显示，并按(4)方法校准显示值。

(6) 在+1.999～0～–1.999V 量程内再一次仔细调整(调基准电源电压)，使全部量程内的误差个位数在 5 之内。

至此，一个测量范围在±1.999V 的三位半数字直流电压表调试成功。

4. 测试

(1) 记录输入电压为±1.999V、±1.500V、±1.000V、±0.500V、0.000V 时(标准数字电压表的读数)被调数字电压表的显示值，列表记录数据。

(2) 用自制数字电压表测量正、负电源电压。如何测量，试设计扩程测量电路。

(3) 若积分电容 C_1、C_2(0.1μF) 换用普通金属化纸介电容时，观察测量精度的变化。

五、思考题

(1) 在图 3.20.3 中三极管 9013 起什么作用?

(2) 总结调试过程中遇到的问题和解决的方法。

(3) 利用 Altium Designer 软件画出图 3.20.3 所示三位半直流数字表原理图和 PCB 板图。

六、实验报告要求

(1) 简述实验原理、方法与步骤；

(2) 整理测试数据，分析实验结果；

(3) 回答思考题；

(4) 实验总结与建议。

3.21 拔河游戏机仿真与设计

一、实验目的

给定实验设备和主要元件，按照电路的各部分组合成一个完整的拔河游戏机。

(1) 拔河游戏机需用 15 个(或 9 个)发光二极管排列成一行，开机后只有中间一个点亮，以此作为拔河的中心线，游戏双方各持一个按键，迅速、不断地按动产生脉冲，谁按得快，亮点向谁方向移动，每按一次，亮点移动一次。移到任一方终端二极管点亮，这一方就获胜，此时双方按键均被锁定，输出保持，只有经复位后才使亮点恢复到中心线。

(2) 显示器显示胜者的盘数。

二、原理说明

(1) 实验电路框图如图 3.21.1 所示。

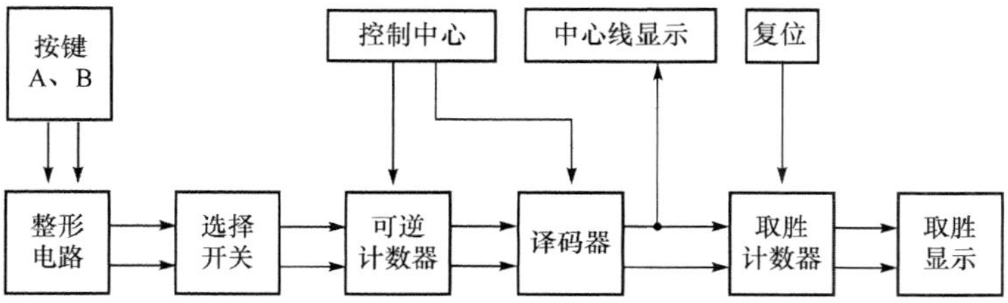

图 3.21.1　拔河游戏机电路框图

(2) 整机电路如图 3.21.2 所示。

三、实验设备与元器件

(1) 数字逻辑电路实验箱及实验箱扩展板 1 套；

(2) 双踪示波器 1 台；

(3) 数字万用表 1 块；

(4) 集成电路 (CD4514 × 1、CD40192 × 1、CD4518 × 1、CD4511 × 2、74LS08 × 1、74LS00 × 3)；

(5) 计算机 1 台，Multisim 14.0 软件 1 套，Altium Designer 18.0 软件 1 套。

四、实验内容

图 3.21.2 为拔河游戏机整机电路图。可逆计数器 CD40192 原始状态输出 4 位二进制数 0000，经译码器输出使中间的一只发光二极管点亮。当按动 A、B 两个按键时，分别产生两个脉冲信号，经整形后分别加到可逆计数器上，可逆计数器输出的代码经译码器译码后驱动发光二极管点亮并产生位移，当亮点移到任何一方终端后，由于控制电路的作用，这一状态被锁定，而对输入脉冲不起作用。如果按动复位键，亮点又回到中点位置，比赛又可重新开始。将双方终端二极管的正端分别经两个与非门后接至两个十进制计数器 CD4518 的允许控制端 EN。当任一方取胜，该方终端二极管点亮，产生一个下降沿使其对应的计数器计数。这样，计数器的输出即显示了胜者取胜的盘数。

1. 编码电路

编码器有两个输入端、四个输出端、要进行加 / 减计数，因此选用 CD40192 双时钟二进制同步加 / 减计数器来完成。

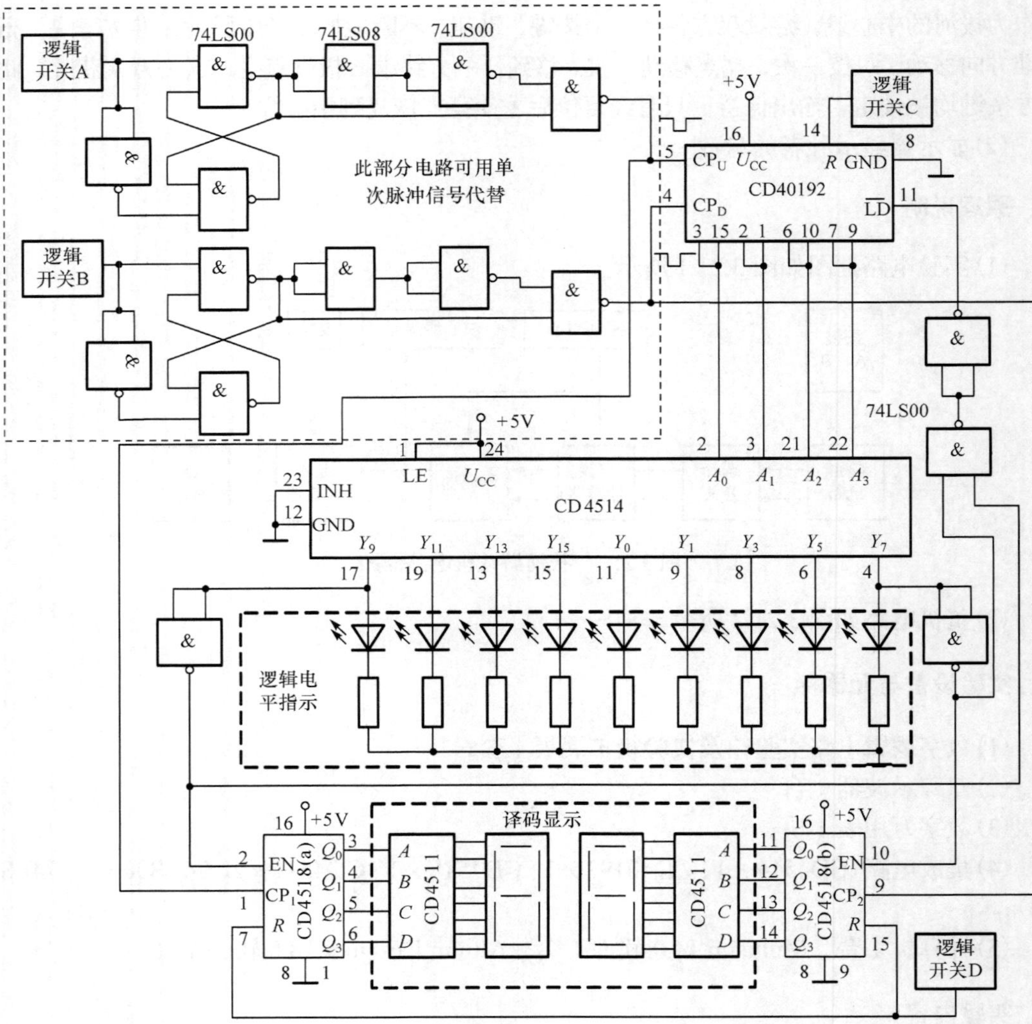

图 3.21.2 拔河游戏机整机电路图

2. 整形电路

CD40192 是可逆计数器，控制加减的 CP 脉冲分别加至 5 脚和 4 脚，此时当电路要求进行加法计数时，减法输入端 CP_D 必须接高电平；进行减法计数时，加法输入端 CP_U 也必须接高电平，若直接由 A、B 键产生的脉冲加到 5 脚或 4 脚，那么就有很多时机在进行计数输入时另一计数输入端为低电平，使计数器不能计数，双方按键均失去作用，拔河比赛不能正常进行。加一整形电路，使 A、B 键出来的脉冲经整形后变为一个占空比很大的脉冲，这样就减少了进行某一计数时另一计数输入为低电平的可能性，从而使每按一次键都有可能进行有效的计数。整形电路由与门 74LS08 和与非门 74LS00 实现。CD40192 同步递增/递减二进制计数器引脚排列及功能参照实验 3.11 中 CD40192 的相关介绍。

3. 译码电路

选用 4-16 线 CD4514 译码器。CD4514 引脚排列如图 3.21.3 所示。A_0～A_3 为数据输入端、INH 为输出禁止控制端。CD4514 功能表如表 3.21.1 所示。译码器的输出 Y_0～Y_{14} 分别接 15 个(或 9 个)发光二极管，二极管的负端接地，而正端接译码器。这样，当输出为高电平时发光二极管点亮。

比赛准备，译码器输入为 0000，Y_0 输出为“1”，中心处二极管首先点亮，当编码器进行加法计数时，亮点向右移，进行减法计数时，亮点向左移。

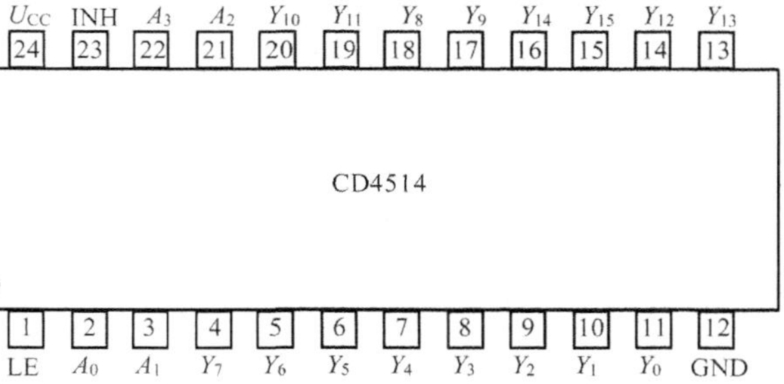

图 3.21.3 CD4514 引脚排列

表 3.21.1 CD4514 的功能表

输入						高电平输出端	输入						高电平输出端
LE	INH	A_3	A_2	A_1	A_0		LE	INH	A_3	A_2	A_1	A_0	
1	0	0	0	0	0	Y_0	1	0	1	0	0	1	Y_9
1	0	0	0	0	1	Y_1	1	0	1	0	1	0	Y_{10}
1	0	0	0	1	0	Y_2	1	0	1	0	1	1	Y_{11}
1	0	0	0	1	1	Y_3	1	0	1	1	0	0	Y_{12}
1	0	0	1	0	0	Y_4	1	0	1	1	0	1	Y_{13}
1	0	0	1	0	1	Y_5	1	0	1	1	1	0	Y_{14}
1	0	0	1	1	0	Y_6	1	0	1	1	1	1	Y_{15}
1	0	0	1	1	1	Y_7	1	1	×	×	×	×	无
1	0	1	0	0	0	Y_8	0	0	×	×	×	×	①

注：输出状态锁定在上一个 LE=“1”时，A_0～A_3 的输入状态。

4. 控制电路

为指示出谁胜谁负，需用一个控制电路。当亮点移到任何一方的终端时，判该方为胜，此时双方的按键均宣告无效。此电路可通过异或门 74LS86 和与非门 74LS00 来实现。将双方终端二极管的正极接至异或门的两个输入端，当获胜一方为“1”，而另一方则为“0”时，异或门输出为“1”，经非门产生低电平“0”，再送到 CD40192 计数器的置数端 $\overline{PE}$ ，于是计数器停止计数，处于预置状态，由于计数器数据端 A、B、C、D 和输出端 Q_A、Q_B、Q_C、Q_D 对应相连，输入也就是输出，从而使计数器对输入脉冲不起作用。74LS86 引脚排列参见图 3.5.1。74LS00 引脚排列参见图 3.1.2(a)。

5. 胜负显示

将双方终端二极管正极经非门后的输出分别接到两个 CD4518 计数器的 EN 端，CD4518 的两组 4 位 BCD 码分别接到实验装置的两组译码显示器的 A、B、C、D 插口处。当一方取胜时，该方终端二极管发亮，产生一个上升沿，使相应的计数器进行加一计数，于是就得到了双方取胜次数的显示，若一位数不够，则进行二位数的级联。CD4518 引脚排列参见图 3.18.2。

6. 复位

为能进行多次比赛而需要进行复位操作，使亮点返回中心点，可用一个开关控制 CD40192 的清零端 R 即可。胜负显示器的复位也应用一个开关来控制胜负计数器 CD4518 的清零端 R，使其重新计数。

五、思考题

(1) 分析图 3.21.2 中异或门 74LS86 的作用是什么。

(2) 利用 Multisim 软件仿真图 3.21.2 所示电路。

(3) 利用 Altium Designer 软件画出图 3.21.2 所示拔河游戏机的原理图和 PCB 板图。

六、实验报告要求

(1) 简述实验原理、方法与步骤；

(2) 整理测试数据，分析实验结果；

(3) 回答思考题；

(4) 实验总结与建议。

参 考 文 献

何宾, 2014. Altium Designer13.0 电路设计、仿真与验证权威指南[M]. 北京：清华大学出版社.
侯世英, 周静, 2010. 电工学Ⅲ 电工电子学实验[M]. 北京：高等教育出版社.
胡仁杰, 2010. 电工电子创新实验[M]. 北京：高等教育出版社.
华成英, 童诗白, 2006. 模拟电子技术基础[M]. 4 版. 北京：高等教育出版社.
黄智伟, 2011. 基于 NI Multisim 的电子电路计算机仿真设计与分析[M]. 修订版. 北京：电子工业出版社.
江思敏, 胡烨, 2009. Altium Designer(Protel)原理图与 PCB 设计教程[M]. 北京：机械工业出版社.
刘凤春, 王林, 2013. 电工学实验教程[M]. 北京：高等教育出版社.
秦曾煌, 2009. 电工学 下册 电子技术[M]. 7 版. 北京：高等教育出版社.
渠云田, 田慕琴, 2012. 电工学技术(第四分册)实践教程[M]. 北京：高等教育出版社.
王鲁杨, 2013. 电子技术实验指导书[M]. 2 版. 北京：中国电力出版社.
王渊峰, 戴旭辉, 2012. Altium Designer 10 电路设计标准教程[M]. 北京：科学出版社.
阎石, 2006. 数字电子技术基础[M]. 5 版. 北京：高等教育出版社.
杨奕, 陶炳清, 陈古波, 等, 2013. 电工电子技术实验[M]. 北京：高等教育出版社.
杨志忠, 2007. 电子技术课程设计[M]. 北京：机械工业出版社.
赵春华, 张学军, 2007. Multisim 9 电子技术基础仿真实验[M]. 北京：机械工业出版社.
赵建华, 2013. 电工学基础与综合实验[M]. 北京：中国电力出版社.
祝诗平, 2015. 电子技术实验教程[M]. 北京：科学出版社.

附　　录

附录 1　模拟电子技术实验箱简介

SWU201407 型模拟电子技术实验箱是由西南大学工程技术学院电气工程系的教师根据多年的“模拟电子技术”理论课与实验课教学经验自主研发的，主要由分立元件组成，通过连线的方式来组成电路，可完成模拟电子技术教学中所有的实验内容；并配有面包板、温度传感器、红外热释传感器、光敏传感器、拾音器以及单片机(STC15F2K08S2)最小系统，利用这些模块可以完成电子技术综合性实验、设计性实验和创新性实验。

该实验箱主要包括以下模块：常用元件识别部分、电源部分、稳压源系列部分、晶体管系列部分、运放系列部分、功率放大部分、差动放大部分、集成函数信号发生器部分、电位器部分、晶闸管整流电路部分、传感器部分、面包板、单片机最小系统。各部分的具体分布图如附图 1.1 所示。

1) 常用元件识别部分

常用元件识别部分包括常用的二极管、发光二极管、光电二极管、稳压管、三极管、场效应管。此部分完成对常用半导体电子元件的识别和好坏的判别。

2) 电源部分

电源部分位于 SWU201407 型实验箱的右上角(见附图 1.1)。电源部分包括输出固定的±5V、±9V、±12V 电源和两路可调直流电源。固定输出电源为整个实验箱供电，可通过插孔连线连接到实验中。切勿将直流电源之间短接。可调直流电源通过一个电位器为实验电路提供各种直流源和可以连续调节的电压。连接方法：① IN1(IN3)输入+5V，IN2(IN4)输入−5V，则输出提供直流电压−4.2～+4.2V；② IN1(IN3)输入+5V，IN2(IN4)输入地，则输出提供直流电压 0.5～+4.5V；③ IN1(IN3)输入−5V，IN2(IN4)输入地，则输出提供直流电压−4.5～−0.5V。同样+12 与−12V 的接法也是这样的，具体实验时按实验要求调节所需直流电源。

3) 稳压源系列部分

(1) 变压器输出：可供交流电压 7.5V 和 15V 两种，AC 为公共端，请勿短接任意两端。

(2) 整流二极管：4 个二极管 BD1、BD2、BD3、BD4，可组成全波或半波整流电路，4 个二极管相互独立，也可作为分立元件用于组成其他电路。

(3) 滤波电容：两个 1000μF/25V 的电容，可单独用，主要用于滤波电路中，也可用于功率放大电路中，电容有正负极之分，接线时务必接对极性。

(4) 二极管稳压电路：由一个 120Ω、2W 的电阻和 9.1V 稳压管组成。注意 120Ω 的限流电阻是最小值，做实验时要串入适当的电阻。

(5) 串联晶体管稳压电路：电路已接好，只需输入整流后的电压，注意不要接错极性，输出幅值可由 1kΩ 电位器调节。

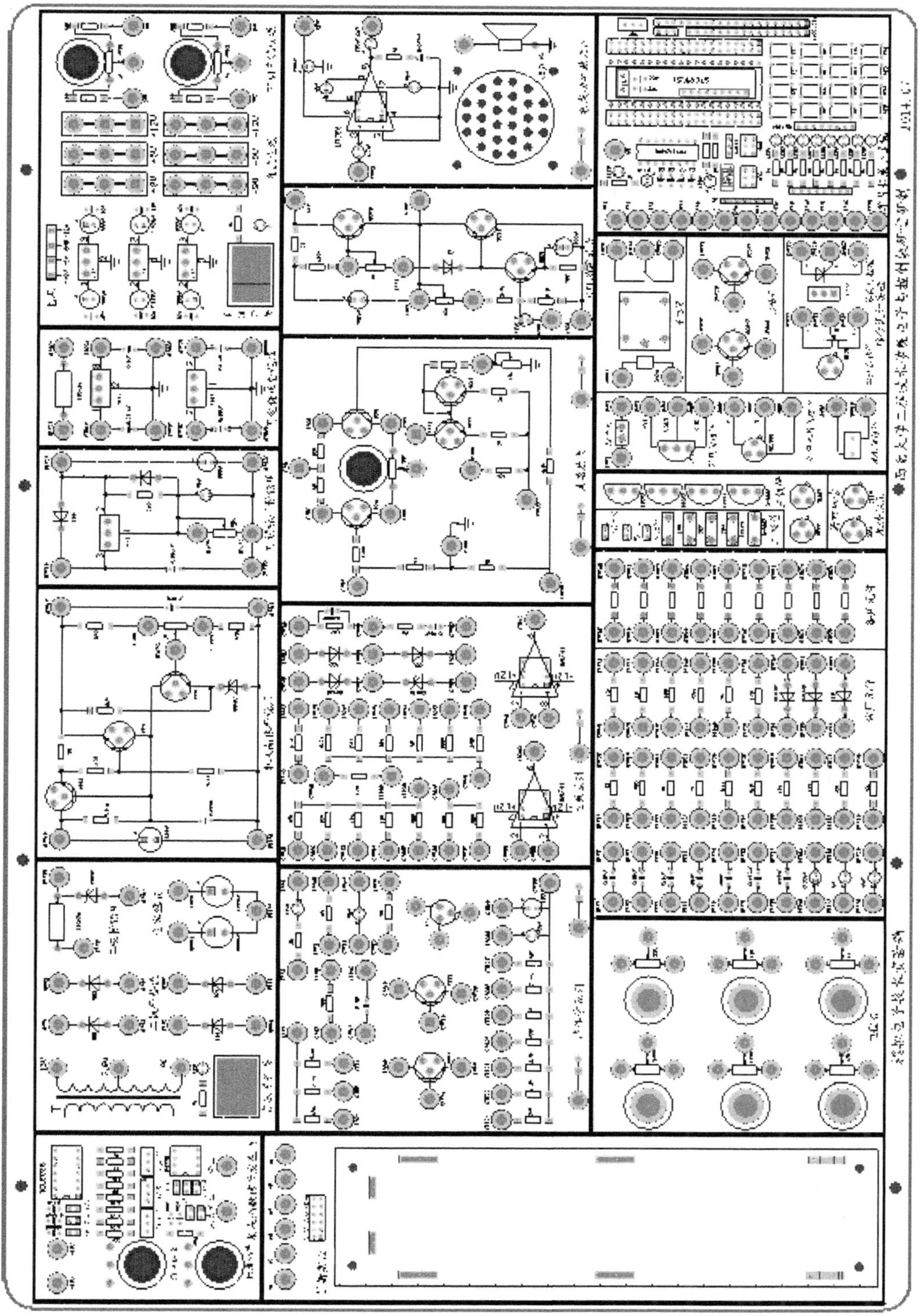

附图 1.1　SWU201407 型模拟电子技术实验箱分布图

(6)固定稳压电路：由 LM7805 和 LM7905 组成的正负稳压电路，电路固定，只需输入滤波后的电压即可。注意：极性不可接反。

(7)可调稳压电路：由 LM317 组成电路已固定，只需输入滤波后的电压，注意极性不可接错，可由 5kΩ 电位器调节稳压幅值。

4)晶体管系列部分

此部分几乎都是分立元件，由两个 NPN 的三极管、一个管效应管和电阻电容等构成，连线非常灵活，可完成所有晶体管的实验。此处实验连线很多，认真连线，确保电路正确再通电实验。

5)运放系列部分

此部分几乎都是分立元件，连线很灵活，它和晶体管系列部分类似，组成电路时可用其他部分的分立元件，完成所有运放的实验。在使用运放时要注意，不能超过其性能参数的极限值，如电源电压范围，最大输入电压范围等。为防止超过极限值或使用疏忽等原因损坏运算放大器，可以采取保护措施，如运放电源接入已固定为±12V 电压。另外在测量共模输入电压、差模输入电压等运放性能参数时有些运放还会出现“自锁”现象以及永久性的损坏，且共模与差模过载保护电路不同，不能同时加保护，鉴于这种情况，实验中不做相关运放性能参数测试实验，以免烧坏芯片。另外，由于 μA741 失调电压很小，在运放的应用实验时影响不大，可以不调零，但注意调零端不可接地或正电源，以免损坏运放。

6)功率放大部分

功率放大部分包括 OTL 功率放大器和集成功率放大器两部分。在晶体管组成的 OTL 功率放大器中两个电位器需要连接，电源接+5V，输出端(LTP5)不能直接接 8Ω 的扬声器，需要加一个 100μF 电容。集成功率放大电路由 LM386 构成，只需要在输入端接+12V 电源即可正常工作。

7)差动放大部分

差动放大电路中恒流源部分和对管部分分开，可以做长尾式差动实验。

8)集成函数信号发生器部分

此电路已完成连线，打开实验箱电源开关，集成函数信号发生器即可正常工作。信号源可输出正弦波、方波、三角波 3 种波形，输出信号的幅度和频率可以调节，输出正弦波的幅度(峰-峰值)范围为 20mV～10V，频率范围为 500～50kHz。

9)电位器部分

实验箱上有 5 个不同值的电位器，分别为 1kΩ、10kΩ、22kΩ、47kΩ、100kΩ。

10)晶闸管整流电路部分

晶闸管整流电路部分位于综合设计实验区，包括一个单结晶体管(BT33)和一个单向可控硅(BT151)。整个电路需要连线，晶闸管整流电路部分需要的其他元件可在实验箱上稳压部分和晶体管系列部分找到。

11)传感器部分

传感器部分包括温度传感器、红外热释传感器、光敏传感器和拾音器。此部分用于综合设计实验，实现温度控制、声光控制和人体感应等。

12)创新实验部分

创新实验部分利用 SWU201407 型实验箱上的面包板、单片机最小系统和上述的各个单元，可以完成简易电路的电子设计，学生可以自行选择设计内容，进行电路调试。

附录 2　部分常用数字集成电路引脚排列图

1. TTL74 系列引脚排列图

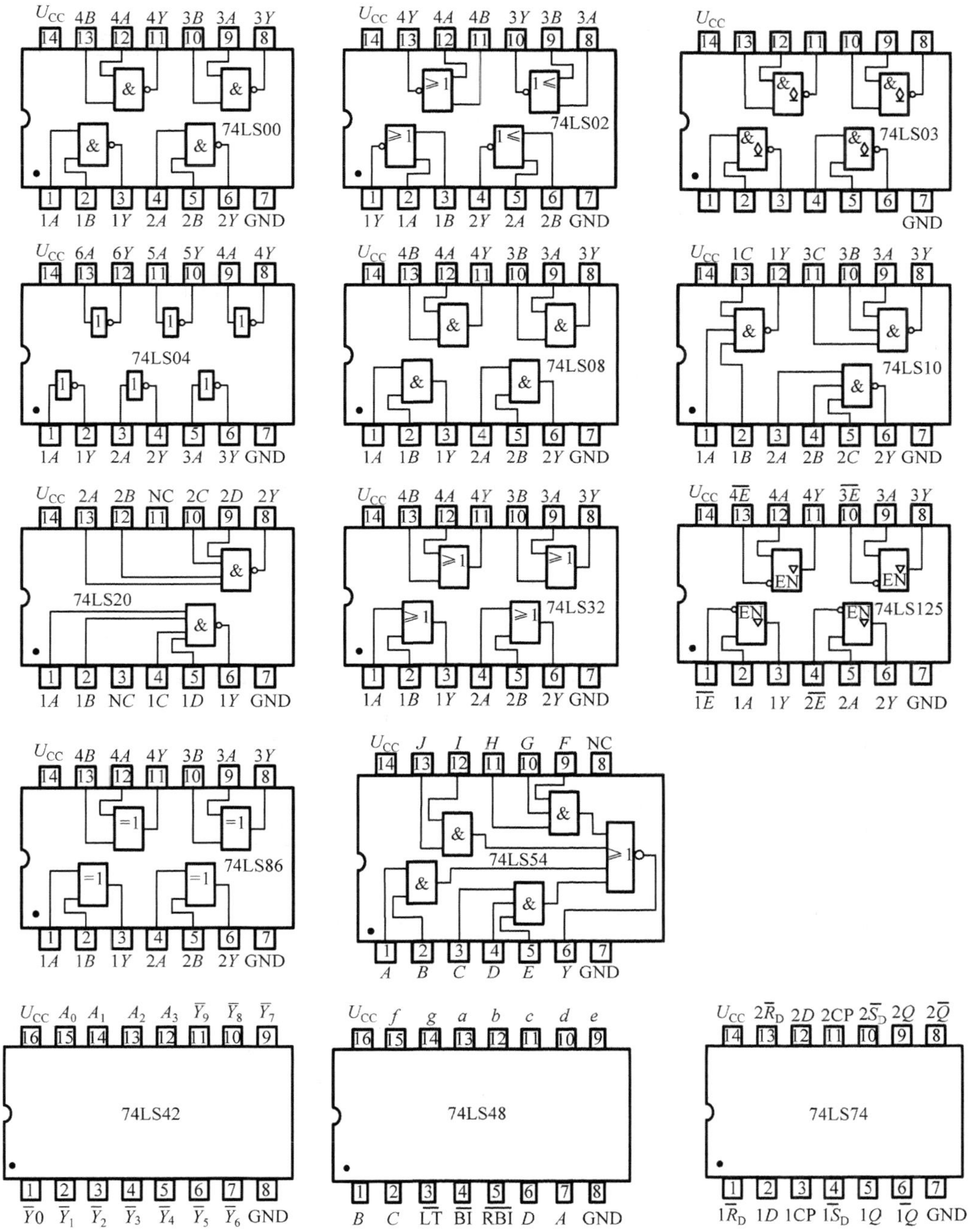

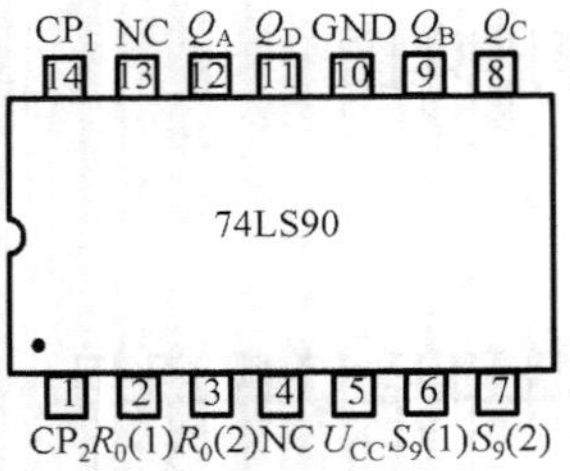

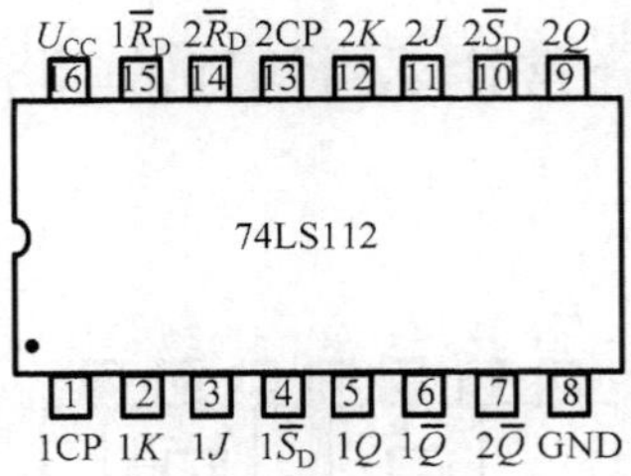

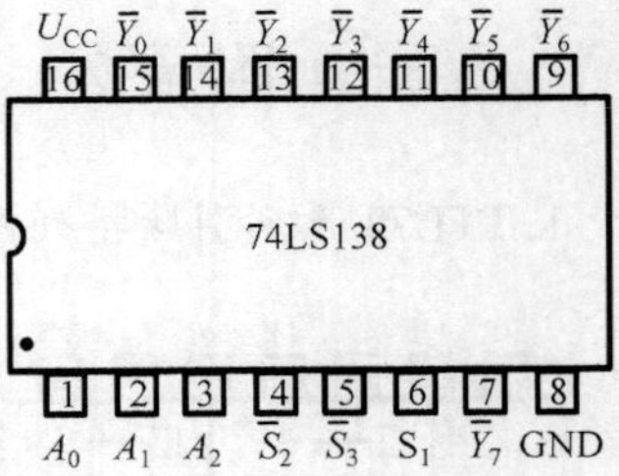

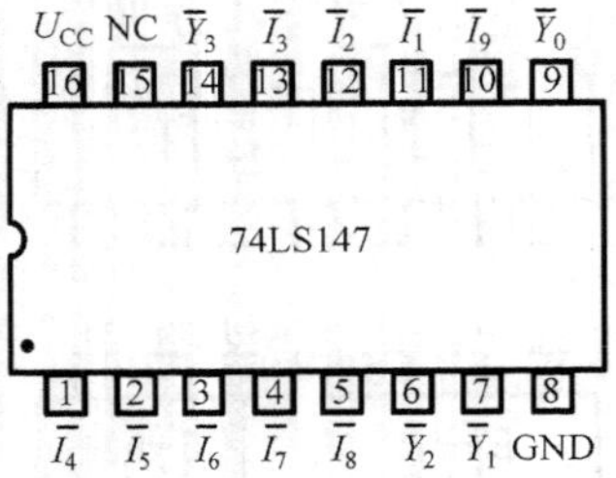

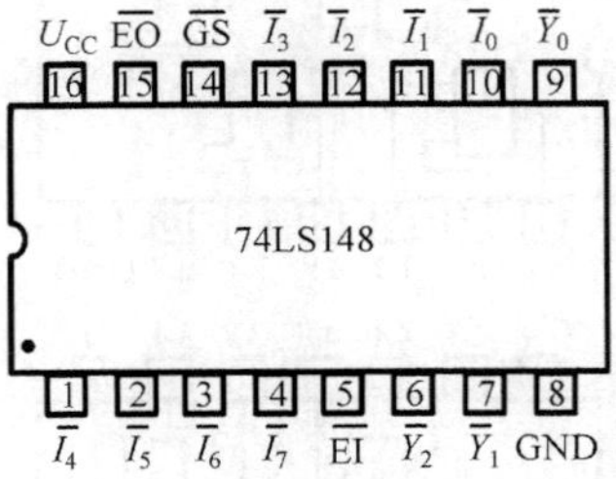

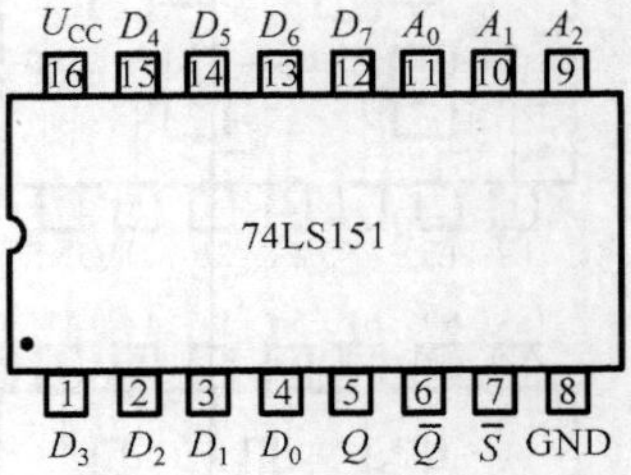

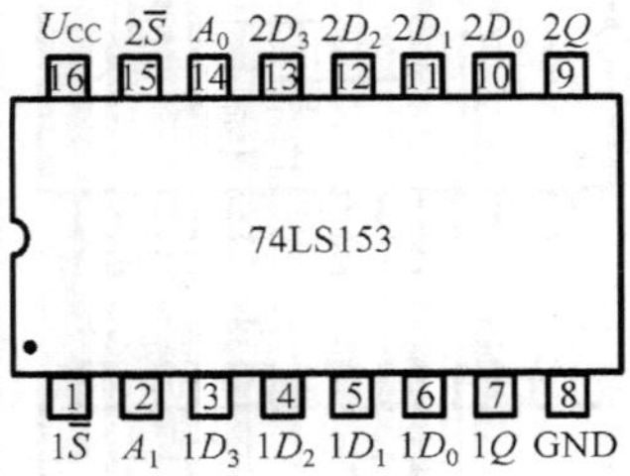

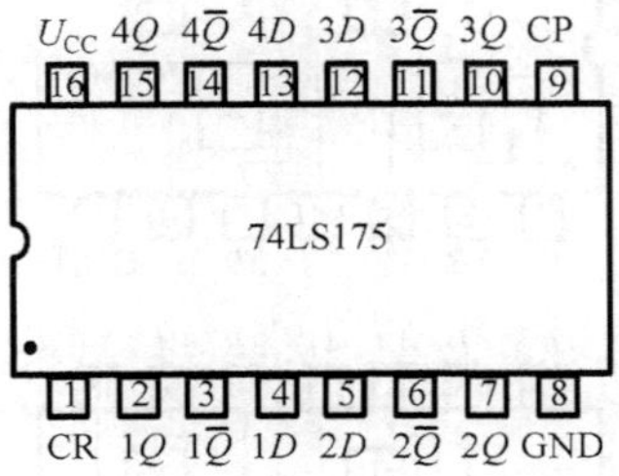

2. CMOS 系列引脚排列图

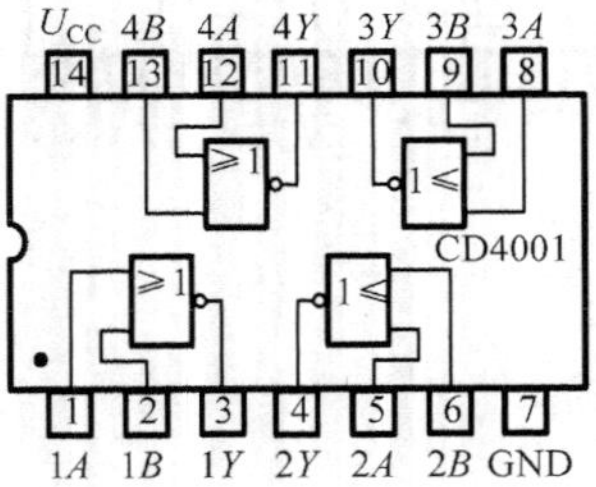

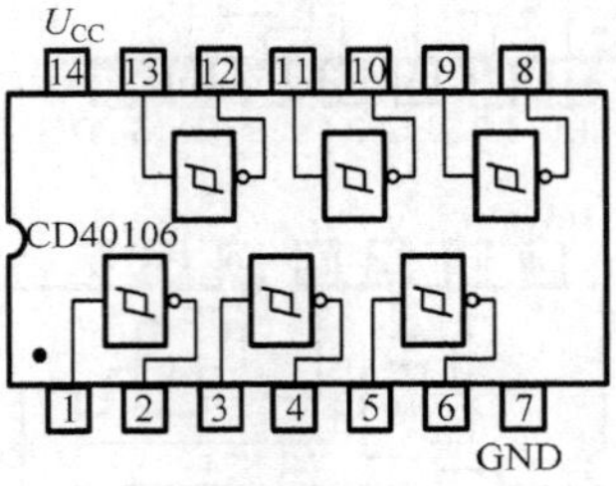

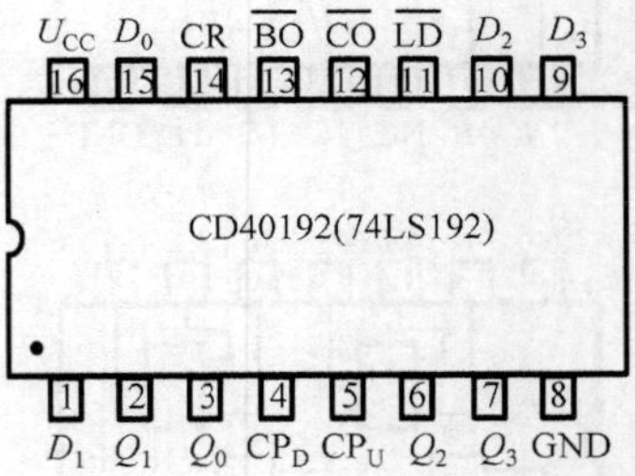

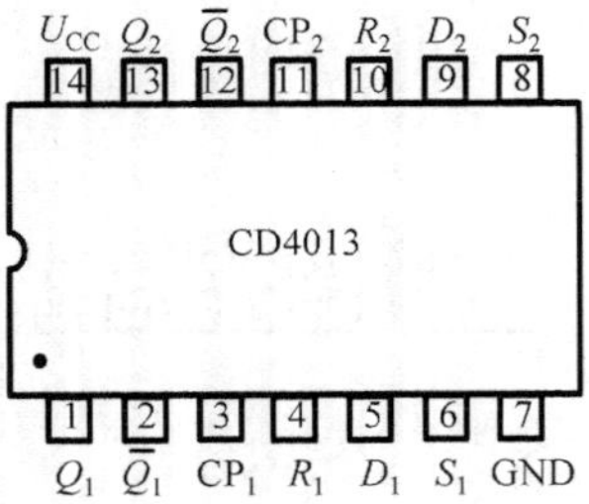

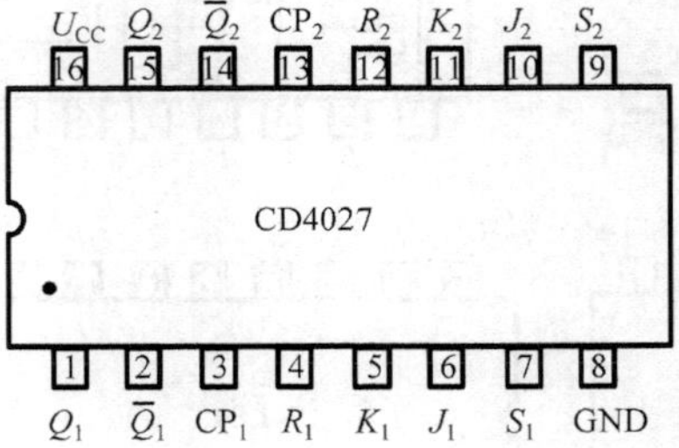

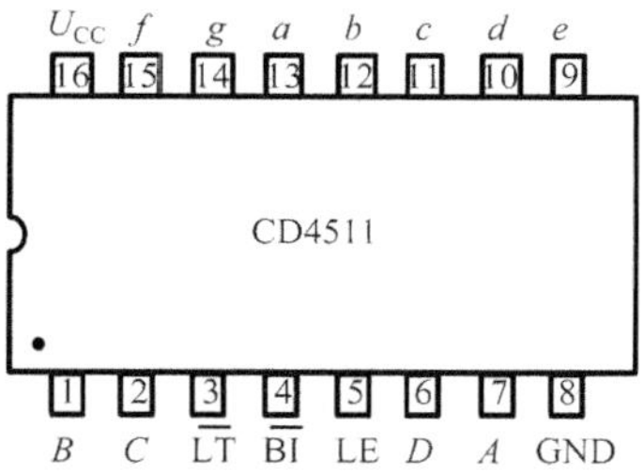

UCC f g a b c d e
16 15 14 13 12 11 10 9
CD4511
1 2 3 4 5 6 7 8
B C LT BI LE D A GND

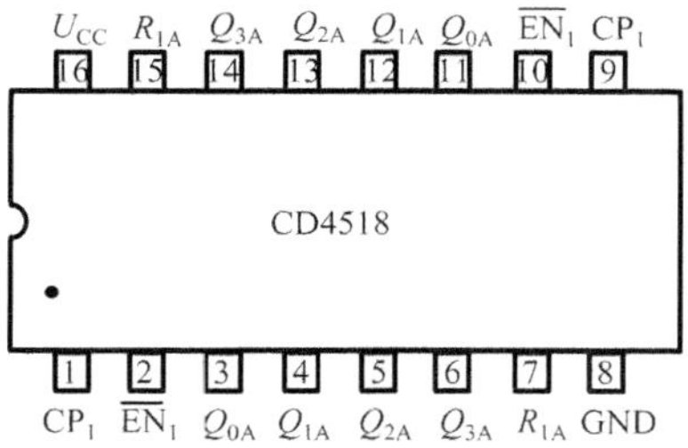

UCC R1A Q3A Q2A Q1A Q0A EN1 CP1
16 15 14 13 12 11 10 9
CD4518
1 2 3 4 5 6 7 8
CP1 EN1 Q0A Q1A Q2A Q3A R1A GND

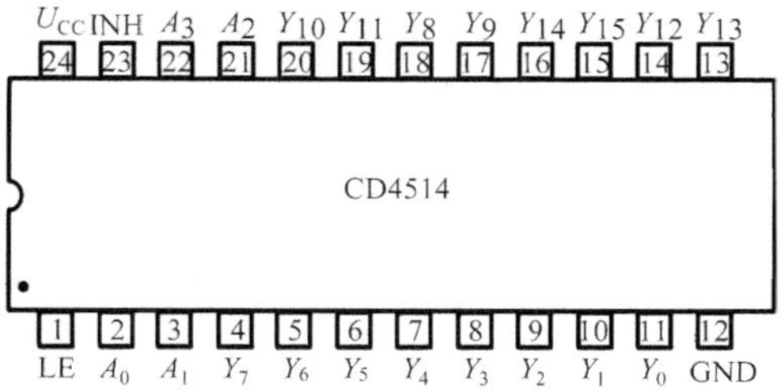

UCC INH A3 A2 Y10 Y11 Y8 Y9 Y14 Y15 Y12 Y13
24 23 22 21 20 19 18 17 16 15 14 13
CD4514
1 2 3 4 5 6 7 8 9 10 11 12
LE A0 A1 Y7 Y6 Y5 Y4 Y3 Y2 Y1 Y0 GND